本书由广东省理论宣传青年优秀人才项目资助出版

广东高校红色教育研究

Research on Red Education in
Guangdong Universities

占 毅 ◎ 著

版权所有　翻印必究

图书在版编目（CIP）数据

广东高校红色教育研究/占毅著. —广州：中山大学出版社，2017.4
ISBN 978-7-306-06018-1

Ⅰ.①广… Ⅱ.①占… Ⅲ.①高等学校—爱国主义教育—研究—广东 Ⅳ.①G641.4

中国版本图书馆 CIP 数据核字（2017）第 039558 号

GUANGDONG GAOXIAO HONGSE JIAOYU YANJIU

出 版 人：徐　劲
策划编辑：金继伟
责任编辑：张　蕊
封面设计：曾　斌
责任校对：思　思
责任技编：何雅涛
出版发行：中山大学出版社
电　　话：编辑部 020-84110771，84113349，84111997，84110779
　　　　　发行部 020-84111998，84111981，84111160
地　　址：广州市新港西路 135 号
邮　　编：510275　　传　真：020-84036565
网　　址：http://www.zsup.com.cn　　E-mail：zdcbs@mail.sysu.edu.cn
印 刷 者：广州家联印刷有限公司
规　　格：787mm×1092mm　1/16　16.125 印张　250 千字
版次印次：2017 年 4 月第 1 版　2017 年 4 月第 1 次印刷
定　　价：45.00 元

如发现本书因印装质量影响阅读，请与出版社发行部联系调换

序

　　文化自信是一个国家生存发展的基础。中国的文化自信来源于5000年优秀传统文化和在中国革命、建设、改革的伟大实践中孕育的红色文化。

　　广东作为近现代民主革命的策源地、改革开放的前沿地和岭南文化的中心地，曾发生了一系列影响深远的重大历史事件，造就了灿若繁星的诸多杰出历史人物。这些历史事件和杰出人物或以历史遗址、遗迹、革命博物馆、纪念馆等物质形态留存，或以爱国主义、集体主义、革命精神和民族精神等文化形态传承。在中国共产党领导中国革命、建设和改革开放的90多年里，广东人民进行了前赴后继的革命斗争和艰苦卓绝的不懈探索，给后人留下了非常丰富而宝贵的红色历史文化资源，是广东人民永远的精神财富和传世之宝，更是广东高校开展以"爱国爱党爱社会主义"为主题的红色教育生动课堂和有效载体。

　　在当今世界政治多极化、经济全球化、文化多元化和科技信息化的大背景下，西方国家持续在意识形态领域展开没有硝烟的遏华图谋，企图遏制和阻碍我国的崛起。广东高校地处改革开放的前沿，也是西方国家进行渗透、颠覆和破坏活动的主要场地。因此，广东高校开展红色教育非常必要，尤为重要。正是基于上述历史与现实背景，作者在当初博士论文选题时，经过反复研讨，最后选定广东高校红色教育研究。

　　党史、国史是必修课。作者对红色教育的内涵进行了探索，提出了红色教育所具有的四大特性：意识形态性、历史文化性、思想导向性、社会实践性，简要介绍了几个有关的基本概念及其相互之间的关系。从理性认识的角度审视了红色教育的实质、三维价值向度及其在意识形态领域的引领作用，从理论上对红色教育进行了深度剖析与解读。为有源头活水来！南粤本土地域以及辐射广东的周边五省区的红色历史文化资源非常丰厚，星罗棋布，是广东高校红色教育的源头活水。作者对这些红色教育资源进行了扫描式浏览，领略厚重的红色历史文化并从中汲取营养。根据在前期实地调研过程中获得的一些翔实数据和经典案例，介绍了广东高校开展红色教育的路径选择，主要包括四大块：广东高校红色教育之理论学习、红色教育之社会实践、广东高校红色社团、新媒体时代的高校红网等。

　　中国革命历史是最好的营养剂。新时期、新世纪、新阶段，全国各地红色教育百花齐放。广东地处祖国的南疆，濒临南海，毗邻港澳，是我国华侨华人最多的省份，也是我国首屈一指的海洋大省。广东高校红色教育内容的主要特色与亮点正是基于广东本土独特的历史文化资源与区位优势，突出表现在四个方面：一是彰显南粤璀璨历史文化。广东是一片广袤的红土地，是我国近现代民主革命策源地；二是凸显广东辉煌成就。作为我国改革开放的前沿地，广东杀出一条血路，摸着石头过河，近40年来取得了举世瞩目的辉煌成就；三是高扬广东华侨华人的赤子情怀。广东是我国最大的侨乡，华侨人数最多，分布地域最广。从辛亥革命时期到抗日战争时期，再到社会主义建设和改革开放新时期，南粤华侨华人的爱国主义精神始终是薪火相传，生生不息，谱写了一曲又一曲可歌可泣的英雄赞歌；四是承继南粤海防传统，维护国家海洋权益，建设海洋强国。中华民族屈辱的近代史是从广东开始、从海上爆发。广东是我国独占鳌头的海洋大省，具有悠久的海防传统，伟大的民主革命先行者孙中山先生就是近代中国提出"振兴海军"的第一人。

　　欲流之远者，必浚其泉源。作者结合实际总结了广东高校红色教育的成功经验，展望了广东高校红色教育之未来发展。在当今世情、国情、党情发生深刻变化的背景下，红色教育面临严峻挑战与难得机遇，如何化危机为契机？作者提出了一些看法：必须整合高校红色教育教学资源，强化红色教育的实效与时效；在建设海洋强国战略的时代呼唤下推进高校海权海防教育刻不容缓，时不我待；广东高校红色教育的未来发展动力在于融汇新时期广东精神：厚于德、诚于信、敏于行，提升广东文化软实力，传播正能量，弘扬主旋律，共同构筑中华民族伟大复兴中国梦，坚持文化自信。

本书为作者在博士学位论文的基础上充实修改而成，不足之处在所难免，今后作者将会进一步深入研究，做大做好做强我国红色教育，以文化人、以文育人，诚如习近平总书记强调："要发扬红色资源优势，深入进行党史军史和优良传统教育，把'红色基因'一代代传下去。"

2016 年 9 月 10 日

目 录

绪 论 ·· 1
  一、写作缘起 ·· 1
  二、研究动态 ·· 3
  三、研究方法与思路 ·································· 6
  四、基本框架与创新点 ································ 7
  五、红色教育的界定 ·································· 9

第一章　广东高校红色教育之资源与路径 ·················· 18
  第一节　红色教育的理性审视 ·························· 19
    一、红色教育的实质 ································ 19
    二、红色教育的三维价值向度 ························ 22
    三、红色教育引领意识形态话语权 ···················· 27
  第二节　星罗棋布的红色教育资源 ······················ 28
    一、南粤本土的红色教育资源 ························ 29
    二、辐射广东的周边红色教育资源 ···················· 42
  第三节　广东高校红色教育的路径 ······················ 45
    一、红色教育之理论学习 ···························· 46
    二、红色教育之社会实践 ···························· 57
    三、高校红色社团 ·································· 72
    四、新媒体时代的高校红网 ·························· 74

第二章　广东高校红色教育内容之南粤特色 …… 78
第一节　南粤璀璨历史：民主革命策源地 …… 81
一、军事运动波澜壮阔 …… 81
二、工人运动星火燎原 …… 95
三、农民运动如火如荼 …… 98
四、青年运动风起云涌 …… 102
五、妇女运动此起彼伏 …… 106
第二节　广东辉煌成就：改革开放前沿地 …… 111
一、理论创新圣地 …… 111
二、改革开放巨变 …… 117
第三节　南粤华侨华人赤子情怀 …… 130
一、广东：华侨华人最多的省份 …… 130
二、南粤华侨华人的爱国爱乡之情 …… 134
第四节　南粤海防传统：维护国家海洋权益 …… 144
一、广东：首屈一指的海洋大省 …… 145
二、承继海防传统　弘扬爱国精神 …… 147
三、孙中山：近代中国提出"振兴海军"第一人 …… 151

第三章　广东高校红色教育之经验启示 …… 158
第一节　红色教育的经验 …… 158
一、红色教育与南粤历史文化资源相结合 …… 159
二、理论学习与广东改革开放实践相结合 …… 163
三、学校与家庭、社会、网络教育相结合 …… 168
第二节　红色教育的启示 …… 172
一、激活党史国史文化资源 …… 172
二、夯实大学校园文化建设 …… 175
三、注重社会实践育人效果 …… 178

第四章　广东高校红色教育之未来展望 …… 183
第一节　红色教育面临的危机与契机 …… 184

一、危机：多元文化的交流交融与交锋 …………… 184
　　二、契机：党史国史是必修课 …………………… 198
第二节　整合高校红色教育教学资源 ………………… 203
　　一、红色教育教学资源整合的必要性 …………… 204
　　二、红色教育教学资源整合的可能性 …………… 205
　　三、着力红色教育的实效与时效 ………………… 209
第三节　推进高校海权海防教育 ……………………… 211
　　一、海洋世纪催化高校海权海防教育 …………… 212
　　二、当前高校海权海防教育的困境 ……………… 213
　　三、加强高校海权海防教育的对策 ……………… 216
第四节　融汇广东精神　共筑中国梦 ………………… 220
　　一、融汇广东精神　助推红色教育 ……………… 221
　　二、传播正能量　共筑中国梦 …………………… 224

结　语 …………………………………………………… 230

参考文献 ………………………………………………… 233

后　记 …………………………………………………… 245

绪　　论

一、写作缘起

改革开放 30 多年来，我国经济社会发展取得了举世瞩目的成就，"综合国力大幅提升，二〇一一年国内生产总值达到四十七点三万亿元。"① 然而，我国面临的国际形势仍然十分严峻，尤其意识形态领域斗争日趋复杂。当今国际局势风云变幻，突出表现为政治多极化、经济全球化、科技信息化和社会多样化。以美国为首的西方国家不想也不愿意看到一个强大的中国崛起，把中国视为其推行霸权主义和强权政治的巨大障碍和潜在战略对手，千方百计遏制和阻碍我国经济社会的发展，对我国进行全方位的渗透和围堵，加紧对我国实施"西化""分化"和"丑化"战略，从威胁我国外部军事的传统因素到影响我国国家安全的政治、经济、文化、科技安全等领域的非传统因素不断增多，企图将我国纳入西方国家的战略轨道。"历史和现实反复证明，能否做好意识形态工作，事关党的前途命运，事关国家长治久安，事关民族凝聚力和向心力。"②

面对复杂多变的国际环境，对我国人民特别是青年大学生开展以爱国

---

① 本书编写组：《十八大报告学习辅导百问》，学习出版社、党建读物出版社 2012 年版，第 2 页。
② 人民日报评论员：《把宣传思想工作做得更好——一论学习贯彻习近平总书记 8·19 重要讲话精神》，《人民日报》2013 年 8 月 21 日。

爱党爱社会主义为核心内容的红色教育一直是我们党的重要任务,以彰显我国红色历史文化资源的教育潜能和对中华民族精神的引领作用。"以史为镜,可以知兴替。"在庆祝中国共产党成立95周年大会上,习近平总书记强调指出:"全国广大青年要深刻了解近代以来中国人民和中华民族不懈奋斗的光荣历史和伟大历程,坚定不移跟着中国共产党走,勇做走在时代前列的奋进者、开拓者、奉献者,让青春在为祖国、为人民、为民族的奉献中焕发出绚丽光彩。"[①] 鸦片战争以来尤其是中国共产党成立以来,一代代先进的中国人为了民族独立、国家富强,前赴后继,进行了感天动地、艰苦卓绝的奋斗。在国家命运、民族兴衰的重大关口,他们凸显出的爱国主义、集体主义、英雄主义精神,正是先进文化的集中体现,也是红色教育的重要资源和载体,同时也是对国民特别是当代青年大学生进行中国近现代史教育、国情教育和党史教育的鲜活教材。

在中国近现代乃至当代,广东作为中国近现代民主革命的策源地、改革开放的前沿地和岭南文化的中心地,无论是20世纪70年代末发起的改革开放、90年代初的南方谈话,还是见证我国近代史开篇的虎门销烟、辛亥革命,乃至后来的新民主主义革命、社会主义革命和建设时期,岭南大地都曾经涌现出一大批影响中国历史发展的著名人物,发生了一系列影响深远的重大历史事件。这些著名人物与历史事件或以历史遗址、遗迹、革命博物馆、纪念馆等物质形态留存,或以爱国主义、集体主义、革命精神和民族精神等文化形态传承。正是这些彪炳千秋的历史人物和事件造就了南粤大地成为一块具有悠久革命历史和光荣革命传统的红色土地,尤其是在中国共产党的坚强领导下,广东人民进行了艰苦卓绝的革命斗争,给后人留下了非常丰富而又宝贵的红色教育资源和载体,这些红色资源数量多、分布广、类型全,是广东人民宝贵的精神财富和传世之宝,更是广东高校进行爱国主义教育和革命传统教育的生动课堂,必将有效地传承和弘扬岭南大地独具的文化特质与优良传统。

基于上述考量,本书选取广东高校红色教育作为研究对象,系统透视广东高校红色教育的丰厚资源与载体,实地调研广东高校红色教育的现

---

① 习近平:《在庆祝中国共产党成立95周年大会上的讲话》,人民出版社2016年版,第27页。

状，解读广东红色教育的特色与亮点，总结广东高校红色教育的基本经验及有益探索，进而展望未来广东高校红色教育发展趋向，融汇新时期广东精神，共筑伟大复兴中国梦，彰显高校红色教育的独特价值：教育价值、政治价值、文化价值和经济价值。本选题的这些研究必将有利于提升广东文化软实力，有利于加快广东建设文化强省、海洋强省和人才强省建设，有利于促进建设幸福广东、和谐广东，有利于凸显广东经济社会发展在改革开放大潮中的领头羊和排头兵作用，继续为建设社会主义文化强国、海洋强国做出积极贡献。

二、研究动态

在本选题研究范围内论及的红色教育特指我国对于中华儿女进行热爱祖国、拥护和坚持中国共产党的领导、坚持中国特色社会主义道路等内容为核心主题的相关思想政治教育，是我国思想政治教育的一种特殊表现形式、创新途径和有效方式。

国外：红色教育是我国思想政治教育的重要内容与特色，国外鲜有专题研究论及。思想政治教育是世界各国社会教育的一个重要组成部分，国外只是名称不同而已，如美国的公民教育、爱国教育、历史教育和宗教教育等，法国的爱国主义教育、公民教育和民主生活教育等，德国的自由主义思想教育、道德教育、政治教育和民族精神教育等，印度的爱国主义教育、公民教育、道德教育和宗教教育等，日本的道德教育、历史教育、社区教育和民族精神教育等，韩国的民族意识教育、政治制度教育和道德伦理教育等，新加坡的公民道德教育等诸如此类。总的来说，首先，由于各国国情、社会制度、历史文化和民族传统等方面存在较大差异，国外思想政治教育的发展研究各有侧重，但无一例外都是为了维护本国统治阶级的统治服务，都强调思想政治教育的目的性和重要性，强调要教化民众，从而达到为统治阶级的统治服务的目的；其次，神学政治论在一个相当长的时期内是大多数国家思想政治教育理论基础的共性。如西方国家大多利用宗教信仰、宗教教育来维护自己的统治；再次，大多数国家思想政治教育理论研究中都包含有从国外吸收过来的成分。例如日本、新加坡和韩国就广泛吸收了中国儒家关于思想政治教育的一些内容，并根据本国的国情加以改造使之成为本国思想政治教育理论研究的重要组成部分；最后，各国思想政治教育研究内容都体现了一定的继承性和现实性。如美国以个人利益为核心的自由主义的意识形态教育，就是秉承了西方自古希腊、古罗马时期特别是早期资产阶级启蒙思想家的政治学说。日本的尊皇爱国意识、韩国的国民精神教育都是古已有之并为今天所继承。

国内：我国关于思想政治教育的研究成果非常丰富，但是对于红色教育的系统研究目前还处于起步阶段。以"红色教育"作为关键词，中国知网（CNKI）上从1979年至2013年的34年里，可以搜索到的期刊论文只有40篇，且只有一篇论文题名包含"红色教育"四个字的硕士学位论文（朱月铭：《我国红色教育的发展现状与对策研究》，西南石油大学2012年），暂时没有题目包含"红色教育"的博士论文。①有关论文如教育部副部长李卫红在《中共党史研究》（2012年10月）上发表的《弘扬党史文化　进一步加强大学生思想政治教育》；井冈山大学校长张泰城教授在《井冈山大学学报》（社会科学版，2010年1月）、《求实》（2009年4月）、《教学与研究》（2010年1月）等刊物上分别发表的《红色资源是优质教育资源》《论红色资源在当代中国公民教育中的价值》《红色资源与大学生思想政治教育》等；江西师范大学红色资源开发与教育研究中心李康平教授在《中国高教研究》（2009年8月）、《道德与文明》（2008年1月）、《高校理论战线》（2007年6月）、《马克思主义与现实》（2004年5月）上发表的《红色资源开发在大学德育中的运用研究》《红色资源开发与社会主义核心价值体系教育》《红色资源研究与高校思想政治教育》《论中国三大红色资源联合开发的政治文化价值》；南昌大学饶勇、邹小华在《学校党建与思想教育》（2011年4月）上发表的《红色资源转化为教育资源的审美渗透》；桂林电子科技大学张文、蒋纯红在《吉首大学学报》（社会科学版2010年2月）上发表的《红色教育在大学生核心价值观教育中的作用》；湖南工业大学乔湘平、李晓冀在《中国成人教育》（2009年2月）上发表《红色教育资源与高校思想政治理论课实效性研

---

① 检索日期：2013年10月12日。

究》;浙江理工大学陈海燕在《思想教育研究》(2011年2月)上发表的《高校红色教育的机理分析与对策研究》;重庆大学高微、蒲清平等人在《学校党建与思想教育》(2012年4月)上发表的《重庆高校开展红色教育的实践与探索》;山东大学威海分校李成超、孙武安在《思想理论教育导刊》(2012年5月)上发表的《高校红色社团建设与大学生思想政治教育》;等等。这些红色教育相关研究呈现以下特点:(1)地域性和分散性。主要是以某地区的红色资源为研究对象,研究比较分散。研究广东高校红色教育的论文可谓凤毛麟角,专著几乎没有;(2)多从旅游学、经济学角度或高校思想政治教育的某一方面出发,如地方红色旅游的开发与发展研究等,研究缺乏系统性和整体性;(3)成果几乎都是论文形式,数量也非常有限并且没有专著,相关研究没有也不可能深入展开,显得理论性比较薄弱;(4)广东人民出版社出版的红色记忆系列丛书如《红色旅游》《红色书简》《南粤红色逸闻》等,系统介绍了广东红色文化,值得学习借鉴,也有待丰富。

香港、澳门特别行政区虽然没有思想政治教育这个概念,但是非常强调通识教育和公民教育。自回归祖国以来由于国家认同感和中华民族精神意识的强化,对内地的红色教育基本持积极态度。如香港回归后把如何做到人心所归、强化国家意识、培养民族感情作为教育重点,在教育中强化社会责任意识,培养对国家对民族的情感。"香港回归后的青少年爱国教育,在重视培养青少年学生的国家和民族意识的基础上,也非常关注不让自己的青少年陷入狭隘的民族主义和国家主义的泥潭,特别注意引领、培养和造就具有世界视野的优秀公民。"[①] 港澳特别行政区的公民教育无疑对大陆的爱国主义教育和民族精神教育具有启迪意义。

---

① 胡荣华、肖小平:《公民教育与国民教育——回归之后的香港青少年公民教育分析》,《中国青年政治学院学报》2009年第3期。

三、研究方法与思路

(一) 研究方法

1. 文献研究法

本书以中国近现代史和中共广东党史作为研究背景,因此,首先就要广泛搜集原始资料,并进行筛选和辨别、梳理和分析,再现在南粤大地发生的重大历史事件和涌现的重要历史人物,突出广东红色教育资源的丰富性、广泛性和时代性。

2. 实证调研法

没有调查就没有发言权。本书要获得第一手翔实可靠的资料,除了查阅文献,还必须到文中所要涉猎的部分广东高校、广东红色教育基地去实地考察和调研,从中寻找典型并进行思想提炼和理论抽象。唯有如此,论文才能做到持之有据、言之有物,避免空洞说教。

3. 宏观研究与微观研究相结合的方法

本书既有对中国近现代史过程中发生在广东的史实宏观勾勒,也有对具体的历史人物和重大事件的微观把握,甚至是体现岭南红色教育特色的具体元素的素描与再现,力争微观与宏观相结合,全方位、多角度展示广东高校红色教育的成就与特色。

4. 跨学科综合研究的方法

本书以广东高校红色教育作为研究对象,涉及了政治学、中国近现代史、中共党史、教育学、哲学文化等多学科知识与理论范畴,在资料的收集、分析和选择以及论文的写作过程中,都要借用这些学科的相关理论与方法,从不同的视角和侧面来立体透视广东高校红色教育。

(二) 研究思路

在实地调查研究的基础上,充分利用网络、报纸和杂志等传媒,在广东省图书馆、档案馆和高校图书馆查阅、收集相关资料。尤其是要到具体的纪念地、纪念馆、博物馆或革命遗址等红色教育基地以及部分广东高校进行实地调研,掌握真实可靠的原始素材。然后对材料进行分类、分析和系统梳理,采取史论结合、夹叙夹议写作方法,在学习借鉴已有相关研究成果的基础上再进行概括、提炼和理论升华。同时，积极、虚心向有关专家咨询、请教。

四、基本框架与创新点

（一）基本框架

第一部分的主要内容是绪论。本章主要是简要介绍选题的背景及其现实与理论意义，然后对国内外关于红色教育的研究动态进行概述，提出本书的研究方法与研究思路，指出本书的创新之处。同时，对本书的核心概念红色教育的内涵给予了界定，并简要介绍了与红色教育相关的几个基本概念，如思想政治教育、红色文化和红色旅游等。

第二部分的主要内容是广东高校红色教育之文化资源。本章首先从理论层面和政治认同的角度审视了红色教育的实质、三维价值向度及其在意识形态领域的引领作用；然后简要介绍了广东高校可资利用的星罗棋布的南粤本土地域红色教育资源以及辐射广东的周边五省区红色教育资源。接着概述了广东高校红色教育的路径选择，主要包括四大块：广东高校红色教育之理论学习、红色教育之社会实践、广东高校红色社团、新媒体时代的高校红网等。

第三部分是本书的研究重点所在。主要是梳理广东高校红色教育内容之南粤特色。广东地处祖国的南疆，面临南海，毗邻港澳，具有自身独特的历史积淀和区位优势，造就了广东敢为天下先的精神特质、厚德包容的广阔胸怀和求变图强的文化品格：广东是我国近现代民主革命策源地，是我国改革开放的前沿地和试验田，是我国最大的华侨之乡，也是我国首屈一指的海洋大省，是我国南海海防的首要地。因此，本章主要是从上述四方面逐一介绍、述评彰显南粤特色的广东高校红色教育内容：第一，凸显广东作为我国近现代民主革命策源地的举足轻重地位；第二，突出广东作为我国改革开放前沿地的巨大成就；第三，诠释南粤华侨华人的赤子情怀；第四，承继南海海防传统与海权意识。

第四部分的主要内容是总结广东高校红色教育之经验启示。他山之石，可以攻玉。本书结合广东高校实例，总结了广东高校红色教育的成功经验以及能够为国内其他兄弟院校可资借鉴的宝贵启示。

第五部分的主要内容是广东高校红色教育之未来展望。首先，在当今世情、国情、党情发生深刻变化的背景下，分析了红色教育面临的严峻挑战与难得机遇，切实化危机为契机。针对如何彰显高校红色教育的最大效能这一现实问题，笔者提出必须整合高校红色教育教学资源，强化红色教育的实效与时效；另外，在党的十八大建设海洋强国的时代呼唤下推进高校海权海防教育刻不容缓，时不我待；最后，广东高校红色教育的未来发展动力在于融汇新时期广东精神：厚于德、诚于信、敏于行，弘扬主旋律，传播正能量，共同构筑中华民族伟大复兴中国梦，为提升广东文化软实力、建设幸福广东提供智力支持和人才储备。

最后是结语部分。本章就选题的缘起以及研究心得作简要评述，指出本书选题研究的必要性与可能性以及有待深入探究之处，并对今后进一步开展研究提出方向，以期红色教育在全国高校遍地开花结果，使红色江山永远不变色。

(二) 创新点

第一，开拓性。红色教育虽然在全国方兴未艾，但是目前还没有一本系统研究红色教育的相关专著或博士学位论文，相关科研论文数量也极为有限，且以短篇散论为主。薄弱的理论研究相对于如火如荼的红色教育而言，显然是滞后和亟待丰富与完善。所以本书选题具有一定的开拓性，率先对广东高校红色教育进行系统透视和深入研究，丰富了我国红色教育的理论研究成果，率先发起了关于广东高校红色教育的专题研究，给力打造广东建设文化强省的特色品牌。

第二，交互性。当今世界各种思想文化交流交融交锋日益频繁，广东高校在校大学生信教人数不容忽视；有的大学生信仰缺失、精神萎靡、思想困惑，必须重视并给予正向引导；社会上道德缺失现象也时有发生，亟待正视。本书选题具有较强的现实针对性和交互性，以期弘扬中国特色社会主义先进文化，提振精气神，传播中国正能量，增强文化自信，唱响社会主义意识形态主旋律，从而牢牢把握大学生意识形态领域这个主阵地。本书融汇思想政治教育学科特色与地域历史文化，着重解读广东高校红色教育的特色与亮点，彰显广东"敢为人先、开放兼容、求真务实"的传统。因此，本书既是一本以"爱党爱国爱社会主义"为核心教育目标的思想政治教育刊物，又是广东高校红色教育的参考资料，更是一个认知广东高校全面贯彻落实践行社会主义核心价值观的窗口。

第三，建设性。在海洋世纪时代背景下呼吁并倡导大学生海权教育。党的十八大审时度势，首次提出坚决维护国家海洋权益，建设海洋强国。广东地处祖国的南大门，也是连接西太平洋与东南亚、印度洋的咽喉之地，历来是我国海防要冲与前哨。揭开中国近代史序幕的鸦片战争就是在广东首先打响，南粤大地曾经涌现了许多感天动地的光辉事迹与英雄人物，留存了丰富而珍贵的海防历史遗迹，是传承广东海防爱国主义的鲜活教材，是加强当代大学生国防教育的生动实例。

五、红色教育的界定

（一）红色教育的提出及其界定

"红色教育"作为一个整体概念的提出是 20 世纪 90 年代初才有的。有学者撰文《红色教育研究综述》认为："当代，追忆'红色精神'理应始自上世纪 90 年代的'翻唱红歌'，但学界从各个视角对'红色文化'进行理论研究却主要在 2000 年以后。红色文化作为中国先进文化的重要组成部分，对提升民族的思想素质和砥砺当代人们的精神风貌，具有非常重要的意义。……在此背景之下，'红色教育'逐渐进入教育理论的研究视野，红色教育的价值也日益显现，形成了一系列的红色教育理论成果。"[1] 以我国主流媒体《光明日报》为例，早在 2004 年就出现了有关红色教育的专题报道：《将军岭红色教育景区正式启动》（2004 年 11 月 7 日），之后逐年增多，红色教育逐渐引起了学术界的兴趣和关注。

关于红色教育的内涵，学者们见仁见智，目前学界尚没有形成统一的界定。比较典型的观点有：井冈山大学校长张泰城教授认为红色资源是中国共产党领导中国人民在夺取中国革命胜利过程中所形成的具有资政育人功能的历史留存，是一种以物质、信息、精神形态表现出来的资源。红色

---

[1] 石峰：《红色教育研究综述》，《学周刊》2012 年第 11 期。

资源是我们党和国家的宝贵财富。红色资源教育教学是指教育者将红色资源直接作用于受教育者,使其感受和体验红色资源的教育内涵,实现教育目标的过程。① 上海市浦东教育发展研究院院长程红兵认为,红色教育是培育学生理想信念的教育,这是红色教育魂之所在。② 湖南工业大学罗海英、乔湘平教授撰文,红色教育有广义和狭义之分,广义的红色教育是指利用国内外一切先进人物、先进事迹、纪念物及其所承载的精神,对受教育者进行的以爱国主义为主的思想政治教育。狭义的红色教育指教育主体利用中国共产党诞生以后领导中国人民在革命与建设中形成的先进人物、先进事迹、纪念物及其所承载的精神,对受教育者进行的以爱国主义为主的思想政治教育。③ 信阳师范学院刘党英副教授认为,红色教育是指教育主体利用中国共产党领导中国各族人民在革命和建设实践中所形成的伟大精神及其载体,有目的、有计划、有组织地实施教育,使受教育者受到激励和启发的活动。④ 湖北理工学院吴涛、周国春认为,红色教育指以红色精神为客体,以广大人民群众尤其是青少年为主要对象的爱国教育活动。⑤

借鉴学者们的已有成果,结合自己多年来对红色教育的认识与琢磨,笔者认为红色教育的内涵有广义和狭义之分。广义的红色教育是指以我国历史上爱国主义典范,尤其是指近现代以来涌现出的先进人物、重大历史事件、历史遗迹、革命旧址或遗址、纪念馆、博物馆以及爱国主义教育基地等为载体,以爱国主义教育、爱党教育和爱社会主义教育等为核心内容,以培育有理想、有道德、有文化、有纪律的四有新人为目标,对受教育者所进行的集历史教育、文化熏陶和现实感悟为一体的思想教育、政治教育和道德教育。狭义的红色教育主要是指中国共产党自成立以来的90

---

① 张泰城:《建构红色资源教育教学理论体系的思考》,《井冈山大学学报》(社会科学版)2012年第6期。

② 程红兵:《红色教育之魂:培植学生的理想信仰》,《中国德育》2011年第6期。

③ 罗海英、乔湘平:《增强大学生红色教育有效性的对策研究》,《教育与教学研究》2010年第4期。

④ 刘党英:《豫南高校红色教育探讨》,《信阳师范学院学报》(哲学社会科学版)2010年第6期。

⑤ 吴涛、周国春:《论红色教育在大学生志愿活动中的作用发挥》,《湖北理工学院学报》(人文社会科学版)2013年第4期。

多年里,在中国共产党带领全国人民进行新民主主义革命、社会主义革命、社会主义建设和社会主义改革开放的过程中,为了民族独立、人民解放、国家富强和人民幸福而浴血奋斗,前赴后继,先后涌现了许多可歌可泣的英雄人物,发生了许多重大历史事件,给后人留下了非常宝贵而丰富的物质文化和精神财富,教育主体充分挖掘这些物质形态和精神形态的教育内涵对教育客体所进行的知党情、感党恩、跟党走的爱党教育,从而坚持并拥护中国共产党的领导地位和执政地位。在坚持走中国特色社会主义道路的过程中,祖国、中国共产党和社会主义制度是三位一体、不可分割的,或者说在本质上是有机统一、内在联系的。① "只有社会主义才能救中国,只有社会主义才能发展中国,爱国主义与社会主义是统一的。"② 历史是连接昨天、今天和明天的经脉。"中国革命历史是最好的营养剂。"③

本书所论及的红色教育是特指广义范畴的红色教育,它具有以下特点:

1. 意识形态性

毋庸讳言,红色教育是我国当代主流意识形态的重要载体之一,属于意识形态范畴。红色教育最根本的属性就在于其蕴含的主流意识形态性。"所谓'主流意识形态'的'主流',包括两个方面的含义:第一,它无论在深度上还是广度上,都对社会公众发生着强烈的影响;第二,它常常依靠政治权威维持自己的影响力。"④ 红色教育主体充分挖掘各种历史遗迹、革命遗址和爱国主义教育基地等众多历史文化载体潜藏的意识形态底蕴,采取多种方式方法,借助现代网络及信息传媒、光电模拟等高新科学技术,使人们在直观形象的场景再现和亲身感受中思想受到洗礼,心灵感到震撼,精神得到升华,高度认同当前主流意识形态,最后在思想上、行动上收到良好的教育效果。

---

① 陈勇、梅红、王欢:《高校爱国主义教育:历史回顾、基本经验和探索创新》,《思想理论教育导刊》2009年第9期。
② 《江泽民文选》第1卷,人民出版社2006年版,第581页。
③ 李斌:《党面临的赶考远未结束——习近平总书记再访西柏坡侧记》,《人民日报》2013年7月14日。
④ 郑永廷等:《社会主义意识形态研究》,中山大学出版社1999年版,第4页。

2. 历史文化性

以史为鉴，可以知兴替。红色教育的素材或者载体大多是中国近现代以来涌现的先进人物或重大历史事件，都是已经发生了的历史事实。正是这些鲜活的历史人物、历史事件蕴含着强大的精神力量，书写了我国近现代以来社会发展的行进轨迹，再现了以爱国主义为核心的中华民族精神和以改革创新为核心的时代精神，给后人留下了非常宝贵的物质财富和精神财富。文化包含有意识形态的元素，意识形态是文化的核心价值。红色教育正是借助我国近现代以来先辈创造并遗留下来的物质文化和精神文化来进行主流意识形态的渗透、宣传和教化，使受教育者自觉产生对党史国史的历史认同和文化认同，继而加深对爱国爱党爱社会主义的认识与理解。

3. 思想导向性

红色教育的内容、载体和目标都决定了红色教育本身具有鲜明的思想主导性。尤其是作为红色教育的主体（如高校教师、党政干部等）必须具备丰富的党史国史知识、地域文化和其他人文社科知识，对中国特色社会主义理论体系的形成、发展脉络成竹在胸，并真信真懂真用。同时，教育主体还必须对当前党和国家的重大理论、方针和政策尤其是习近平总书记提出的中华民族伟大复兴中国梦有一定的系统把握，才能在理论学习、宣传与研究上游刃有余，才能对不同的教育客体因材施教，实现红色教育的目标和任务，牢牢地把握青年大学生思想阵地。

4. 社会实践性

马克思认为，"全部社会生活在本质上是实践的。"[①] 红色教育作为当代主流意识形态的一种特殊教育方式和手段，自始至终都是建立在实践的基础之上。无论是听红色报告、读红色经典、看红色影视剧，还是唱红色歌曲、走红色旅游线路，都需要教育主体和教育客体的亲身参与才有可能将这些革命传统教育、国情党史教育内化于心，并通过教育客体自身外化为爱党爱国爱社会主义的自觉实际行动。因为"人的思维是否具有客观的真理性，这不是一个理论的问题，而是一个实践的问题。人应该在实践中

---

① 《马克思恩格斯选集》第 1 卷，人民出版社 1995 年版，第 56 页。

证明自己思维的真理性,即自己思维的现实性和力量,自己思维的此岸性。"①

（二）几个相关的基本概念

1. 思想政治教育

1848年2月,马克思和恩格斯的《共产党宣言》在伦敦发表,是马克思主义诞生的重要标志,同时也标志着无产阶级思想政治教育的正式形成。思想政治教育具有鲜明的阶级性、意识形态性和社会实践性。随着阶级的出现,思想政治教育相伴而生,一直至今。无论是奴隶社会、封建社会,还是资本主义社会,其统治阶级都把思想政治教育、意识形态工作放在十分重要的位置上。一方面靠它来培养自己的接班人或代理人；另一方面,把它作为对人民群众实行思想政治控制的工具和重要条件。② 因社会制度和国情的不同,各国的思想政治教育有着不同的内涵和外延,但归根结底都是为了维护统治阶级的统治和利益服务,这是由思想政治教育的阶级性所决定。"统治阶级的思想在每一时代都是占统治地位的思想。这就是说,一个阶级是社会上占统治地位的物质力量,同时也是社会上占统治地位的精神力量。支配着物质生产资料的阶级,同时也支配着精神生产资料,……占统治地位的思想不过是占统治地位的物质关系在观念上的表现"。③

思想政治教育是指一定的阶级、政党、社会群体用一定的思想观念、政治观点、道德规范,对其成员施加有目的、有计划、有组织的影响,使他们形成符合一定社会、一定阶级所需要的思想品德的社会实践活动。④ 以马克思主义为指导的思想政治教育是中国共产党的政治优势和优良传统,也是我国新民主主义革命、社会主义革命和社会主义建设取得胜利、改革开放取得突出成就的重要条件和根本保证,主要包括思想教育、政治

---

① 《马克思恩格斯选集》第1卷,人民出版社1995年版,第55页。
② 张耀灿、郑永廷、刘书林、吴潜涛：《现代思想政治教育学》,人民出版社2001年版,第10页。
③ 《马克思恩格斯选集》第1卷,人民出版社1995年版,第98页。
④ 张耀灿、郑永廷、刘书林、吴潜涛：《现代思想政治教育学》,人民出版社2001年版,第6页。

教育、道德教育和法制纪律教育等。

本书论及的红色教育从属于思想政治教育这个大系统，是这个大系统的子系统，也是思想政治教育不可或缺的重要内容。思想政治教育的内涵和外延都比红色教育的内涵和外延宽泛、丰富，如心理健康教育、生命教育、法制教育等属于思想政治教育的内容却不属于红色教育的范畴。红色教育包含于思想政治教育之中，他们是局部与整体、被包含与包含的子母关系，二者关系如下图所示。

思想政治教育与红色教育关系

2. 红色文化

一般来说，红色文化是特指在中国共产党的领导下，全国各族人民在实现中华民族伟大复兴的历史进程中所创造、积淀起来的一种特殊的具有中国特色的革命文化和社会主义先进文化。红色文化主要包括物质形态文化，如革命遗址和遗迹、纪念馆、纪念碑和烈士陵园等；精神形态文化如建党建军理论、井冈山精神、长征精神以及许多文学著作等。它们都是中国共产党人领导人民大众在争取民族独立、人民解放，实现国家富强、人民富裕的艰难岁月中，传承中华优秀传统文化，创新中华民族精神，同时不断汲取世界文明精华，抛头颅、洒鲜血用生命铸就的革命文化和社会主义先进文化。今天，在世情、国情和党情发生深刻变化的新形势下，红色

文化日益凸显其历久弥新的独特价值:

首先,红色文化具有深厚的文化导向功能。在中国共产党带领全国各族人民于血与火中艰难求索奋斗的90多年里,涌现了无数可歌可泣、感天动地的历史人物,发生了许多彪炳史册的重大历史事件。随着时间的流逝,这些人物、事件已经积淀为物质形态文化、制度形态文化和精神形态文化。文化传承着历史,也连接着未来。它们是构成社会主义先进文化的核心元素,是社会主义核心价值体系的重要内容,是中华民族精神的浓缩与升华。

其次,红色文化具有丰厚的经济价值。文化是历史的印记。红色文化是记录中国共产党90多年波澜壮阔奋斗史的鲜活载体,已经成为我国乃至世界知名品牌,如红色歌谣、红色旅游、红色经典书籍和影视剧等等,影响广泛。深度挖掘、激活这些红色文化资源,不但能够产生非常积极的社会效应,而且有利于推动当地经济文化的快速发展,带来相当可观的经济效益。我国如火如荼的红色旅游就是最好的明证。2016年5月19日,国家旅游局在首届世界旅游发展大会上发布的《中国旅游发展报告2016》显示,争取到2020年,中国红色旅游年接待人数突破15亿人次,红色旅游进一步成为爱国主义和革命传统教育的重要载体,成为推动老区振兴和精准脱贫的重要渠道。据国家旅游局最新统计,全国红色旅游累计游客超过50亿人次,年均增长超过16%,其中青少年游客达到3.2亿人次。[①]

再次,红色文化具有珍贵的政治意义。红色是血与火的颜色,也是中国共产党党旗、中国人民解放军军旗和中华人民共和国国旗的颜色,是中华民族的象征性色彩。红色文化是一种优秀的、民族的、传统的文化,其核心和灵魂就在于对共产主义理想信念的不懈追求与奋斗。红色文化承载了中国共产党波澜壮阔的革命史、艰苦卓绝的奋斗史和感天动地的英雄史,凸显了主流价值导向,充分体现了中华民族的精神品质和中国共产党的优良传统。红色文化所蕴含的爱国主义、革命英雄主义和集体主义精神已经沉淀为当今社会主义先进文化和核心价值体系的重要组成部分,是全

[①] 赵文君、刘慧:《2020年中国红色旅游年接待人数将突破15亿人次》,新华网2016年5月19日。

国人民宝贵的精神财富，是激励和启迪当代青年沿着先辈足迹奋勇前进的精神动力之源。文化是历史的凝结与升华。红色文化见证了"没有共产党就没有新中国""只有社会主义才能救中国、只有社会主义才能发展中国"的辉煌历史，是共和国创建历程的反映，是人民解放翻身过程的再现。在社会主义改革开放和市场经济的大环境下，弘扬红色文化，传承革命精神对于巩固党的执政基础、提高党的执政能力、增强民众热爱中国共产党和社会主义祖国的情感具有无可替代的政治价值。

最后，红色文化具有良好的教育功能。中国共产党在90多年的新民主主义革命、社会主义革命、社会主义建设和改革开放的伟大实践中，形成了遍布全国各地的资源丰富的以物质形态或精神形态留存的红色文化。红色文化无论以何种形式留存，都是一本鲜活的历史教科书，不但具有强烈的政治意义，也具有厚重的历史内涵、丰富的人文价值和深刻的教育功能。新形势下红色文化以其超越时空的特有的生命力、吸引力和影响力在思想教育、理想信念教育、德育教育、党员党性教育以及爱国主义教育等方方面面已经并将继续发挥积极的教育功能。红色文化好比是社会主义核心价值体系的源头活水，犹如一股清泉，浸润着受众的心田，净化着人们的心灵，陶冶着人们的情操，鼓舞着人们的斗志，对人们的思想和灵魂进行全方位的洗礼，给人们以深刻的教育和启迪。

红色文化是中国特色社会主义先进文化的核心与灵魂，是推动社会发展前进的精神引擎，保证了思想文化的发展方向和社会主义性质。如果说红色文化是红色教育之源，红色教育则是红色文化之流。没有红色文化，红色教育就是无源之水、无本之木。同样地，没有红色教育，红色文化就没有生机，没有活力。

3. 红色旅游

"红色旅游，主要是指以中国共产党领导人民在革命和战争时期建树丰功伟绩所形成的纪念地、标志物为载体，以其所承载的革命历史、革命事迹和革命精神为内涵，组织接待旅游者开展缅怀学习、参观游览的主题性旅游活动。"① 具体来说,红色旅游是指以中国共产党领导人民在革命和建设时期形成的物质形态红色文化资源为载体,以其所承载的鲜活历史、英雄事迹和革命精神为主要内容,融娱乐性、知识性、教育性和历史文化性为一体,实现游客从中学习历史人文知识、接受革命传统教育和传承弘扬革命精神的主题性旅游活动。红色旅游是一项系统工程,是一项促进我国物质文明、精神文明、政治文明和生态文明和谐发展的具有中国特色的旅游创新。2004年我国正式启动红色旅游后,作为一种新型的寓教于游、寓教于乐的旅游形式,红色旅游的发展一直呈现良好态势。

总之,红色教育与红色文化、红色旅游相辅相成,不可分割。红色文化是红色旅游的核心与灵魂;红色旅游是红色文化的有效载体,也是开展红色教育的重要路径。红色文化是红色旅游的内容,红色旅游是红色文化的形式。实践证明,红色旅游是全国各族人民坚定中国特色社会主义理想信念、巩固共同思想基础的政治工程,是弘扬伟大民族精神和时代精神、加强思想道德建设的文化工程,是促进革命老区经济社会发展、帮助群众脱贫致富的经济工程,是不断满足广大人民群众基本文化需求、积极发展公益性文化事业的民生工程。红色旅游已经成为开展爱国主义和革命传统教育的有效载体,成为丰富广大人民群众精神文化生活的重要方式,成为发展革命老区、造福革命老区的支柱产业。

---

① 中共中央办公厅、国务院办公厅:《2004—2010年全国红色旅游发展规划纲要》,2004年12月。

第一章　广东高校红色教育之资源与路径

广东地处我国大陆的南端，毗邻港澳，自古以来就是中外政治、经贸和文化交流的汇聚之地，是我国改革开放的先行区和试验田。正是由于广东特殊的地理位置和率先在全国实行改革开放政策，广东高校面对的意识形态挑战问题尤其突出。有人打了一个形象的比喻，改革开放好比我们打开一扇窗户，在呼吸新鲜空气的同时，"苍蝇和蚊子"也会跟着一起进来。广东作为改革开放的前沿阵地，在发展社会主义市场经济和实行对外开放的条件下，各种思想观念、文化思潮以及意识形态在南粤相互激荡。广东高校必须积极应对西方资本主义意识形态侵蚀下的"西潮"、市场经济体制改革下的"商潮"以及苏联解体、东欧剧变背景下世界社会主义阵地的"低潮"等多种因素引发的各种复杂问题。

在广东高校，毋庸讳言，大学生或多或少地存在这样那样的一些现象：政治信仰迷茫；理想信念模糊；诚信意识淡薄；价值取向扭曲；道德素养缺失；社会责任感缺乏；团结协作意识弱化；艰苦奋斗精神淡化；身体心理素质欠佳等。针对大学生中出现的这些新情况、新问题，广东高校始终坚持以马克思列宁主义、毛泽东思想和中国特色社会主义理论体系为指导，树立和落实科学发展观，全面贯彻党的教育方针，特别注重挖掘广东丰厚的红色历史文化资源，以红色教育主题活动为载体，在全省高校通过各种路径深入开展理想信念教育、爱国主义教育、基本道德规范教育和全面素质教育等，积极践行社会主义核心价值观，大力培育"有理想、有道德、有文化、有纪律"的合格人才，共同构筑中华民族伟大复兴"中国梦"。

第一节 红色教育的理性审视

当今世界正处在快速发展和深刻变革时期,经济全球化、政治多极化、文化多元化、科技信息化、生活网络化成为当前社会发展趋势。同时,我国正处于社会转型期和改革攻坚期,思想观念多元多样多变,国内外各种思潮和文化交流交融交锋频仍。一些比较具有代表性的观点和思潮如意识形态终结论、意识形态淡化论、民主社会主义、新干涉主义和新自由主义等颇具蛊惑性、隐蔽性和欺骗性,加上长期以来以美国为首的西方资本主义意识形态对社会主义国家的渗透与侵袭,这些都对我国社会主义主流意识形态产生了一定的冲击和影响:有的人思想迷信盲从资本主义文化思潮;有的人信仰迷失甚至认为马克思主义已经过时;有的人精神迷茫乃至道德失范,言行出格,不知所向。对此,我们必须保持高度警觉和清醒认识。党的十八大报告审时度势,强调指出:"牢牢掌握意识形态工作领导权和主导权,坚持正确导向,提高引导能力,壮大主流思想舆论。"[①]

一、红色教育的实质

如前文所述,高校红色教育是以党史国史等历史文化资源为"鲜活教材"对大学生开展爱国爱党爱社会主义主题教育的理论学习和社会实践活动。从实质上说,红色教育究其根底还是属于意识形态问题,就是我国主流意识形态的显性灌输与隐性渗透,是高校积极引导和占领大学生思想文化阵地的主渠道。意识形态是一定社会或社会阶级、集团基于自身根本利益对现存社会关系自觉反映而形成的理论体系,是对社会政治、经济、文化等各种现象的反映,是一种完整的理论化、系统化的社会意识。任何一

---

① 胡锦涛:《坚定不移沿着中国特色社会主义道路前进 为全面建成小康社会而奋斗》,《人民日报》2012年11月18日。

个政权都需要有一定的社会意识形态来维护。① 相应地，主流意识形态则是在某一个特定国家范围内绝大多数社会群体、社团组织或社会成员所认同和接受的占据主导地位的意识形态。有了主流意识形态，自然有非主流意识形态，任何国家皆是如此。

改革开放30多年来，我国经济社会发展取得了举世瞩目的成就，同时我国的主流意识形态也在不断地发展完善，从邓小平理论到"三个代表"重要思想再到科学发展观，乃至习近平总书记系列重要讲话，形成了中国特色社会主义理论体系。这正是我国当代主流意识形态的核心内容，马克思主义是我国主流意识形态的指导思想，社会主义核心价值体系是我国主流意识形态的灵魂。

文化是意识形态的载体，文化内在的张力决定了意识形态的传播力。一个国家的文化软实力决定了这个国家主流意识形态的影响力，主流意识形态的影响力决定了国际话语权的掌控力。尤其是在当今互联网时代，新媒体迅速发展，各种文化思潮与这些新媒体融合交织在一起广泛传播，特别是少数西方发达国家凭借其经济与科技优势，向发展中国家、社会主义国家展开了意识形态领域的渗透、西化、分化甚至妖魔化图谋，企图实现其"和平演变"战略。比如历届美国总统入主白宫以后总是千方百计要在全球推行美国的所谓普世价值观和意识形态，推动西方的人权进程，甚至不惜发动战争。20世纪50年代，美国总统艾森豪威尔曾经直言不讳地指出，在宣传上花1美元等于在国防上花5美元。美国前总统尼克松也在《1999：不战而胜》中赤裸裸地宣称："我们与苏联的竞争是军事、经济和政治的竞争，但是美苏对抗的根本原因是意识形态的。苏联要扩大共产主义的范围，破坏自由，而美国要阻止共产主义扩张，扩大自由的范围。如果我们在意识形态领域的斗争中失利，我们所有的武器、条约、贸易、外援和文化交流将毫无意义。""进入21世纪，采用武力侵略的代价将会更加高昂，而经济力量和意识形态的号召力将成为决定性的因素""播下

---

① 杨丽：《新疆高校意识形态领域反分裂反渗透教育的形势与对策》，《思想理论教育导刊》2010年第3期。

思想的种子，这些种子有朝一日会结成和平演变的花蕾"。① 1982年6月，美国总统里根提出在两种不同社会制度的斗争中，"最终的决定性因素不是核弹和火箭，而是意志和思想的较量"。美国在1942年、1949年和1951年相继组建了"美国之音""自由欧洲电台"和"自由电台"，以加强对社会主义国家的意识形态渗透与同化。冷战结束后尤其是"9·11"事件之后，以反恐和人权等为借口，美国加大了对国外进行意识形态渗透和灌输的力度。无怪乎加拿大学者沙卡文·伯科维奇这样评论："美国人生活在一个自己制造的神话当中，它是一个由一致的意识形态联结在一起的、多元的、讲究实际的民族，它有数以百计的派别，虽然彼此之间毫不相同，却执行着同一使命。"②

事实上，无论是美国的好莱坞电影、奥斯卡奖项和CNN，还是日本的动漫、韩国的电视剧，它们都是与美国、日本和韩国的主流意识形态、政治理念与价值观保持高度一致，他们借助这些文化载体不断输出本国的意识形态、价值观念和生活方式，悄无声息地与我国的文化传媒争夺受众市场，潜移默化地影响输入国的观众尤其是年轻人的文化生态与意识形态，可谓是"润物细无声"，从而建构其在世界文化和意识形态中的霸权地位。美国前总统尼克松就直言不讳："我们不应该害怕宣传战——不管是在苏联帝国内部，还是在欧洲其他地方。我们应当重新加强自由欧洲电台和自由电台的工作。"③ 由此，或许我们不难理解2012年2月我国国家广电总局通报该局下发《广电总局关于进一步加强和改进境外影视剧引进和播出管理的通知》规定，引进境外影视剧的长度原则上控制在50集以内，境外影视剧不得在黄金时段播出。

无论是观照历史与现实，还是比对国际形势与国内环境，广东乃至全国高校红色教育实质上就是社会主义主流意识形态的灌输与渗透，是爱国爱党爱社会主义三维价值向度的彰显，是当代大学生学习党史国史的重要

---

① ［美］理查德·尼克松：《1999：不战而胜》，中国人民公安大学出版社1988年版，第114页。

② 转引自［美］西摩·马丁·李普塞特：《一致与冲突》，张华青等译，上海人民出版社1995年版，第3页。

③ ［美］理查德·尼克松：《真正的战争》，新华出版社1980年版，第382页。

途径。新形势下我国高校红色教育的广泛开展与深入推进，必须牢牢掌握意识形态领域的话语权，为我国社会主义意识形态鼓与呼，唱响社会主义意识形态主旋律。

二、红色教育的三维价值向度①

在当代中国，高校红色教育不但意味着我国主流意识形态的灌输与渗透，而且是社会主义国家办学方向的题中之义，是党的教育方针的必然要求。红色教育不是一个空泛的政治术语或教育概念，具有鲜明的三维价值向度：爱国爱党爱社会主义。今天谈爱国，必然内在地蕴含着对中国共产党的领导和执政地位、中国特色社会主义制度、中国特色社会主义理论体系和中国特色社会主义道路的高度政治认同。"要坚持爱国主义与社会主义的高度统一，时刻心系民族命运、心系国家发展、心系人民福祉，使爱国主义在新的时代条件下发扬光大。"②

（一）向度之一：强化中华民族的国家认同意识

爱国主义，是一个国家、一个民族凝聚人民的重要思想基础和不断追求进步的强大精神动力。中国人民具有悠久的爱国主义光荣传统。爱国主义有着鲜明的时代特点，它总是随着时代的前进和历史的进步而不断丰富内容，向人民提出新的要求。毋庸置疑，无论是社会主义国家还是资本主义国家，无论是东方国家还是西方国家，爱国主义都是意识形态的永恒主题，也是一个国家和民族最具凝聚力和感召力的精神支柱与基本价值，是一种特殊的汇聚情感意志、思想道德和价值取向为一体的国家主流意识形态。"对全民族和全体人民来说，首先要抓好爱国主义教育。世界上任何国家任何制度下，都很重视对人民进行爱国主义的教育，在我国这样人口众多的社会主义国家里，更应如此。"③

爱国主义是中华民族的优良传统，是构成中华民族精神的核心要素和

---

① 占毅：《论当代主流意识形态的三个基本向度》，《学习论坛》2013年第6期。
② 胡锦涛：《在北京大学师生代表座谈会上的讲话》，《人民日报》2008年5月4日。
③ 江泽民：《宣传思想战线是我们党的一条极其重要的战线——在全国宣传部长座谈会上的讲话》，《党建》1993年第3期。

基因，也是中华民族生生不息、自立于世界民族之林的强大精神支柱，是近现代以来全体中华儿女追求民族独立、人民解放、国家富强和人民幸福的动力源泉。然而，作为我国主流意识形态的一个基本向度，爱国主义正在受到一些人的争议、质疑甚至是批判，有些人打着所谓"人权、民主、自由"的旗号，鼓吹所谓普世价值、世界公民，有去国化、泛化甚至妖魔化中国的倾向，应该引起国人的高度警觉。必须看到的是，在关于爱国主义的讨论中也出现了一些值得研究的倾向和问题：有的观点把爱国主义简单理解为中华民族的一种道德传统；有的观点把爱国主义等同于一种狭隘的民族主义；有的观点则把爱国主义看成是一种没有任何意识形态内涵的文化现象（在这方面，一种更为极端而又并非鲜为人知的观点是：不爱社会主义并不等于不爱这个国家）；还有人对列宁关于当时俄国的那种爱国主义的论述作了一种非历史的解读，这种解读诱发或助长了某种反爱国主义的倾向或情绪……可以不夸张地说，爱国主义问题已经成为当代中国意识形态建设和思想文化建设中的焦点问题之一，应当给予高度重视。①

例如，香港特别行政区政府曾拟从 2012 年开始增设国民教育及德育课程为中小学必修课，竟然引起热议。这件事就足以引起我们的思考！事实上，国民教育课作为培养爱国主义情结的重要渠道与途径，已经成为一种国际惯例，因为爱国主义无论在哪个国家都是核心价值向度。美国就是一个非常重视国民教育的国家，从幼儿园开始爱国主义教育便浸染到日常教育教学的每个环节。美国许多中小学校每天都有升国旗、奏国歌仪式。欧洲一些国家则把整个国民教育渗透到其他学科课程教育过程之中，通过"隐性教育"这种方式达到爱国主义教育目的，比如法国国民教育就侧重于法兰西民族的优秀传统，凸显法国在各个历史时期的光辉业绩，不遗余力地褒扬一切有别于他国的独特之处，培养作为法国人的民族自豪感和民族自尊心。其他如俄罗斯、德国、新加坡、日本、韩国等国的国民教育无不以殊途同归的各种方式方法来强化和渗透爱国主义教育。

爱国主义是千百年来人们形成的对自己祖国的最深厚的感情，以爱故

---

① 吴蕾蕾：《如何理解爱国主义——兼论高校思想政治教育中的一个问题》，《哲学研究》2010 年第 4 期。

乡、爱人民、爱祖国为主要内涵,既是一种崇高的道德情操和道德规范,也是一项重要的政治原则。① 在纪念辛亥革命 100 周年大会上的讲话中,胡锦涛同志强调实现中华民族伟大复兴,必须坚定不移高举爱国主义伟大旗帜。在新的历史条件下,在全面建成小康社会、实现中华民族伟大复兴的征程中,爱国主义无疑是主流意识形态的基本价值向度之一,也是中华民族的民族情结,必须一以贯之。

(二)向度之二:增强中国共产党执政的历史与现实认同

翻阅中国近现代史,我们不难发现,中国共产党的执政地位是在长期革命斗争中逐步形成的,是近现代中国历史发展的必然,是历史的选择,是人民的选择。无论是太平天国农民革命,还是义和团的反帝爱国运动,无论是洋务运动、变法维新运动,还是辛亥革命,都没有也不可能改变中国半殖民地半封建社会的性质,没有改变中国人民的悲惨命运。贫穷落后的中国向何处去?历史将这一重任交给了新生的中国共产党。俄国十月革命一声炮响,给中国送来了马克思主义,中国共产党也应运而生。"中国产生了共产党,这是开天辟地的大事变。这一开天辟地的大事变,深刻改变了近代以后中华民族发展的方向和进程,深刻改变了中国人民和中华民族的前途和命运,深刻改变了世界发展的趋势和格局。"② 正是在中国共产党的坚强领导下,全党和全国人民经过北伐战争、土地革命战争、抗日战争和解放战争建立了新中国。"没有中国共产党,就没有新中国,就没有中国特色社会主义。""我们今天讲爱国主义,就是要热爱我们伟大的社会主义祖国,在党的领导下为祖国的繁荣富强贡献自己的智慧和力量。"③ 事实胜于雄辩,此后在中国共产党的团结和带领下,全国各族人民顺利完成了从新民主主义到社会主义的伟大转变,开启了社会主义建设和改革开放的新时代,使得我国人民真正摆脱了积贫积弱的落后面貌,彻底甩掉了"东亚病夫"的贬称,踏上了全面建成小康、构建和谐社会的康庄大道。

当前世界各国综合国力竞争日趋激烈,以美国为首的西方敌对势力从

---

① 王宏维、郑永廷:《大学生思想政治教育与管理比较研究》,高等教育出版社 2010 年版,第 72 页。
② 习近平:《在庆祝中国共产党成立 95 周年大会上的讲话》,人民出版社 2016 年版,第 2 页。
③ 江泽民:《论社会主义精神文明建设》,中央文献出版社 1999 年版,第 137～138 页。

来就没有停止西化、分化和丑化我国的图谋。20世纪末苏联解体、东欧剧变以来一系列颜色革命对于我国社会主义主流意识形态都是严峻的挑战。正如胡锦涛同志在庆祝中国共产党成立90周年大会上强调，在当前世情、国情和党情发生深刻变化的新形势下，中国共产党作为执政党面临"四大考验"和"四大危险"。办好中国的事情，关键在党。中国共产党自成立之始就把为人民服务作为自己的最高原则和唯一宗旨，中国共产党的奋斗史就是全心全意为人民服务的历史。90多年来，中国共产党正是以自身的凝聚力、感召力和影响力赢得人民群众的支持、爱戴和拥护，经过90多年的风雨洗礼与磨砺，从成立之初的几十个成员发展成为一个拥有8800多万党员的世界第一大党，领导和团结人民大众不断从胜利走向新的胜利。

"饮水思源"，热爱中国共产党，拥护并坚持中国共产党的领导和执政地位必须是而且应该是我国主流意识形态的又一个基本向度。历史已经并将继续昭示，中国共产党是中国工人阶级的先锋队，是中国人民和中华民族的先锋队，是中国特色社会主义事业的领导核心。邓小平同志就此再三强调，中国由共产党领导，中国的社会主义现代化建设事业由共产党领导，这个原则是不能动摇的；动摇了中国就要倒退到分裂和混乱，就不可能实现现代化。

（三）向度之三：强化中国道路自信、理论自信、制度自信和文化自信

1840年第一次鸦片战争以来，一部"救亡图存、振兴中华"的中国近现代史，可以说就是中国人民不断探索前进道路、摸着石头过河的血泪史。历史以无可辩驳的事实证明，所谓的第三条道路（实质上是英美式的资产阶级专政道路）、西方资本主义三权分立制度不适合中国国情，只有社会主义才能救中国，只有中国特色社会主义才能发展中国。邓小平曾经指出，如果不搞社会主义，而走资本主义道路，中国的混乱状态就不能结束，贫困落后的状态就不能改变。江泽民同志在党的十五大报告中指出，一个世纪以来，中国人民在前进道路上经历了三次历史性的巨大变化，……第二次是中华人民共和国的成立和社会主义制度的建立。这是中国共产党成立后，在以毛泽东为核心的第一代领导集体的领导下完成的。经过

28年艰苦卓绝的英勇斗争，推翻了帝国主义、封建主义、官僚资本主义三座大山，中国人民从此站起来了，并且从新民主主义走上社会主义道路，取得建设社会主义的巨大成就。这是中国从古未有的人民革命的大胜利，也是社会主义和民族解放的具有世界意义的大胜利。

党的十一届三中全会以来，我国的经济政治文化社会发展都取得了举世瞩目的卓越成就。作为一个发展中的社会主义大国，人均国内生产总值从新中国成立初期不足100美元到突破3000美元再到今天成为仅次于美国的世界第二大经济体，综合国力大幅提升，人民生活水平显著提高。据联合国发布的世界经济报告称，中国对世界经济增长的贡献率已经增至50%。这些成就凸显了中国特色社会主义基本制度的强大生命力和巨大优越性。

20世纪90年代初苏联解体、东欧剧变以来，社会主义运动处于相对低潮时期。然而，作为一种新型的社会制度，从"十月革命"开始至今不足一百年的实践探索，已经为社会主义道路的创新发展积累了丰厚的经验与教训。"坚持不忘初心、继续前进，就要坚持中国特色社会主义道路自信、理论自信、制度自信、文化自信，坚持党的基本路线不动摇，不断把中国特色社会主义伟大事业推向前进。""全党要坚定道路自信、理论自信、制度自信、文化自信。当今世界，要说哪个政党、哪个国家、哪个民族能够自信的话，那中国共产党、中华人民共和国、中华民族是最有理由自信的。"①

在改革开放新时期，红色教育的三维价值向度具有内在一致性，是相互联系不可分割的整体。具体到当前来说，那就是坚持在马克思主义指导下，坚持在中国共产党的领导下，坚定不移走中国特色社会主义发展道路，不动摇、不懈怠、不折腾。在当代中国，坚持中国特色社会主义道路，就是真正坚持社会主义，坚持中国特色社会主义理论体系，就是真正坚持马克思主义。"只有社会主义才能救中国，只有社会主义才能发展中国，爱国主义与社会主义是统一的。"② 党的十八大对全国青年也提出了

---

① 习近平：《在庆祝中国共产党成立95周年大会上的讲话》，人民出版社2016年版，第12页。
② 《江泽民文选》第1卷，人民出版社2006年版，第581页。

明确要求和殷切希望:"广大青年要积极响应党的号召,树立正确的世界观、人生观、价值观,永远热爱我们伟大的祖国,永远热爱我们伟大的人民,永远热爱我们伟大的中华民族,在投身中国特色社会主义伟大事业中,让青春焕发出绚丽的光彩。"① 这些要求、希望与红色教育的三维价值向度可谓异曲同工。

三、红色教育引领意识形态话语权

自从1917年世界上建立第一个社会主义国家以来,意识形态就开始成为影响国际关系尤其是社会主义国家与资本主义国家关系的重要因素。美国前总统尼克松虽然是第一个登上中国大陆的美国总统,却是一位出名的反共老手:"我们与东方的接触越多,我们使东方受到西方榜样的影响就越大。这就不可避免地会提升引起变革的内部力量。"②

改革开放以来我国经济社会快速发展,西方所谓的"中国威胁论"等声音如影随形,一度喧嚣尘上,然而不难看出这些"杂音噪音"背后的实质就是意识形态分歧。意识形态是反映特定社会集团、阶级或者阶层的经济利益、政治倾向和文化思想的观念体系和价值体系,是建构特定社会集团、阶级或者阶层的文化思想观念、政治生态以及价值和行为规范的思想理论基础。随着我国改革开放的深入推进与拓展,我国主流意识形态与各种文化思潮等非主流意识形态的碰撞与交锋在所难免。在新时期新形势下,社会主义国家与资本主义国家在社会政治制度、价值观念和意识形态等方面的差异和矛盾不但不会消失,而且呈现多样化、隐蔽化和复杂化的特点。西方国家利用互联网、文化交流、非政府组织和跨国公司等各种渠道对我国进行意识形态渗透,在意识领域展开了一场没有硝烟的战争。没有花费一枪一弹就促成了前苏联和东欧社会主义国家的自我解体,这是西方国家在意识形态领域的较量中获得的最大胜利。

"我们党历来重视意识形态工作。这方面工作做得好不好,直接关系

---

① 胡锦涛:《坚定不移沿着中国特色社会主义道路前进 为全面建成小康社会而奋斗》,《人民日报》2012年11月18日。

② [美]理查德·尼克松:《现实的和平》,世界知识出版社1984年版,第90页。

到社会主义事业的成败。意识形态领域是和平演变与反和平演变斗争的重要领域。资产阶级自由化同四项基本原则的对立和斗争，实质是要不要坚持共产党领导、坚持社会主义道路的政治斗争，但这种政治斗争大量地经常地表现为意识形态领域的思想理论斗争。思想宣传阵地，社会主义思想不去占领，资本主义思想就必然会去占领。"① 广东高校地处改革开放的最前沿，十分重视意识形态工作，不断强化我国主流意识形态的领导权和话语权，牢牢把握红色教育的三维价值向度。在坚持走中国特色社会主义道路的过程中，祖国、中国共产党和社会主义制度是三位一体、不可分割的，或者说在本质上是有机统一、内在联系的。② 马克思在《〈黑格尔法哲学批判〉导言》中曾经说过："批判的武器当然不能代替武器的批判，物质力量只能用物质力量来摧毁；但理论一经掌握群众，也会变成物质力量。理论只要说服人，就能掌握群众；而理论只要彻底，就能说服人。所谓彻底，就是抓住事物的根本。"③

当前，高校红色教育就是要认真贯彻落实党的十八大以及习近平总书记系列重要讲话精神，开发红色教育资源，开展社会主义核心价值体系建设，积极推动中国特色社会主义理论体系进教材、进课堂、进头脑，坚持立德与树人相结合，坚持贴近实际、贴近生活和贴近学生，营造积极健康的文化生态和教育环境，唱响社会主义意识形态主旋律，占领意识形态领域的制高点，牢牢掌握意识形态工作的领导权、话语权和主导权。

第二节　星罗棋布的红色教育资源

广东得天独厚的地理环境孕育了南粤灿烂的历史文化与岭南文明。

南粤大地是一块具有悠久革命历史和光荣革命传统的红色土地，从中国共产党创立和大革命时期，到抗日战争和解放战争时期，再到社会主义

---

① 《江泽民文选》第一卷，人民出版社 2006 年版，第 160 页。
② 陈勇、梅红、王欢：《高校爱国主义教育：历史回顾、基本经验和探索创新》，《思想理论教育导刊》2009 年第 9 期。
③ 《马克思恩格斯选集》第 1 卷，人民出版社 1995 年版，第 9 页。

建设时期,党领导人民进行了艰苦卓绝的革命斗争和社会主义宏伟事业建设,留下了众多红色革命遗址。这些红色资源数量多、分布广、类型全,是广东党和人民的传世之宝,也是全国珍贵的革命故地的组成部分,更是进行革命传统教育和爱国主义教育的生动课堂。①据统计,2010年广东省红色旅游接待游客达2000万人次,实现旅游综合收入16.8亿元。②

一、南粤本土的红色教育资源

(一)南粤本土地域红色教育资源概况

2011年4月1日,按照中央办公厅、国务院办公厅印发的《2011—2015年全国红色旅游发展纲要》的要求,国家发改委、中共中央宣传部、国家发改委、财政部、国家旅游局、教育部、民政部、住房和城乡建设部、铁道部、交通运输部、文化部、中国民用航空局、国家文物局、中央文献研究室、中央党史研究室等14个部门联合下发《关于印发全国红色旅游经典景区第二批名录和全国红色旅游经典景区第一批名录(修订版)的通知》(后文简称《通知》)。根据《通知》,全国第二批红色经典旅游景区共有127处,加上2005年公布、2011年修订的第一批全国红色经典旅游景区的122处,全国红色经典旅游景区共有249处。其中,广东省共有11处全国红色旅游经典景区:第一批3处,分别是:①广州市红色旅游系列景区(毛泽东同志主办农民运动讲习所旧址、广州起义纪念馆和烈士陵园);②梅州市梅县叶剑英元帅纪念馆;③惠州市惠阳叶挺纪念馆。第二批8处,分别是:①深圳市博物馆(新馆)及莲花山公园;②汕尾市海丰县红宫红场旧址;③中山市孙中山故居和纪念馆;④广州市三元里人民抗英斗争纪念馆;⑤广州市黄花岗七十二烈士墓;⑥广州市黄埔陆军军官学校旧址;⑦东莞市鸦片战争纪念馆;⑧梅州市大埔县"八一"起义军三河坝战役纪念园。

另外,在中共中央宣传部已经公布的四批全国爱国主义教育示范基地

---

① 王国梁、谢东江:《广东红色之旅》,广东人民出版社2011年版,第277页。
② 蔡华锋、陈瑞东、赵丽帆:《广东再增8处红色旅游经典景区》,《南方日报》2011年4月21日。

名录中共有356处（1997年6月10日公布第一批103处，2001年6月11日公布第二批100处，2005年11月20日公布第三批66处，2009年5月21日公布第四批87处），其中广东省一共有12处，分别是：第一批（《人民日报》1997年6月11日公布）：①孙中山故居纪念馆；②广州起义烈士陵园；③鸦片战争博物馆（虎门炮台）；④三元里抗英斗争纪念馆；第二批（《人民日报》2001年6月12日公布）：⑤毛泽东同志主办农民运动讲习所旧址；⑥叶剑英元帅纪念馆；⑦叶挺纪念馆；第三批（《人民日报》2005年11月21日公布）：⑧海丰红宫红场旧址纪念馆；⑨黄花岗七十二烈士墓园；⑩黄埔军校旧址纪念馆；第四批（《人民日报》2009年5月22日公布）：⑪中共三大会址纪念馆；⑫叶挺独立团团部旧址纪念馆。

除了这些国家级的红色旅游经典景区和爱国主义教育示范基地，广东还有很多红色教育资源。根据广东爱国主义教育网站显示，广东红色教育资源非常丰富，如广东红色旅游示范基地有25处，广东省爱国主义教育基地有75处，广东省国防教育基地有30处。这些红色教育资源详细情况如下：

1. 广东红色旅游示范基地有25处

其中，广州8处：广州起义烈士陵园；三元里人民抗英斗争纪念馆；毛泽东同志主办农民运动讲习所旧址纪念馆；黄花岗七十二烈士墓园；黄埔军校旧址；中共三大会址纪念馆；十九路军淞沪抗日阵亡将士陵园；广州起义纪念馆。深圳2处：深圳市莲花山公园；深圳博物馆。珠海1处：桂山舰纪念公园。梅州3处：叶剑英纪念园；平远县红军纪念园；"八一"起义军三河坝战役纪念园。韶关1处：中共广东省委、中共粤北省委机关旧址。惠州2处：东江纵队纪念馆；叶挺纪念馆。汕尾2处：海丰红宫红场旧址；彭湃故居。东莞1处：鸦片战争博物馆。中山1处：孙中山故居纪念馆。江门1处：周文雍陈铁军烈士陵园。湛江1处：特呈岛。肇庆1处：叶挺独立团团部旧址。云浮1处：蔡廷锴将军故居。

2. 广东省爱国主义教育基地有75处

其中，广州市19处：广州起义烈士陵园；三元里人民抗英斗争旧址；毛泽东同志主办农民运动讲习所旧址；中山纪念堂；黄花岗七十二烈士墓园；黄埔军校旧址；西汉南越王墓博物馆；洪秀全纪念馆（含洪秀全故居）；十九路军淞沪抗日阵亡将士陵园；海珠区南华西街；广州博物馆；广州近代史博物馆；广州市银河烈士陵园；花都区新华镇三东村；广州市黄埔青少年军校；中共三大会址纪念馆；孙中山大元帅府纪念馆；邓世昌纪念馆；白云山风景名胜区。深圳市7处：锦绣中华和中国民俗文化村；沙头角中英街；大亚湾核电站；共青团深圳市委教育基地；龙岗区布吉镇南岭村；大鹏古城博物馆；深圳莲花山公园邓小平铜像广场。珠海市2处：圆明新园；苏兆征故居。汕头市2处：东征军总指挥部旧址；汕头大学。韶关市3处：中共广东省委、中共粤北省委旧址；仁化双峰寨；马坝人博物馆。河源市4处：阮啸仙故居；阮啸仙烈士陵园；紫金县苏区革命旧址群；新丰江水电厂。梅州市5处：叶剑英纪念园；梅县雁南飞茶田旅游度假村；平远县红军纪念园；"八一"起义军三河坝战役纪念馆；谢晋元故居及纪念馆。惠州市3处：叶挺纪念馆；东江纵队纪念馆；邓演达纪念园。汕尾市3处：海丰红宫红场；海丰县烈士陵园；彭湃烈士故居。东莞市4处：虎门鸦片战争博物馆（含海战馆）；可园；东莞市袁崇焕纪念园；东江纵队纪念馆。中山市2处：孙中山故居纪念馆；中山市革命烈士陵园。江门市2处：梁启超故居；冯如纪念馆。佛山市3处：佛山市博物馆；铁军公园；康有为故居。湛江市2处：湛江市博物馆；鹤地水库及雷州青年运河。茂名市2处：茂名石化工业观光区；高州冼太庙。肇庆市2处：星湖风景名胜区（含鼎湖山）；叶挺独立团团部旧址纪念馆（阅江楼）。潮州市2处：韩文公祠（韩愈纪念馆）；涵碧楼革命纪念馆。揭阳市1处：周恩来同志革命活动旧址（揭阳学宫）。云浮市1处：邓发故居。省直6处：虎门大桥；广州蓄能水电厂；广东省博物馆；飞来峡水利枢纽；广东省档案馆；广东海事局巡查执法支队海巡31船。

3. 广东省国防教育基地有30处

2010年"八一"建军节前夕，中共广东省委宣传部、广东省军区政治部、广东省国防教育办联合举办授牌仪式，黄埔军校旧址纪念馆等30个单位被命名为首批"广东省国防教育基地"。其中，广州市4处：黄埔军校旧址纪念馆；邓世昌纪念馆；广州市国防教育中心；广州起义烈士陵园。深圳市2处：深圳市国防教育训练基地；宝安区国防教育训练基地。珠海市1处：珠海市学生军训基地。佛山市1处：平洲国防教育基地。汕头市1处：东征军革命史迹陈列馆。韶关市1处：北伐纪念馆。河源市1处：和平县革命烈士陵园。梅州市1处：叶剑英纪念园。惠州市2处：东江纵队纪念馆；叶挺纪念馆。汕尾市1处：红二师碣石作战指挥部旧址。东莞市1处：虎门鸦片战争博物馆。中山市1处：中山市国防教育训练基地。江门市1处：江门市国防教育基地（国防教育长廊）。阳江市1处：冯盎将军陵园纪念公园。湛江市1处：湛江市军政训练学校。茂名市1处：电白县中小学生社会实践基地。肇庆市2处：肇庆市端州青少年军校；叶挺独立团团部旧址纪念馆。清远市1处：清远市学生国防教育训练基地（75734部队）。潮州市1处：潮安县青少年航空航天科技教育基地。揭阳市2处："汾水战役"烈士陵园；周恩来同志革命活动旧址。云浮市1处：云浮市烈士陵园。团省委1处：广东省少年军校培训基地。部队1处：广州国防科技文化博览中心。

另外，根据《广东革命史迹通览》（中共广东省委党史研究室编纂，广东人民出版社2008年版）一书介绍，从1919年五四运动开始至2007年，在现广东省行政区域有关中共党史、革命史史迹及各种纪念设施有1522处。

从上述红色教育的资源具体分布不难看出，广东是一方实实在在的红土地，有着深厚的革命历史传统和红色文化底蕴，红色教育资源星罗棋布，遍布在全省各地。其中，以广州为圆心的珠三角区域红色教育资源最为丰富，而位于珠三角的高校约占广东高校的3/4强，为广东高校开展红色教育提供了得天独厚的源头活水以及非常便利的自然条件和教育平台。由于篇幅所限，下文笔者以点带面，仅就分布在广东省的全国红色旅游经典景区和全国爱国主义教育示范基地（按照上文名录顺序）做一简要介绍，窥一斑而见全豹，大致了解广东高校红色教育资源的历史脉络与现实状况。

（二）南粤本土地域国家级红色教育资源

1. 广州市红色旅游系列景区（毛泽东同志主办农民运动讲习所旧址、广州起义纪念馆和烈士陵园）

毛泽东同志主办农民运动讲习所旧址位于广州市中山四路42号，前身为始建于明洪武三年（1370年）的番禺学宫，是明清时期番禺县培养儒生和祭祀孔子的主要场所，至今已有640多年的历史。早在第一次国共合作时期，为培养农民运动干部，以适应革命形势的发展，毛泽东同志于1926年5月至9月在这里主办第六届农民运动讲习所。讲习所是以"养成农民运动之指导人才"为宗旨、为唤醒农民觉悟而创办的革命学校，是革命的摇篮。毛泽东担任所长，萧楚女、彭湃、周恩来、阮啸仙和恽代英等担任教员，开设有政治、经济、文化、军事和历史等20多门课程，来自全国20个省区的300多名学生在这里学习文化知识和开展军事训练。为了使学员毕业后文武兼备，能够成为农民革命武装、农民自卫队的组织者和领导者，农讲所一方面设有文化课程进行课堂讲授，另一方面还设置有为期3个月的严格军事训练，培养学员们吃苦耐劳的精神和英勇顽强的革命意志。学员们毕业后紧急奔赴各省、区开展革命工作，大多数人担任农民运动特派员，在各地宣传发动农民、组织农民协会、建立农民革命武装，参加东征、南讨和北伐战争，积极开展反对帝国主义和封建主义的斗争，播下了许多革命的种子。在广州农讲所的影响下，全国各地相继开办了40多个农讲所和农训班，培养了大批革命干部，为革命的发展奠定了坚实的基础。

广州起义纪念馆是以纪念1927年12月11日中国共产党领导的广州起义而建立的苏维埃政府旧址为馆址，位于广州市起义路200号。广州起义纪念馆隶属广东革命历史博物馆，馆址在广州起义之前原是国民政府广州市公安局，1927年广州起义爆发后，在此建立广州苏维埃政府。1956年广州市人民政府把南楼辟为广州起义陈列室，对内开放。1987年对旧址维修复原并成立广州起义纪念馆，同时对外开放，叶剑英亲自题书了馆名。纪念馆展出广州起义文物、图片、模型、绘画等200多件，放映有关起义的专题录像，再现了广州起义的悲壮历史。南楼设置广州起义史料辅助陈列展，北楼为广州市公安局使用，在中楼先后举办了爱国主义教育和具有时代气息的展览，如"叶挺将军摄影作品展""共和国元勋在南粤展览""纪念世界反法西斯战争胜利五十周年展览""'97香港回归展""'98抗洪抢险纪实展""五四运动90周年回顾展"等大型图片展览，收到了很好的社会效果。

广州起义烈士陵园位于广州市中山二路92号，是新中国成立后为纪念 1927 年中国共产党领导的广州起义中英勇牺牲的烈士而修建的纪念性公园。1927 年 12 月 11 日，在当时的中共广东省委书记张太雷以及叶挺、叶剑英、苏兆征、聂荣臻、徐向前领导下，发动了广州起义。由于敌强我弱，起义最终失败，起义中有 5700 多名共产党员和革命群众惨遭杀害，部分烈士遗骸丛葬于现广州起义烈士陵园的所在地。为纪念革命先烈，1957 年广州市人民政府在此兴建了大型陵园。陵园坐北向南，全园总面积达 18.6 公顷。全园按功能的不同分为纪念瞻仰区—陵区和休憩游览区—园区。陵区以墓、碑为主体，规模宏大，有正门门楼、陵墓大道、广州起义纪念碑、广州公社烈士墓、叶剑英同志纪念碑等。正门门楼以白花岗石为门座，配以橙红色的琉璃瓦顶，双阙正面汉白玉石壁镌刻着周恩来手书漆金的园名"广州起义烈士陵园"，门楼气魄雄伟。陵墓大道宽阔笔直，两旁苍松翠柏，其间 20 个花坛红花吐艳，庄严肃穆。墓道的北端是高达 45 米的广州起义纪念碑，其造型别具一格，寓意深刻。枪尖直指蓝天，寓意象征"枪杆子里出政权"，浩气冲天，更有一种无畏无惧的凛然气势。纪念碑正面镌刻着邓小平手书的漆金碑名，碑四周刻有广州起义战斗场面的浮雕；东面是圆形的广州公社烈士墓，是陵园地势最高点，墓冢直径 43 米，高 6.2 米，封土上铺青草；陵墓南面还有广州起义领导人纪念广场、有为纪念举行"刑场上的婚礼"的周文雍陈铁军烈士而建造的"血祭轩辕亭"和四烈士墓；陵园还有为纪念广州起义中牺牲的苏联和朝鲜战士而建造的"中苏人民血谊亭"和"中朝人民血谊亭"等。

2. 梅州市梅县叶剑英元帅纪念馆

叶剑英元帅纪念馆位于距离梅州市区大约 33 公里处的梅县雁洋镇虎形村，依山傍水，环境优美。1987 年在叶剑英元帅逝世以后，为了纪念叶剑英同志，传承并弘扬他的光辉思想和革命业绩，广东省各级人民政府重修了叶剑英元帅故居。1987 年 7 月又在故居的左侧动工兴建叶剑英元帅纪念馆，1989 年 10 月竣工，原国家主席杨尚昆亲笔题写了馆名。纪念馆建筑面积 6500 平方米，外观呈几何构造，气势雄伟，现代园林式建筑，庄重典雅。纪念馆二楼设有 5 个陈列室，展有文物、照片、题词、文献手稿、办公用具、文房四宝等。展厅以"少怀壮志、泉井情深、力挽狂澜、翰墨飘香、百战归来"五大主题序列充分展示了叶剑英元帅崇高的革命风范和光辉伟大的一生。纪念馆正门口右侧安放叶剑英元帅的坐姿铜像，铜像高 2 米，由中国著名雕塑家刘焕章雕刻而成，像座上刻有中共中央撰写的碑文，供人们瞻仰。后来在原有叶剑英元帅故居和纪念馆的基础上进一步整合和扩建成叶剑英纪念园，于 2007 年建成并正式开放。

3. 惠州市惠阳叶挺纪念馆

叶挺纪念馆位于广东省惠州市惠阳区政府所在地——淡水镇叶挺中路。1986 年经中共中央办公厅、中共中央宣传部批准兴建，并于 1991 年 9 月 10 日即叶挺 95 周年诞辰之际开馆。叶挺纪念馆占地面积为 81600 平方米，建筑面积 1600 平方米，绿化面积 5000 多平方米，主馆建在风景秀丽的卢屋山腰。纪念馆正门上是叶剑英元帅亲笔题写的"叶挺纪念馆"五个刚劲有力、金光闪闪的大字。纪念馆共分为 8 个展厅，大厅内竖立一座高达两米的叶挺汉白玉雕像。雕像两侧是江泽民和李鹏同志为展馆开馆题的词，江泽民题词是："北伐名将，抗日英雄，铁骨铮铮，浩气长存。"李鹏的题词是："学习和缅怀叶挺将军的革命斗志和历史功勋。"纪念馆根据叶挺的生平分为：出身农家，从戎救国；赴法深造，编练新兵；北伐先锋，保卫武汉；举旗南昌，再战广州；领导抗敌，卓著勋劳；皖南浴血，铁窗铮骨等六个部分，用 400 多件珍贵的文献、文物、图片，再现了一代名将叶挺将军短暂而光辉的一生。

4. 深圳市博物馆（新馆）及莲花山公园

深圳市博物馆是全国首座以改革开放史为核心内容的博物馆，位于深圳市福田区福中路市民中心 A 区，总建筑面积 32000 平方米，展览陈列面积 9200 平方米。其中一楼分布有临时展厅、儿童馆、观众导览厅、贵宾接待室、茶社、文物艺术书店、工艺纪念品商店等专题展厅和服务设施；二楼设《古代深圳》《近代深圳》和《深圳民俗文化》展厅；三楼为 3200 平方米的《深圳改革开放史》展厅和可容纳 200 多人的报告厅；地下室为文物库房。作为深圳市重点文化设施和青少年爱国主义教育基地，深圳博物馆从建馆以来，不断丰富和完善基本陈列。翔实的资料、生动的实物为观众全面展示了深圳的悠久历史和发展轨迹。

莲花山公园位于深圳市中心区北端，全园占地面积 166.14 公顷，于 1992 年开始筹建，1997 年正式对外局部开放，是一座风景优美、环境清新的旅游休闲胜地。公园以其清新、秀丽的姿色和端庄、质朴的风格吸引着中外游客，绿色、环保、自然、和谐是整个公园的主色调。坐落于公园主峰的山顶广场，海拔106米，面积达4000平方米。邓小平同志铜像矗立在广场中央，铜像高6米重7吨，为青铜铸造，基座高3.68米。铜像的造型设计为具有动感的、邓小平同志大步向前走的姿态。江泽民同志为铜像亲笔题字"邓小平同志"，并于2000年11月14日亲自为铜像揭幕。如今山顶广场已成为广大市民和中外游人缅怀一代伟人风采、饱览深圳中心城区景色的红色旅游经典景区和爱国主义教育基地。

5. 汕尾市海丰县红宫红场旧址

红宫红场旧址位于广东省汕尾市海丰县海城镇人民南路13号，原为"孔庙"，始建于明朝洪武十二年（1379），是中国共产党早期领导人彭湃的主要革命活动场所。1927年11月在中国共产党和彭湃同志领导下，海陆丰人民经过三次武装起义，胜利夺取政权。同年11月18～21日在这里召开了海丰工农兵代表大会，中共中央委员彭湃同志在大会上作了政治报告。会议通过了"没收土地案"等八项政治纲领，宣布成立海丰县苏维埃政府，成为中国第一个工农红色政权。全国第一个县级苏维埃政权由此诞生。当时会场四周和街道墙壁都刷成红色，会场内用红布覆盖墙壁，因此把学宫改称"红宫"。此后，革命政权的许多重要会议都在这里召开。红场旧址在红宫东侧，海丰苏维埃政权成立后，彭湃同志号召在此地兴建红场大门和司令台。大门门额上浮塑"红场"二个大字，为彭湃手书，两边浮塑有"铲除封建势力，实行土地革命"的对联，红场从此得名。1927年海丰人民在这里召开了有5万多人参加的大会，庆祝海丰苏维埃政府成立。1928年南昌起义部队与广州起义部队在此胜利会师。1961年国务院颁布海丰红宫红场旧址为全国重点文物保护单位。1986年在红场中心安放了彭湃烈士铜像，供后人瞻仰。

6. 中山市孙中山故居纪念馆

孙中山故居纪念馆位于广东省中山市南朗镇翠亨村，是以孙中山故居为主体的纪念性博物馆，建立于1956年，现为国家一级博物馆。纪念馆的南、北、西三面环山，东临珠江口，距中山市城区20公里，距广州城区90公里，距澳门30公里，隔珠江口与深圳、香港相望。其主体陈列有孙中山故居、孙中山生平事迹展览和翠亨民居展览等。孙中山故居是一幢赭红色二层三开间的砖木结构楼房，1892—1895年间孙中山经常在这里生活、行医和从事革命活动，1912年他辞去临时大总统后回到家乡也曾在此小住。孙中山生平事迹展览利用文字、图片和实物等系统地介绍中山先生的生平事迹、思想理论及其伟大而辉煌的一生。翠亨民居展览以原有旧民房为基础，仿建、复原清末翠亨村的一角，并辅以翠亨民俗展和农具展，展示了孙中山成长的社会环境以及当地民俗风情。纪念馆内还专门设有播放孙中山先生演讲录音的孙中山演讲厅、孙中山遗嘱亭等景点，歌颂了中山先生的丰功伟绩。

7. 广州市三元里人民抗英斗争纪念馆

三元里人民抗英斗争纪念馆位于广州市广园西路三元里村。1840年6月，英国发动鸦片战争。次年5月29日，英军劫掠队到三元里一带抢劫，侮辱妇女，三元里附近一百零三乡的人民"义愤同赴"，自发组成反侵略武装，聚集在三元古庙前誓师抗英。5月30日，几千名义勇军逼近英军司令部所在地四方炮台，诱敌深入至牛栏冈，将英军团团围住，截断归路，展开肉搏。经过一天激战，打死英军200多人，英军余众逃回四方炮台，三元里人民大获全胜，由此揭开了近代中国人民自发保家卫国、反抗外来侵略斗争的序幕。为纪念这次伟大的反帝斗争，1958年11月，三元古庙这座当年三元里抗英盟誓的古建筑物被辟为"三元里抗英斗争纪念馆"。著名考古学家、爱国人士郭沫若先生为该馆亲笔题词。三元古庙建于明末清初年间，距今已有300多年历史。原古庙在第二次鸦片战争时被英法侵略军焚毁，现在这座古庙是后来由三元里当地人民集资重建。

8. 广州市黄花岗七十二烈士墓园

黄花岗七十二烈士墓园位于广州市先烈中路79号，是为纪念1911年4月27日（农历辛亥三月二十九日）孙中山先生领导的同盟会举行的广州"三二九"起义烈士而建。广州"三二九"起义原定于4月13日起事，但由于海外的募款和购买的武器未到齐，以及临近起义前同盟会员温生才刺杀了清政府在广州的将军孚琦，清政府加强了戒严防范，并全城搜查革命党人，因而起义被迫延期至4月27日（农历三月二十九日）仓促起事，部分革命党人未能赶到广州集中，陈炯明等三路领导人又借故逃避,在形势十分不利又不得不行动的情况下,黄兴依然率领朱执信等130多名革命党人向两广总督署发起了进攻。由于敌众我寡,革命党人虽与清军展开激烈巷战,彻夜进攻,但起义最后还是失败了,骨干会员百余人牺牲,被残杀的革命党人遗体血肉模糊,陈尸于街头示众,惨不忍睹。同盟会会员潘达微先生冒死挺身而出,不顾满清政府的禁令,以《平民报》记者身份把散落并已腐烂的七十二位烈士的遗骨收殓并葬于黄花岗。1918年,爱国人士和海外华侨为了纪念这些悲壮的死难烈士,捐资修建了这座烈士陵园。

9. 广州市黄埔陆军军官学校旧址

黄埔陆军军官学校旧址位于广州黄埔长洲岛,是1924年大革命时期孙中山先生在中国共产党和苏联的帮助下创办的一所新型陆军军官学校,是第一次国共合作的产物,史称"黄埔军校"。国共两党都派出了一批重要干部担任学校的领导工作,孙中山任校总理,蒋介石任校长,廖仲恺任党代表,周恩来任政治部主任,叶剑英任教授部副主任,熊雄、恽代英、萧楚女、聂荣臻、张秋人等共产党人担任教官及各部门负责人。黄埔军校以"创造革命军来挽救中国的危亡"为办校宗旨,以"亲爱精诚"为校训,学习苏联建军经验,培养革命军事人才。黄埔军校分校众多,在长洲岛上的校舍被称作校本部,以示区分。校舍是一座岭南祠堂式四合院,原为清朝陆军小学堂,分为左中右三路,上下两层,各层回廊相通;深四进,每进以天井相隔,总建筑面积约1万平方米。从建校伊始至1927年蒋介石发动"四一二"反革命政变,军校一至四期的毕业生共4981名。黄埔师生在平定商团叛乱、东征和北伐战争中英勇顽强,所向披靡,立下了不朽功勋。

抗日战争爆发后,黄埔师生再度携手,为争取民族解放做出了卓越贡献,在中国近代史和军事史上具有重要意义。军校群英荟萃,名将辈出,扬威中外,声名远播,从这里走出了大批的国共两党精英和名将,如周恩来、聂荣臻、叶剑英、恽代英、陈赓、何应钦、顾祝同等,被称为中国将帅的摇篮。军校在长洲岛上办至第七期,1930年迁往南京,1938年军校大部分建筑物遭日本飞机炸毁,1984年黄埔军校旧址纪念馆建馆,1988年黄埔军校旧址被列为全国重点文物保护单位,1996年广州市政府按

"原位、原尺度、原面貌"原则重建校本部，使军校旧址恢复昔日风采。现复原开放的主要建筑有军校大门、校本部、孙总理纪念碑和纪念室、俱乐部、游泳池、东征烈士墓园、北伐纪念碑、济深公园、教思亭等。

10. 东莞市鸦片战争博物馆

鸦片战争博物馆（又名虎门林则徐纪念馆或海战博物馆），坐落于广东省东莞市虎门镇，是纪念性和遗址性相结合的专题博物馆。鸦片战争博物馆始建于1957年，建馆初期馆名为"林则徐纪念馆"，1972年更名为"鸦片战争虎门人民抗英纪念馆"，1985年重新定名为"虎门林则徐纪念馆"。为利于对鸦片战争遗址的管理，又增加一个馆名——鸦片战争博物馆。鸦片战争博物馆馆内庭院面积宽阔，树荫如盖，绿草如茵。中轴线上依次矗立着虎门人民抗英群像、林则徐塑像、馆舍等。馆舍仿古炮台的立面设计，雄伟庄严。院内南侧是当年林则徐销毁鸦片时所开挖的销烟池。林则徐销烟池与虎门炮台旧址是全国重点文物保护单位，是鸦片战争时期的历史见证。展馆分4层，陈列内容为《林则徐禁烟与鸦片战争史实》，详细介绍了鸦片战争的起因、发展过程和结果，展出了销烟池的木桩、木板；林则徐手书的对联、条幅；抗英时用过的武器；当年缴获英军的洋枪、洋炮等珍贵的实物资料。二楼"金锁铜关"陈列，采用超视域背景画加大原模型，复原了虎门要塞的雄伟场面，气势感人。馆内大量使用场景复原、放映录像等手段，整个陈列生动逼真。由江泽民同志亲笔题写馆名的"海战博物馆"，位于虎门镇南面社区，由陈列大楼、宣誓广场、观海长堤等组成纪念群体。基本陈列《鸦片战争海战陈列》被评为"2001年度全国十大精品陈列之最佳形式设计奖"。《虎门海战半景画》，采用艺术与声、光相结合的现代展示手法，具有强烈的艺术表现力和感染力。《全国禁毒教育展览》是青少年禁毒教育的重要课堂，海战博物馆被列为全国禁毒教育基地之一。胡锦涛同志等70多位党和国家领导人先后到该馆视察。1996年，中央六部委（国家教委、民政部、文化部、国家文物局、共青团中央、解放军总政治部）公布该馆为"全国爱国主义教育基地"；1997年，中宣部公布该馆为"全国爱国主义教育示范基地"；2004年1月被国家旅游局评为"国家级AAAA旅游景区"；2004年7月被中宣部、民政部、人事部、文化部评为"全国爱国主义教育示范基地先进单位"。

11. 梅州市大埔县"八一"起义军三河坝战役纪念园

"八一"起义军三河坝战役纪念馆位于广东省大埔县三河镇汇东村笔枝尾山顶，是"八一"起义军三河坝战役主战场的所在地。三河坝位于汀江、梅江、韩江的会合口，地形险要，三河坝这一地名也就此而得。1927年"八一"南昌起义后，中国共产党领导的起义军余部在周恩来、朱德、贺龙、叶挺、刘伯承等领导下，取道福建长汀、上杭南下进潮汕时，留守三河坝的起义军在朱德军长亲自指挥下与尾追之敌（国民党钱大钧部队）进行了三天三夜的激烈阻击战。然而，由于敌众我寡，弹药打尽，第75团第三营营长蔡晴川和全营等几百名战士壮烈牺牲。三河坝战役是南昌起义部队进入广东境内后进行的第一次非常激烈的战斗，起义军保存了革命的火种，后被朱德带上井冈山与毛泽东率领的秋收起义部队会师，使中国武装革命斗争历史揭开了新的一页。新中国成立后，党和政府为了纪念在三河坝战役中壮烈牺牲的革命烈士，在当年战斗过的地方建立纪念碑，碑上刻有朱德同志的亲笔题词："八一起义军三河坝战役烈士纪念碑"，应纪念馆邀请，周士第同志撰写碑文。碑文上写着："烈士们精神不死，永远活在中国人民的心中"。纪念园为全国重点烈士纪念建筑物保护单位、广东省文物保护单位、省市县爱国主义教育基地，主要有："八一"起义军三河坝战役烈士纪念碑、三河坝战役纪念馆、朱德雕塑、浮雕墙等。其中，纪念馆展厅内设"举义南昌城""浴血三河坝""会师井冈山"三个展厅，展出了108幅珍贵的历史图片和100多件历史文物，与设在正门大厅的三河坝战役沙盘一起，真实地向观众再现了我军建军史上那一段峥嵘岁月和值得永远纪念的历史。

12. 中共三大会址纪念馆

中共三大会址纪念馆位于广州市恤孤院路3号。1923年6月12日至20日，中国共产党第三次全国代表大会在广州召开，这次大会是迄今为止中国共产党唯一一次在广州召开的全国代表大会。为纪念这次在党的历史上具有重要意义的会议，在党中央、广东省委和广州市委的高度重视下中共三大会址纪念馆于2006年7月建成开馆。中共三大会议的中心议题是讨论全体共产党员加入国民党，建立国共合作统一战线问题。陈独秀、李大钊、毛泽东、蔡和森、瞿秋白等来自全国各地及共产国际代表马林共

30多人出席大会,代表全国420名党员。会议确立了国共合作的方针,决定在保持中国共产党政治上、组织上独立性的前提下,全体共产党员以个人名义加入国民党,共同开展国民革命运动。统一战线方针的确立,有利于共产党组织迅速发展,开拓革命的新局面,为大规模培训革命运动骨干创造了有利条件,促进了工农群众运动的空前高涨,为统一广东、出师北伐、推动国民革命由广东向全国扩展奠定了基础。

纪念馆由中共三大历史陈列馆、中共中央机关旧址——春园、中共三大会址遗址广场和旧民居5号楼组成。1923年4月,中共"三大"召开前夕,中共中央机关由上海迁到广州,出席会议的党的领导人陈独秀、李大钊等就住在春园24号。复原后的春园24号保留着当时党的领导人起居卧室的原貌。"春园故事——中共中央在春园"展览,展现了中共三大前后中共中央领导人在春园指导中国革命这段波澜壮阔的历史。中共三大会场原为两层砖木结构金字瓦顶的普通民房,1938年该民房被日军飞机炸毁。在会场遗址广场安装了可透视的玻璃罩,展示会场民房残存的南面两段墙基和北墙内侧红阶砖地面,见证了中共三大的不朽历史和艰难岁月。旧民居5号楼是临时展厅,不定期展出与中国共产党历史有关的专题展览。中共三大会址纪念馆成为新时期弘扬革命传统、进行爱国主义教育和党性教育的重要平台。

13. 叶挺独立团团部旧址纪念馆

叶挺独立团团部旧址纪念馆位于肇庆市江滨东路西江河畔阅江楼。此地原建有石头庵,明宣德年间,将庵改建为嵩台书院。嘉靖二十五年(1546年),增建北楼以及东西两廊和号舍。崇祯十四年(1641年)改名阅江楼。阅江楼历为书院和文人墨客的吟咏之所,又曾为军事重地,叶挺独立团曾在此指挥战斗,开展军事训练。叶挺独立团于1925年11月正式成立,是周恩来抽调黄埔军校毕业生中的革命青年在国民革命军第四军中筹建的以共产党员为主要骨干的部队,叶挺担任该团团长。叶挺独立团名义上隶属第四军,实际上由中共广东区委具体领导。这是中国共产党直接领导的第一支正规武装,是中国共产党在军队中建立党组织的最初实践,也是北伐军中政治素质最好、战斗力最强的部队。1926年5月初,叶挺率独立团从肇庆出师北伐,作为北伐先锋的叶挺独立团,在汀泗桥、贺胜桥等著名战役中出生入死,所向披靡,取得辉煌战绩,为第四军赢得了"铁军"的光荣称号,叶挺被公认为"北伐名将"。1959年10月,朱德元帅在肇庆视察时指示在阅江楼设立叶挺独立团团部旧址纪念馆,并亲笔为纪念馆题写馆名。

二、辐射广东的周边红色教育资源

广东地处大陆南疆,周边接壤毗邻海南、广西、湖南、江西和福建等五省区。其中,海南省在历史上一直就是隶属于广东省,1988年才开始从广东省的一个行政区域成为共和国最年轻的一个省份。论及广东的红色教育资源,海南省域资源自然是无论如何也不能回避的重要组成部分。俗话说:远亲不如近邻。广东周边五省区的红色教育资源无疑是广东高校开展红色教育的近水楼台。

具体说来,五省区域内的国家级红色旅游经典景区和全国爱国主义教育示范基地有(重复只计一次):

(一)海南省

①五指山市五指山革命根据地纪念园;②海口市琼山区工农红军琼崖纵队改编旧址;③琼海市红色娘子军纪念园;④定安县母瑞山革命根据地纪念园;⑤万宁市六连岭烈士陵园。

(二)广西壮族自治区

①左右江红色旅游系列景区(百色市红七军军部旧址、乐业县红七军和红八军会师地旧址、崇左市龙州县红八军军部旧址、河池市东兰县韦拔群故居及纪念馆、东兰烈士陵园、广西农民运动讲习所旧址、红七军前敌委员会旧址);②桂林市红色旅游系列景区(八路军驻桂林办事处旧址、兴安县界首镇红军长征突破湘江烈士纪念碑园);③百色起义纪念馆。

(三)湖南省

①湘潭市韶山市毛泽东故居和纪念馆;②长沙市红色旅游系列景区(宁乡县花明楼刘少奇故居和纪念馆、浏阳市文家市镇秋收起义会师旧址纪念馆、开慧乡杨开慧故居和纪念馆、岳麓山景区、湖南第一师范学校旧

址、中共湘区委员会旧址暨毛泽东、杨开慧故居);③湘潭市湘潭县彭德怀故居和纪念馆;④岳阳市红色旅游系列景区(平江县平江起义旧址、汨罗市任弼时故居、华容县湘鄂西革命根据地);⑤郴州市红色旅游系列景区(宜章县湘南暴动指挥部旧址、桂东县"三大纪律六项注意"颁布旧址);⑥衡阳市衡东县罗荣桓故居;⑦张家界市红色旅游系列景区(桑植县贺龙故居和纪念馆、刘家坪红二方面军长征出发地);⑧湘西土家族苗族自治州永顺县湘鄂川黔革命根据地旧址;⑨刘少奇纪念馆;⑩炎帝陵;⑪湘鄂川黔革命根据地纪念馆;⑫湖南省博物馆;⑬屈子祠;⑭湖南雷锋纪念馆;⑮南岳忠烈祠;⑯湘乡东山学校旧址。

(四) 江西省

①南昌市红色旅游系列景区(南昌八一起义纪念馆,方志敏纪念馆、南昌新四军军部旧址);②赣西红色旅游系列景区(萍乡市、铜鼓县、修水县秋收起义纪念地系列景点,萍乡市安源路矿工人运动纪念馆,宜春市万载县湘鄂赣革命根据地旧址,上高县抗日会战遗址,新余市罗坊会议纪念地);③井冈山革命纪念地(博物馆、烈士陵园、黄洋界、八角楼、会师广场、龙江书院、毛泽东旧居等);④赣州市、吉安市、抚州市中央苏区政府根据地红色旅游系列景区;⑤上饶市上饶集中营革命烈士陵园;⑥瑞金中央革命根据地纪念馆;⑦永新三湾改编旧址;⑧兴国革命历史纪念地(纪念馆、烈士陵园);⑨方志敏纪念馆(烈士陵园、赣东北特委、红十军建军旧址等);⑩于都革命烈士纪念馆及中央红军长征第一渡纪念碑园;⑪江西革命烈士纪念堂;⑫东固革命根据地旧址群(含东固革命根据地博物馆);⑬中国工农红军北上抗日先遣队纪念馆(碑);⑭闽浙皖赣革命根据地旧址群。

(五) 福建省

①福州市福建省革命历史纪念馆;②龙岩市红色旅游系列景区(上杭县古田会议旧址、毛泽东才溪乡调查纪念馆、长汀县福建苏维埃旧址、福音医院旧址、县革命委员会旧址、红四军司令部与政治部旧址、中共福建省委旧址、福建省职工联合总工会旧址、瞿秋白烈士纪念碑、红军长征出发地(中复村)旧址、连城县红四军政治部旧址、红四军司令部旧址、武平县红军前敌委员会旧址);③三明市红色旅游系列景区(宁化县红军医

院旧址，长征集结出发地，北山革命纪念园，泰宁县红军街，建宁县红一方面军总司令部、总前委、总政治部旧址暨反"围剿"纪念馆，清流县红军标语遗址，明溪县红军战地医院遗址）；④漳州市毛主席率领红军攻克漳州陈列馆及中共闽粤边区特委旧址；⑤南平市红色旅游系列景区（武夷山赤石、大安红色旅游景区，闽北革命历史纪念馆，坑口革命遗址，邵武市中共苏区闽赣省委旧址，东方县委旧址，光泽县大洲国共谈判旧址）；⑥陈嘉庚生平事迹陈列馆；⑦林则徐纪念馆；⑧郑成功纪念馆；⑨泉州海外交通史博物馆；⑩闽侯县"二七"烈士林祥谦陵园；⑪华侨博物院；⑫中国闽台缘博物馆；⑬福州马尾船政文化遗址群；⑭冰心文学馆；⑮闽西革命历史纪念馆。

　　从上文可以看出，广东周边五省区具有丰富的国家级红色教育资源：海南省5处；广西壮族自治区3处；湖南省16处；江西省14处；福建省15处。当然，除了国家级资源以外，周边五省区还有很多其他级别的红色教育资源。近水楼台先得月！这些周边资源为广东高校更好地开展红色教育提供了良好的便利条件和更多的选择范围。根据笔者在广东部分高校的走访调研以及查找收集的相关资料可以发现，很多高校有时候会充分利用寒暑假期选择在周边五省区开展大学生红色教育及社会实践。例如，在2013年3月15至17日，华南师范大学青年马克思主义培训学校组织青年学生及导师代表近百人赴井冈山全国青少年革命传统教育基地开展为期三天的红色教育实践活动。①

　　由于篇幅所限，不可能将广东周边五省区这些国家级红色资源逐一介绍。一言以蔽之，广东及其周边五省区丰富的红色资源都是广东高校开展红色教育的源头活水、鲜活素材和重要载体，在教育成效上充分彰显了1+5＞6的发散效应和辐射张力。笔者从2012年开始先后实地走访了17所广东高校（占广东高校总数的12.4%）：从地理位置上看，包括珠三角、粤东、粤北、粤西等区域；从高校办学水平上看，包括"985"高校、"211"高校、省属本科、高职高专等层次；从办学体制上看，包括有全日制公办、民办两种。另外，笔者还走访了中共广东省委宣传部精神文明

---

① 《我校青马班学员赴井冈山开展社会实践》，华南师范大学校园网主页，2013年3月18日。

办、共青团广东省委、广东省教育厅思政处等几个相关单位。所以，实地调研情况具有一定的代表性和较高的可信度，下面就简要介绍广东高校开展红色教育的总体情况。

第三节 广东高校红色教育的路径

广东高等教育资源丰富，目前广东省共有各级各类高等院校137所（不含成人高校、军事院校），其中公办本科37所（包括2所"985"高校、4所"211"高校，广州航海学院为2013年4月升格的新本科院校）；民办本科21所；公办高职高专院校50所（其中高等专科学校只有1所：肇庆医学高等专科学校）；民办高职院校29所。① 截至2011年年底，广东高校在校大学生人数为152.73万人。② 为了深入了解和掌握广东高校开展红色教育的具体情况，笔者自2012年5月以来，先后奔赴珠三角、粤东、粤西等地高等院校进行了实地调研，调研院校共有17所，同时走访了3处相关单位，具体名单如下：中山大学、华南师范大学、暨南大学、广州大学、广东外语外贸大学、广东工业大学、星海音乐学院、广东技术师范学院、广州航海学院、广东白云学院、广东食品药品职业学院、广东现代信息工程职业学院、深圳大学、深圳职业技术学院、汕头大学、汕头职业技术学院、阳江职业技术学院；3处相关单位分别是：广东省委宣传部精神文明办、共青团广东省委员会、广东省教育厅思想政治教育处。

通过实地调研和部门走访，查找图书、报纸和杂志等资料，比较系统地掌握了广东高校红色教育的现状：广东137所高等院校呈扇形分布在以珠三角为核心的南粤各地，各高校地理位置、学科优势、学校特色和办学层次与水平等千差万别，因而各个高校红色教育的侧重点必然有所不同，开展红色教育的主题与内容、方式与方法、手段与路径、时间与地点等各有千秋，具有一定的个性。但是，毕竟这些高校共处在南粤这片红土地，

---

① 资料来源：http://www.gdhed.edu.cn/main/zwgk/ptgx.html 广东省教育厅网站。
② 资料来源：《广东统计年鉴2012》。

仔细梳理、琢磨这些材料，还是能发现广东高校红色教育的诸多路径选择，大致说来主要是：红色教育之理论学习、红色教育之社会实践、红色社团、红色网站。

一、红色教育之理论学习

大学生是党和国家的宝贵人才资源，强化大学生的思想道德素质教育和科学文化素质教育是实现科教兴国、人才强国战略的重要基石。在2010年7月全国教育工作会议上，胡锦涛同志指出："教育的根本目的是培养德智体美全面发展的社会主义建设者和接班人，必须全面贯彻党的教育方针，把促进学生健康成长作为学校一切工作的出发点和落脚点。"[①] 广东高校红色教育实施最多的比较普遍的是通过思想政治理论课程教学、党课团课培训学习和专题报告或讲座等多种学习路径，"以科学的理论武装人，以正确的舆论引导人，以高尚的精神塑造人，以优秀的作品鼓舞人，不断培养和造就一代又一代有理想、有道德、有文化、有纪律的社会主义新人。"[②] 因为"理论一经群众掌握，也会变成物质力量"。[③]

（一）理论学习之一：思想政治理论课

1. 思想政治理论课的发展

高校思想政治理论课是我国高校普遍开设的公共必修课，是对大学生进行爱国爱党爱社会主义教育的主渠道，其最大的特点就是具有鲜明的党性、政治性、思想性、意识形态性和时代性。自1978年恢复高考以来，我国高校思想政治理论课教学改革经历了一个比较曲折的发展过程，课程学习内容总体上是与时俱进，及时融汇马克思主义中国化的最新理论成果，大致可以划分为三个阶段：

第一阶段，从1978年党的十一届三中全会至1985年，是我国高校思想政治理论课的恢复重建时期。"文革"刚刚结束，全国高校思想政治理

[①] 胡锦涛：《在全国教育工作会议上的讲话》，《人民日报》2010年9月9日。
[②] 江泽民：《在全国宣传思想工作会议上的讲话》，《人民日报》1994年1月25日。
[③] 《马克思恩格斯选集》（第1卷），人民出版社1995年版，第9页。

论课的教学研究主要是纠正"以阶级斗争为纲"的错误导向,逐步向为社会主义现代化建设服务转移。1980年教育部、共青团中央联合印发了《关于加强高等学校学生思想政治工作的意见》的通知,要求高校普遍开设"马列主义理论课",1982年又增加开设了"共产主义思想品德课",主要教材包括《哲学》《政治经济学》《中共党史》《国际共产主义运动史》以及《共产主义思想品德》等。在这期间,党的十一届六中全会通过的《关于建国以来党的若干历史问题的决议》以及党的十二大报告等都是高校思想政治理论课学习的重要内容。此外,1984年中共中央宣传部、教育部联合发布了《关于加强和改进高等院校马列主义理论教育的若干规定》,1985年中共中央发出《关于进一步改革学校思想品德和政治理论课教学的通知》,这些规定和通知对高校思想政治理论课的健康有序发展都具有非常重要的指导意义。

第二阶段,从1986至2004年是我国高校思想政治理论课的丰富拓展时期。随着我国改革开放的逐步展开与深入推进,高校思想政治理论课程的设置与之相应地发生了一些变化,思想政治理论课的内涵和外延都有所扩大,包括"马克思主义理论"与"思想品德教育"课程(通称"两课"),主要教程有"中国革命史""中国社会主义建设""马克思主义原理""世界政治经济与国际关系""形势与政策""法律基础""大学生思想修养""人生哲理""职业道德"等。1995年国家教委(即当今的教育部)发布《关于高校马克思主义理论课和思想品德教学改革的若干意见》,特别强调思想政治理论课要以邓小平建设有中国特色社会主义理论(即邓小平理论)为中心内容开展教学。1998年经党中央批准(即98"方案"),我国高校思想政治理论课主要教材有:《马克思主义哲学原理》《马克思主义政治经济学原理》《毛泽东思想概论》《邓小平理论概论》《当代世界经济与政治》《思想道德修养》《法律基础》和《形势与政策》等八门主干课,并于1998年秋季开始在全国高校实施。2002年党的十六大决定把"三个代表"重要思想同马克思列宁主义、毛泽东思想、邓小平理论一道,确立为党必须长期坚持的指导思想并写进了党章。2003年《邓小平理论概论》调整为《邓小平理论与"三个代表"重要思想概论》,其他两课课程全面渗透"三个代表"重要思想。

第三阶段,从 2005 年至今为思想政治理论课的创新发展时期。2004 年中共中央国务院颁发《关于进一步加强和改进大学生思想政治教育的意见》(中发〔2004〕16 号,以下简称中央 16 号文,即 05"方案"),标志着高校思想政治理论课建设和改革进入创新发展时期。05"方案"决定在我国高校为本科生开设如下思想政治理论课:"马克思主义基本原理概论"(3 学分)、"毛泽东思想邓小平理论和'三个代表'重要思想概论"(6 学分)、"中国近现代史纲要"(3 学分)、"思想道德修养与法律基础"(3 学分)等 4 门必修课;为专科生开设 2 门必修课:"毛泽东思想邓小平理论和'三个代表'重要思想概论"(4 学分)和"思想道德修养与法律基础"(3 学分)。"当代世界经济与政治"列为高校思想政治理论课的选修课程。同时,无论本科或者专科大学生,思想政治理论课还要开设"形势与政策"课(本科 2 学分,专科 1 学分)。2008 年"毛泽东思想邓小平理论和'三个代表'重要思想概论"课更名为"毛泽东思想和中国特色社会主义理论体系概论"。

结合本省具体实际情况,广东省 137 所普通高等学校从 2007 年秋季起,在本、专科生中增加开设"廉洁修身"(必修课,1 学分)专题教育课程,切实推进廉洁教育进课堂、进教材、进学生头脑,以引导大学生树立报效祖国、服务人民的理想信念,在踏入社会之前就逐步形成廉洁自律、爱岗敬业的职业观念,从而奠定终身廉洁做人、干净做事的良好品德基础。

2. 红色教育是思想政治理论课的重要内容

在前文笔者提到,红色教育有广义和狭义之分,本文所谈及的红色教育是从广义层面而言。红色教育的三维核心价值就在于爱国爱党爱社会主义,属于当今我国主流意识形态话语体系,理应是而且必须是高校思想政治理论课的核心内容,其终极指向就是培育"有理想、有道德、有文化、有纪律"的四有大学生。

首先,坚持四项基本原则是思想政治理论课的出发点。新中国成立以来特别是改革开放以来的实践雄辩地证明,坚持四项基本原则是立国之本,西方三权分立制度不适合我国国情。党的十一届三中全会以来,思想政治理论课建设与改革一直是在曲折中发展,虽然多次调整,几经修订,但是作为思想政治理论课的出发点自始至终犹如一条红线贯穿始终，那就是毫不动摇地坚持四项基本原则。早在 1979 年邓小平同志谈及思想理论工作时就特别强调："实现四个现代化所必须坚持的四项基本原则，虽然我已经说过都不是什么新问题，但是这些原则在目前的新形势下却都有新的意义，都需要根据新的丰富的事实作出新的有说服力的论证。这样才能够教育全国人民，全国青年，全国工人，解放军全体指战员，也才能够说服那些向今天的中国寻求真理的人们。这是一项十分重大的任务，既是重大的政治任务，又是重大的理论任务。"①

广东地处大陆南疆，毗邻港澳，又是我国改革开放的前沿阵地，自然成为国内外各种文化思潮相互激荡和思想观念交流交融交锋最频繁、最激烈的区域，是中西两种社会制度意识形态相互碰撞的隐形主战场，西方敌对势力一直加紧对我国实施西化、分化和丑化的政治图谋，广东高校更是西式"民主、自由、人权"观念灌输渗透的重要阵地。各种敌对势力企图以广东高校为突破口，通过搞乱广东，进而搞乱全中国。为此，中共广东省委、广东省人民政府高度重视高校思想政治理论课，2005 年 8 月 14 日正式颁发《中共广东省委、广东省人民政府关于进一步加强和改进大学生思想政治教育的实施意见》（粤发〔2005〕12 号，以下简称《实施意见》），提出了具有很强针对性的措施，如明确规定广东高校都要独立设置直属学校党委领导的二级机构——思想政治理论课教学科研单位，同时从收缴学费中按照每生每年 20 元的标准提取专项经费用于思想政治理论课教学。这是在应有的教学经费基础上新增加的专项经费，主要用于教学改革与教学研究、教师社会实践、学习考察和学术交流。截至 2011 年年底，广东大部分高校已经按照《实施意见》的要求设置直属学校党委的二级机构，全省 90.43% 高校（不含独立学院）达到独立设置要求，其中普通本科院校有 34 所完成要求，完成比例为 89.47%；高职高专院校有 70 所完成要求，完成比例为 90.91%。大部分高校已经落实思想政治理论课教学专项经费，完成比例为 94.78%（不含独立学院），其中：普通本科院校完成比例为 97.37%，高职高专院校完成比例为 93.51%。全省高校思想

---

① 《邓小平文选》第 2 卷，人民出版社 1994 年版，第 179～180 页。

政治理论课专任教师总数为2396人，其中73.41%具有硕士以上学历，36.81%具有副高以上职称，与2008年相比分别增长了21.2%、26.73%和16.36%。①

其次，培育"四有"大学生是思想政治理论课的落脚点。大学生是国家的未来、民族的希望，是未来中国特色社会主义事业的建设者和接班人。高校思想政治理论课以培育"有理想、有道德、有文化、有纪律"的大学生为落脚点，直接关系到为什么培养人、培养什么人、如何培养人这个根本问题。培养什么人、如何培养人，是我国社会主义教育事业发展中必须解决好的根本问题。② 2010年7月，在党中央、国务院召开的全国教育工作会议上，胡锦涛同志强调："要全面贯彻党的教育方针，坚持教育为社会主义现代化建设服务，为人民服务，与生产劳动和社会实践相结合，培养德智体美全面发展的社会主义建设者和接班人。"③

马克思主义是我们立党立国的根本指导思想，高校思想政治理论课承担着对大学生进行系统的马克思主义理论教育的任务。思想政治理论课坚持用马克思列宁主义、毛泽东思想、邓小平理论、"三个代表"重要思想、科学发展观以及中国梦等理论武装当代大学生，引导大学生树立高尚的理想情操和养成良好的道德品质，帮助大学生树立传承中华民族优秀传统和体现时代精神的价值标准和行为规范，帮助大学生准确把握世情、国情、党情和民情的变化，牢固树立正确的世界观、人生观和价值观。坚持"四有"培育目标，引导大学生德智体美全面发展，是党的教育方针的具体体现，也是社会主义大学的本质特征，是党和国家各项事业长远发展的根本保证。

（二）理论学习之二：高校党建团建培训

我国高校大学生党建团建工作是培养社会主义合格建设者和可靠接班人的重要内容，是高校立德树人的重要基石，是国家实施科教兴国战略、

---

① 广东省教育厅：《2011年广东省高等学校思想政治理论课建设白皮书》，2012年3月版，第3～9页。
② 胡锦涛：《在全国加强和改进大学生思想政治教育工作会议上的讲话》，《人民日报》2004年10月15日。
③ 胡锦涛：《在全国教育工作会议上的讲话》，《人民日报》2010年9月9日。

人才强国战略的基础工程，是党的事业、国家富强和民族兴旺的希望所在。高校大学生党建团建工作的基本目标就是要把优秀大学生凝聚到党和国家的各项事业中去，为我国全面实现小康、建设富强民主文明和谐的社会主义现代化国家提供人才支持和智力保障。据教育部公布的最新数据显示，高校大学生党员数量呈现逐年递增的态势，近八成大学生愿意入党。① 据统计，截至2009年，全国1638所普通高校全部建立党组织，共有教职工党员88.1万名、学生党员224.1万名。近年高校每年发展大学生党员人数均超过全国发展党员总数的1/3，已成为我们党新鲜血液的重要来源。② 近年来，广东每年新发展大学生党员数量占全省新发展党员总数的40%以上，其中2011年全省高校新发展学生党员8.81万名，约占全省新发展党员总数的44%。③

高校党建团建工作中的重要一环就是党课团课培训，帮助学生了解国史国情、党史党情和团史团情，开展党的路线、方针和政策的学习教育，普及党的基本知识，深刻领会历史和人民是怎样选择了马克思主义，选择了中国共产党，选择了社会主义道路。高校党委每学期都要定期举办入党积极分子培训班和预备党员培训班，所有入党积极分子和预备党员都要定期向组织汇报思想，预备党员要定期参加党的组织生活。大学生预备党员转正时党校会统一组织，一起进行入党庄严宣誓。积极发展优秀青年大学生入党是高校育人工作的重要环节。在革命、建设、改革各个历史时期，中国共产党始终高度重视青年、关怀青年、信任青年，对青年一代寄予殷切期望。中国共产党从来都把青年看作祖国的未来、民族的希望，从来都把青年作为党和人民事业发展的生力军，从来都支持青年在人民的伟大奋斗中实现自己的人生理想。④ 通过大学生党课团课培训的学习与实践，有利于在高校校园营造和形成学先进、赶先进、当先进的良好氛围，可以使更多的大学生深刻认识到中国共产党是社会主义事业的坚强领导核心，自

---

① 李平：《如何保持大学生党员的纯洁性》，《光明日报》2013年1月28日。
② 赵婀娜：《统计称高校每年发展大学生党员人数超全国发展数1/3》，《人民日报》2011年6月7日。
③ 吴春燕：《高校党建：大学生预备党员如何锤炼党性》，《光明日报》2012年11月22日。
④ 习近平：《在同各界优秀青年代表座谈时的讲话》，《人民日报》2013年5月5日。

觉投身于构筑中华民族伟大复兴中国梦的征程，对于保持党的先进性、提高党的凝聚力和战斗力都将产生广泛而深远的影响。在此介绍华南农业大学关于党建的有益探索。①

高校党建：大学生预备党员如何锤炼党性

党的十八大通过的党章修正案规定，党组织对预备党员应当认真教育和考察。认真学习党章，严格遵守党章，高校如何帮助大学生端正入党动机，改善"重发展，轻教育"的情况？如何通过教育，提高大学生预备党员的思想觉悟？近年来，广东每年新发展大学生党员数量占全省新发展党员总数的40%以上，其中2011年全省高校新发展学生党员8.81万名，约占全省新发展党员总数的44%。今年以来，华南农业大学抓住加强大学生党员预备期锻炼这一环节，以"书记项目"的形式开展了《大学生预备党员党性锻炼"六个一"工程》专项活动：在全校大学生预备党员中开展签署一份承诺、研读一部经典、开展一项调查、做好一周义工、帮助一个同学、组织一次评议等6项活动。

6 部门联动：齐抓共管，系统推进

华南农业大学党委在推进"六个一"工程中，实现了党委系统多部门的齐抓共管，系统推进。其中，以学校组织部牵头，会同党委办公室制定实施计划，编辑工作简报，协调工作难题，督促实施进度；思想政治理论课教学部负责为大学生预备党员精心挑选10部马克思主义和中国特色社会主义理论的经典著作；党委宣传部负责总结经验，营造氛围；校团委和学院党委负责组织大学生预备党员开展社会调查和做一周义工工作，帮助大学生预备党员深刻认识社会，走进基层，服务群众；党委学生工作部和学院党委负责组织预备党员与有需要帮助的同学结成一帮一对子，进行学习、生活、心理上的帮扶，实现共同进步。

---

① 吴春燕：《高校党建，大学生预备党员如何锤炼党性》，《光明日报》2012年11月22日（内容有删减）。

3000 份承诺：锻炼有标准，评议有依据

"每份承诺都是一份爱党与奉献的情怀，每项内容是我作为预备党员所应该做的分内事，所以不需要太多的监督，我有信心做得到。"兽医学院2010级动物医学（5）班的学生预备党员叶苇在"六个一"学习记录本上写到。学校3000多名学生预备党员积极响应党委号召"签署一份承诺"，就预备期内自身在思想、学习、社会实践中要锻炼什么，要做哪些事，要取得怎样的进步，等等，撰写了两份承诺书，一份张贴在学生社区党建公告栏，接受党支部和广大同学的监督，另一份有的贴在自己的宿舍书桌上，有的贴在记录本上，时刻提醒自己要践行诺言，锤炼党性。

4500 篇体会：拥抱经典，理论武装

"原来经典也不是我所想象的枯燥难懂。"来自人文与法学学院2010级汉语言文学专业的学生预备党员梁丽君感叹道。学校党委组织专家教授和学生党员代表作了深入的调研，确定10多种相关辅助读本。经典读本和3600多册相关辅导书籍在暑假前发放到学生手中，让预备党员利用假期开展研读。

527 份报告：深入社会，认识国情

大学生党员普遍缺乏实践锻炼，华农党委针对性地提出了党员"预备期内参加一次社会调查"的"药方"。学校党委还专门成立协调小组，组织各学院的10位专业教师组成学生社会调查导师团，确定学生社会调查围绕"农村基层组织建设、农村基层干部队伍建设、农村社会工作、农村社会保障"等4个板块开展，并作出具体的工作安排。

本次调研活动从6月至9月，历时3个月，参加学生人数达3000余人，共组成300余个调研小组，涉足云南、安徽、贵州、广西、江西、四川、福建、河北、广东9个省份，以及广东韶关、惠州、湛江、河源、梅州等21个地市，发放调查问卷2万余份，采访调查对象4000余人次，最终以个人或团队的形式提交调研报告527份，活动的影响力基本覆盖了全体学生预备党员。

40 小时义工：传递温暖，践行宗旨

公共管理学院 2010 级学生预备党员黄妙婷最近都在练老人操，一个年轻人为何迷上了"老人操"？原来黄妙婷是广州天河区敬老院的一名义工，她为了带领敬老院的爷爷奶奶们一起做早操，不断琢磨，上网查视频、请教体育老师、模拟练习，终于学会了"老人操"。

目前已有 3000 余名学生预备党员在其中进行了注册登记，总服务时数达 85497 小时，涉及义工活动 9568 项，超过 50% 的学生已经完成了 40 小时以上的义务服务工作。

4000 学生结对子：手牵手，同进步

在华农，学生们都知道一则"班级自创基金会资助贫困初中生读大学"的故事。2012 年 7 月，华南农业大学经济管理学院 2010 级工商管理（2）班预备党员李作元和 12 名同学组成党性锻炼活动小组"希望之光责任团队"，到广东省清远市连州市丰阳中学助学支教中发现，当地有些学生品学兼优，但是家庭经济状况非常贫困，随时都面临着辍学的可能。2012 年 9 月该小组回校后，决定在班里建立希望之光基金会，在同学中募集资金，对连州市丰阳中学那些需要帮助的孩子进行长期持续的资助，鼓励支持他们完成学业。据统计，共计 4000 多名学生与预备党员结对子，在帮助和接受帮助的过程中，共同成长进步。

30000 人评议：明确方向，保持先进

"今年我终于光荣地成为一名正式的中国共产党党员！预备期是提高党性修养和政治觉悟的最佳时期，学校党委所提出的'六个一'给我提供了很好的锻炼路径。"来自华农大公共管理学院 2011 级学生预备党员张炼林兴奋地告诉记者。学校党委建立预备党员群众评议机制。各学生党支部结合民主生活会，全体正式党员参加评议会，并邀请支部所在班级群众参加，对预备党员党性锻炼开展一次评议。支部正式党员、群众认真听取预备党员的总结陈述，对预备党员进行实事求是的评议，充分发表意见、建议，并填写民主评议表。

(三）理论学习之三：专题辅导报告

当今国际国内形势正在发生深刻而复杂的变化，世界多极化、经济全球化、文化多元化、科技信息化正在深入发展。广东地理位置独特，濒临南海，毗邻港澳，临近东南亚，往往是境外敌对势力进行没有硝烟的战争的首选之地，高校则是这场战争的一线阵地。所以，大学生对当前形势与政策的准确把握关系到他们是否能够真正成为中国特色社会主义共同理想的坚定信仰者、社会主义核心价值体系的积极践行者和社会和谐稳定的坚决维护者。广东高校大学生每个学期都有"形势与政策"教育课（属于必修课），广东省教育厅每学期都要邀请国内知名专家给全省讲授"形势与政策"课的教师集体就当前国际国内热点焦点问题做有关专题辅导报告。"形势与政策"课基本上都是以多个专题辅导报告形式讲授，是广东高校对大学生开展爱党爱国爱社会主义教育的重要渠道。"形势与政策"教育专题辅导报告的核心内容就是帮助大学生认清国际国内形势，理解党的路线、方针、政策，激发大学生爱国爱党爱社会主义的热情和坚定跟中国共产党走中国特色社会主义道路的决心和信心，激励大学生为实现中华民族伟大复兴的中国梦而努力奋斗。正如习近平总书记在同各界优秀青年代表座谈时强调："广大青年要坚持用邓小平理论、'三个代表'重要思想、科学发展观武装头脑，把理想信念建立在对科学理论的理性认同上，建立在对历史规律的正确认识上，建立在对基本国情的准确把握上，不断增强道路自信、理论自信、制度自信，增强对坚持党的领导的信念，永远紧跟党高高举起中国特色社会主义伟大旗帜。"①

广东省委倡导并作出制度性规定，每位副省级以上领导每年到高校至少作一场形势政策报告。因此，广东大学生的"形势与政策"教育除了本校老师和学校领导开展专题讲座之外，还经常聘请校外学术大家、行业楷模、知名企业家、党政部门有关领导、杰出校友等做专题辅导报告。这些高层次、高水平的形势政策报告具有鲜明的政治导向性、思想教育性和强烈的时代性，充分发挥了对当代大学生理想信念的引领作用，唱响了社会主义主旋律，弘扬了时代精神。"时代精神是一定时代的精神主流和基本

---

① 习近平：《在同各界优秀青年代表座谈时的讲话》，《人民日报》2013年5月5日。

价值取向，它是一个社会在最新的创造性实践中激发出来的，反映社会进步的发展方向、引领时代进步潮流、为社会成员普遍认同和接受的思想观念、价值取向、道德规范和行为方式，是一个社会最新的精神气质、精神风貌和社会风尚的综合体现。"① 以 2011 年为例，9 月 8 日，中央政治局委员、时任广东省委书记汪洋到暨南大学作题为《聚焦幸福广东》的形势政策报告；10 月 8 日，时任广东省委副书记、省长黄华华到中山大学作题为《广东"十二五"时期的发展形势与任务》的形势政策报告；10 月 19 日，时任广东省副省长宋海到南方医科大学作题为《正确认识形势，创造幸福生活》的形势政策报告等。《中国青年报》、《南方日报》和《广州日报》等对此都给予了关注，笔者在此转引《广州日报》关于汪洋到暨南大学作形势政策辅导报告的相关报道：②

> **本报讯** 8 日下午，暨南大学礼堂座无虚席、气氛热烈，省委书记汪洋以"聚焦幸福广东"为主题，用翔实的数据、生动的例子、幽默风趣的语言给师生们作了一场精彩的形势报告。
>
> "发展是为了什么？"报告会一开始，汪洋就抛出了这个极其重要而又众说纷纭的问题。
>
> 汪洋说，发展是为了人民幸福。广东的发展实践使我们深刻认识到，经过这么多年努力奋斗，已经解决了"肚子"问题，基本解决了要发展起来的问题，但这只能说是"万里长征的第一步"。解决问题的办法，归结到一点，就是要回到为人民谋幸福这个中国共产党的最高使命和一贯承诺，回到为人民谋幸福这个科学发展的本质要求和逻辑起点。
>
> 接着，汪洋与师生们畅谈了"如何理解幸福广东"。他认为，衡量幸福广东既要重视客观标准，更要重视主观感受，要树立正确的幸福观和生活理念。共享幸福广东，工作上要鼓励积极进取，生活上要强调知足常乐。

---

① 韩震：《社会主义核心价值体系研究》，人民出版社 2007 年版，第 187 页。
② 胡键、岳宗：《汪洋到暨大作形势报告：不在于一夜之间要建成什么样的幸福广东 要防止出现"幸福"政绩工程》，《广州日报》2011 年 9 月 9 日（内容有删减）。

汪洋说，提出建设幸福广东，关键点在于明确一种发展的方向、目标，而不在于一夜之间要建成什么样的幸福广东。要防止出现"幸福"的政绩工程和形式主义的"幸福"。在这个问题上，要做好既打攻坚战、又打持久战的思想准备，防止不顾实际地搞"疾风骤雨"式的"透支"行为。

汪洋强调，人民群众是建设幸福广东的主体。幸福广东要全民共建共享，享受幸福首先要创造幸福，为了明天的幸福抓紧今天。他希望广大青年学子快乐学习、丰富知识，注重实践、增强本领，提高品行、勇于奉献，把个人成长成才融入祖国建设和社会发展的宏伟事业之中，在努力创造个人幸福生活的同时，为增进全社会的幸福而奉献心力。

报告结束后，汪洋回答了同学们提出的问题，围绕"加快转型升级、建设幸福广东"进行了深入交流与讨论。

有一位同学问："幸福是一种主观感受，强调要知足常乐。面对相对拼搏的前辈和上级，应该如何保持从容？面对相对从容的前辈和上级，又该如何努力拼搏？"

汪洋笑着说，这个社会既有拼搏进取的人，也有从容淡定的人，各有各的长处，关键是你要能够把你的特点和长处展示出来。每一个人都像有缺点的水果，有的表面有个疤，有的是被虫咬了洞，有的是搁久了或是碰撞后坏了，但上级、长辈就像那个切水果的人，他会把你们最好的一面切下来，摆成一个水果拼盘，最后奉献给大家。只要你有定力，做好自我，我相信你既可以从容，也可以拼搏，既可以应付从容的前辈，也可以适应拼搏的上级，这样你就会有美好的前程。

"在校大学生可以从哪些方面为幸福广东作贡献呢？"听完这个问题，汪洋风趣地说："对于大学生，当前能为幸福广东做的最重要的事，就是好好学习，增长才干！"

二、红色教育之社会实践

社会实践是培养大学生的基本途径和有效方式，大学生从中实实在在感受祖国好、党的路线方针政策好、社会主义好和改革开放好。20世纪80年代初,大学生社会实践活动迅速兴起。1983年10月,团中央、全国学联发出《关于纪念"一二·九"运动四十八周年开展"社会实践周"活动的通知》,号召大学生开展"社会活动周",第一次提出"大学生社会实践活动"的概念,成为改革开放背景下大学生社会实践活动的发端。

2010年7月,在党中央、国务院召开的全国教育工作会议上,胡锦涛同志强调:"要全面贯彻党的教育方针,坚持教育为社会主义现代化服务,为人民服务,与生产劳动和社会实践相结合,培养德智体美全面发展的社会主义建设者和接班人。"[1] 如果说理论学习是高校大学生对于红色教育的认识与认知,那么社会实践就是大学生对于红色教育的认同与践行,是高校红色教育的中心环节。大学生利用寒暑假期或者是学校有关部门组织到基层一线去做社会调查、开展文化科技卫生三下乡、志愿者服务、参观考察红色教育基地等活动,在社会实践中身体力行地接受教育、增长才干、作出贡献。"使人同生活发生千丝万缕的联系……当他们对周围生活漠不关心、冷眼旁观的时候,他们对一切都会满不在乎。"[2] 我国近代著名教育家陶行知先生也曾经提出:"到处是生活,即到处是教育;整个的社会是生活的场所,亦即教育之场所。"[3]

红色教育本身就是一个从学习到实践、再学习再实践的循环往复过程,只有与实际生活、与社会实践相结合,坚持"贴近实际、贴近生活、贴近学生"三原则,知行统一,才能够真正实现"育人为本、德育为先"的素质教育。中国教育报记者从广东省高校大学生社会实践教育工作座谈会上获悉,2009年广东省高校组织参与各类社会实践的学生团队达5600支,直接参与学生超过11.4万人次。此外,广东为2010年11月在广州举行的第16届亚洲运动会招募24万名大学生参与亚运会、亚残运会志愿者服务活动。据介绍,2004年以来,广东省高校积极探索创新大学生社会实践教育的新领域、新载体、新形式,以课堂教育教学为主渠道,以形

---

[1] 胡锦涛:《在全国教育工作会议上的讲话》,《人民日报》2010年9月9日。
[2] [苏]伊·斯·马里延科:《德育过程原理》,牟正秋、王明辉译,人民教育出版社1985年版,第65页。
[3] 陶行知:《陶行知文集》,江苏教育出版社2001年版,第671~675页。

式多样的活动为载体,以促进经济社会发展为着力点,以实践教育基地为依托,以建立长效工作机制为重点,组织广大学生开展形式多样的社会实践活动。①

就广东高校大学生来说,社会实践活动主要有:教学实践、专业实习、军政训练、社会调查、生产劳动、志愿服务、公益活动、科技发明、勤工助学和参观访问等。笔者结合走访调研情况,这里着重谈三个方面:军事训练;青年志愿服务;红色教育基地参观访问。

(一) 军事训练

改革开放以来,我国在高校中开展军训工作经历了一个探索的过程:1985年,总参谋部、总政治部、国家教委等中央八部委联合颁发文件,确定在全国52所高校开展大学生军训试点工作,得到了社会的广泛赞同,从2001年起,结束学生军训试点,在全国高校逐步开展学生军训工作。据悉,截至目前,我国已有2000所高校开展了学生军训工作。② 根据《中华人民共和国兵役法》和《中华人民共和国国防教育法》关于开展学生军事训练的规定,教育部、总参谋部、总政治部于2007年制订印发了《学生军事训练工作规定》(以下简称《规定》)。《规定》第四条指出:学生军事训练工作,必须围绕服务国家人才培养、服务国防后备力量建设开展,坚持着眼时代特征、遵循教育规律、注重实际效果、实施分类指导的方针。通过军事训练,使学生掌握基本军事技能和军事理论,增强国防观念、国家安全意识,加强组织性、纪律性,弘扬爱国主义、集体主义和革命英雄主义精神,磨炼意志品质,激发战胜困难的信心和勇气,培养艰苦奋斗、吃苦耐劳的作风,树立正确的世界观、人生观和价值观,提高综合素质。2012年2月,教育部、中宣部、财政部等7部门联合发文《关于进一步加强高校实践育人工作的若干意见》(以下简称《意见》),《意见》明确要求各高校要把军事训练作为必修课,列入教学计划,军事技能训练时间为2～3周,实际训练时间不得少于14天。③

---

① 赖红英、刘慧婵:《广东招募24万亚运会学生志愿者》,《中国教育报》2010年5月26日。
② 曹正:《大学生军训应由普及化转向规范化》,《中国教育报》2012年11月26日。
③ 《关于进一步加强高校实践育人工作的若干意见》,教育部网站2012年2月5日。

广东高校大学生军事训练普遍是在大一新生入学时开始为期半个月或一个月不等的集中军事训练,已经形成了比较规范的制度,属于大学生必修课。军训内容主要包括两大块,一是军事理论学习,二是军事技能训练。军训教官基本都是聘请本地域范围的武警部队或军事院校现役军人,以保证高校军事训练的质量和效果。大学生军训是广东高校实践育人的重要一环,是大学生走进高校的第一课,也是高校开展国防教育、增强大学生现代国防意识的最有效路径。同时,大学生军训也有利于培养集体主义观念,砥砺意志品格,养成良好生活习惯与学习态度。广东地处南海之滨,区位独特,历来是国家海防重要阵地。在当前南海问题已经上升为国家核心利益的时代背景下,海权海防教育自然是广东高校大学生军训课程的中心内容。笔者在此以大学生军训方面较有特色的广州航海学院为例简要介绍有关情况。

高等航海教育有别于普通的工科教育,具有鲜明的国防性和国际性。早在1909年我国高等航海教育发端之时,当时的高等商船实业学堂就有了学生军事训练的记载。新中国成立后,为配合国防建设,根据国防部、教育部、交通运输部的要求,交通运输部在《关于部属高校航海类专业学生实行半军事管理的通知》中明确规定航海院校实行半军事管理,培养具有强烈国防意识、具有良好国际形象的新一代海员。广州航海学院从1993年起对航海类专业实行严格的半军事管理,全校其他专业参照执行。航海类专业在高考新生录取时就是和军事院校一样属于提前录取批次,海员涉外性、流动性都很大,对考生有一定的特殊要求。

半军事管理就是参照军事院校管理的规章、制度和方法,同时结合高等航海人才的实际需要,培养大学生既具有高度的组织性、纪律性,又具有必要的海上军事防御技能、海防意识和应急本领,有利于巩固祖国的国防和海防事业,有助于强化大学生爱国主义、集体主义和国际主义教育。航海院校学生在校期间,航海类学生除了入学开始的军训以外,在平时的生活、学习中仍然是采用半军事管理,经常要进行一些阅兵仪式、出操升旗、集体会操、宿舍内务检查等活动。每周一早上7:00左右(如遇下雨、强台风等特殊天气暂停),全校学生穿着学校统一制作的校服,在运动场以大队为单位,排成方阵形式举行庄严的升国旗、奏国歌仪式。周日晚上或者节假日的最后一天晚上都要进行晚点名，严格考勤制度。军事素养的养成与强化对于航海学子适应今后在大海上的新生活、形成良好的工作习惯与作风乃至为祖国的海上防卫储存后备力量无疑都具有重要影响。此外，由于当前国际形势复杂，海运业竞争激烈，海盗活动猖獗，给航海运输增添了更多的不稳定因素和风险，这就要求航海类大学生不仅要掌握好相关的专业知识与技能，而且必须具备深厚的军事素养，以应对多变的主客观因素和不利条件。所以，航海院校实行半军事化管理，有一套非常严格的管理规范和制度。通过半军事化管理，能够在学生中树立良好的军容风纪，令行禁止，增强学生团结协作和同舟共济的集体主义观念，也有利于培养大学生自觉维护国家海洋权益、建设海洋强国的时代使命感、社会责任感和自豪荣誉感，一直以来，效果显著。如 2011 年 6 月，广州航海学院留校毕业生陈昌明船长，受交通运输部委派作为护航船长参加海军第九批护航编队奔赴亚丁湾海域执行为期半年的护航任务，受到了编队首长的高度肯定，并荣立三等功。

海军第九批护航编队充分肯定护航船长陈昌明护航表现①

  鉴于广州航海高等专科学校航海学院陈昌明船长在担任海军第九批护航编队护航船长期间，完成任务出色，成绩突出。海军第九批护航编队日前致函我校，充分肯定陈昌明船长的护航表现，并建议学校对陈昌明同志进行嘉奖。

  陈昌明船长在担任海军第九批护航编队护航船长期间，积极核准商船信息，提供航行安全保障。为编指提供准确被护商船信息 400 余条，协助组织 41 批 280 艘中外商船安全通过护航海域，为实现海军首长提出的"两个百分之百"要求，发挥了积极作用。

  护航期间，陈昌明船长搜集气象水文信息，提供相关数据依据。协助气象部门制定了规范的气象报告格式，协调统一了商船的报告时间。为气象部门提供近千份的气象实况和水文信息，为更加准确的气

---

① 资料来源：http://www.gdhed.edu.cn/main/www/124/2011-12/127287.html，广东省教育厅网站 2011 年 12 月 26 日。

象分析及预报定下了基础，为护航工作提供了重要参考。

陈昌明船长还充分发挥专业优势，主动为部队官兵服务。利用业余时间，结合护航特点主动为编队指挥所和官兵进行了《关于海盗特点和商船防范海盗措施》的专题讲座，让官兵更好地了解和掌握商船类型和结构特点，对护航编队队形的编排起到了较好帮助。利用自身语言优势，协助部队领导组织官兵学习护航日常英语，巩固了官兵英语会话能力，提高了工作效率。

在执行这次护航任务中，陈昌明船长以军人的标准严格要求自己，服从命令，听从指挥，克服了各种困难，为第九批护航编队任务安全顺利完成，做出了应有贡献。

（二）青年志愿服务

《中共中央关于深化文化体制改革推动社会主义文化大发展大繁荣若干重大问题的决定》指出："深入开展学雷锋活动，采取措施推动学习活动常态化。"[①] 2013 年 12 月 19 日，中共中央政治局委员、中宣部部长刘奇葆出席志愿服务工作座谈会时也强调，要把志愿服务活动作为培育和践行社会主义核心价值观的一条有效途径，……积极搭建志愿服务活动平台，把志愿服务做到基层、做进社区、做进家庭，促进学雷锋活动常态化。[②]

根据《青年志愿服务条例》第二条规定：志愿服务是指自愿、无偿地服务他人和社会的行为。换言之，它是指任何人自愿贡献个人的时间、金钱及精力，在不为任何物质报酬的前提下，为推动人类发展、社会进步和社会福利事业而提供自己力所能及、切合实际的服务的活动。[③] 志愿服务体现着当代大学生的社会责任意识，是大学生自觉为他人和社会服务、共建美好家园的鲜活实践，是现代社会文明程度的重要标志，也是新形势下

---

① 本书编写组：《党的十七届六中全会"决定"学习辅导百问》，党建读物出版社、学习出版社 2011 年版，第 11 页。
② 刘奇葆：《大力推进志愿服务制度化》，《党建》2014 年第 1 期。
③ 王欢、梅红、陈勇：《和谐社会视野中志愿精神的发展研究》，《教学与研究》2010 年第 4 期。

推进广东高校红色教育的有效途径。

一般来说，青年志愿服务的划分标准不同，分类也有所不同。按照青年志愿者自身来分类，可以分为：专家型和非专家型志愿者、全职和兼职志愿者、海内与海外志愿者；按照青年志愿服务的时间跨度可以分为：短期志愿服务和长期志愿服务；按照青年志愿服务内容大致可以分为：文化科技卫生三下乡志愿服务、社会应急志愿服务、体育赛事志愿服务、帮老扶残志愿服务；按照志愿服务的形式可以划分为：专项性的志愿服务、专业性的志愿服务、公益性的志愿服务和社区性的志愿服务；按照提供志愿服务的组织可以分为：大学生志愿服务、宗教团体志愿服务、公司员工志愿服务和公务员志愿服务。

这里选取广东高校大学生常见的青年志愿服务（"三下乡"志愿服务和公益性志愿服务）为例：

1. 文化科技卫生"三下乡"志愿服务

1996年12月28日，共青团中央、中宣部、国家教委下发《关于深入持久开展大学生社会实践活动的几点意见》，随后文化科技卫生"三下乡"活动逐步在全国高校展开，长期以来已成为我国高校锻炼学生社会实践能力的一种常规性活动，活动成员主要以志愿者的形式深入农村，传播先进文化和科技，体验基层民众生活，调研基层社会现状。通过这些社会实践活动，让大学生在基层真实感受祖国好、社会主义好、改革开放好和党的政策好，达到了红色教育"润物细无声"之效果。改革开放以来的创新实践，既使中国人民的面貌、社会主义中国的面貌、中国共产党的面貌发生了历史性变化，同时也是一种强大的教育力量，是引导当代大学生成长发展的最有说服力的教育资源。[①] 2004年8月26日，中共中央国务院《关于进一步加强和改进大学生思想政治教育的意见》（中发〔2004〕16号）发布后，中宣部、中央文明办、团中央、教育部等部门在2005年2月1日联合下发了《关于进一步加强和改进大学生社会实践的意见》（中青联发〔2005〕3号），其中第四条（全面深入开展"三下乡"和"四进

---

① 沈壮海、刘玉标：《与时俱进：改革开放以来大学生思想政治教育的突出标志》，《教学与研究》2008年第9期。

社区"活动)明确指出：文化、科技、卫生"三下乡"和科教、文体、法律、卫生"四进社区"活动，是新形势下大学生参加社会实践的有效载体，要广泛发动大学生利用寒暑假等时间开展"三下乡"和"四进社区"活动。高校要更加主动地与地方沟通，进一步明确实践服务的内容，根据需求选派相关专业的大学生组成团队，为群众办实事、做好事、解难事。

广东高校大学生参加社会实践，深入基层一线，了解社会、认识国情，能够在实践中砥砺品格、经受历练，增长才干、奉献社会，服务人民、拓展素质，有助于加深对中国特色社会主义理论体系的理解和感悟，通过自己在基层一线的所见所闻所感升华对党的路线方针政策的认识，更加坚定在中国共产党领导下走中国特色社会主义道路实现中华民族伟大复兴中国梦的共同理想和信念。

这里以暨南大学和华南师范大学为例。

暨南大学：2011年寒假和暑假，暨南大学三下乡社会实践活动分别以"创先争优当先锋，践行纲要促发展"和"高举团旗跟党走，深入实践谋幸福"为主题，共组织了77支社会实践重点团队近千名学生分赴各地，追寻红色足迹，重温党的光辉历程。引导青年大学生理论联系实际，广泛开展了政策宣讲、科技支农、教育帮扶、医疗服务、法律援助、生态环保、文化宣传、社区援助等形式多样又富有成效的社会实践活动。"三下乡"活动赢得了当地政府和群众的好评，同时广大同学也在实践中切实受到了教育、增长了才干、做出了贡献。2011年"三下乡"社会实践活动结束后，共收到调研报告62份，团队总结77份，个人总结586份，其中很多具有较高的调查研究水平和一定的决策参考价值。[①]

华南师范大学：2010年华南师范大学暑期社会实践活动规模进一步扩大，投入20余万元，吸收社会赞助25万余元，共组建了155支实践重点团队，动员上万名大学生深入基层农村、工矿企业、街道社区、机关单位，广泛开展形式多样的主题调研、支教助教、志愿服务、就业见习、政策宣传、科技支农、企业帮扶、文艺演出、法律帮扶、医疗服务等活动，

---

① 共青团暨南大学委员会：《暨南大学2011年大学生"三下乡"社会实践活动优秀成果集》。

足迹涉及四川、江西以及遍布广东各地,开设讲座 142 场次,捐赠图书和学习资料 5000 多册,文艺演出 188 场次,入户访问 7393 户,举办各类展览、咨询、讲座活动 200 余次,共完成调查报告 275 篇,受益群众达 20 万余人次。①《中国青年报》"共青视点"还对华南师范大学 2010 年大学生"三下乡"社会实践工作进行了专刊报道:②

华南师大社会实践新探　破解形式主义和经费紧张困局
变"家常菜"为"特色小炒"

"今年的'三下乡'明显感觉不一样了。"这是华南师范大学大三学生冯嘉琪对今年学校"三下乡"活动的评价,她曾连续 3 年参加暑期支教。

这一次,支教经验丰富的她在加入社会实践队伍前先是被要求参加一轮笔试,后来又进行了一轮面试,好不容易挤进下乡队伍后,还被要求在下乡前先完成一个方案策划,以 PPT 形式展示一番,通过"审核"再谈正式下乡。

"谁都知道'三下乡'对大学生了解社会、成长成才帮助很大,多少年来高校也一直在坚持搞这个活动,但就像是家常菜一样,这个活动很难说有什么特色。"华南师大团委书记刘海春把传统的大学生"三下乡"活动比作一盘"家常菜",而他目前正尝试做的是,如何把一盘普通的家常菜做成"特色小炒"。

单边苦想的下乡之路"不好走"

一个网友在回答关于"什么是大学生三下乡"的问题时给出了一个令人啼笑皆非的答案——"就是一张社会实践的表"。有趣的是,这个回答还被众多旁观者"顶"上了"最佳答案"的宝座。

这一现象多少说明了当下大学生"三下乡"活动中遇到的一些问题。网友对"社会实践表"的具体解释是,"让学生利用假期去做一

---

① 共青团华南师范大学委员会:《华南师范大学 2010 年大学生暑期社会实践工作总结汇编》。
② 王烨捷:《变"家常菜"为"特色小炒"》,《中国青年报》2010 年 11 月 29 日(内容有删减)。

些实践，然后写些心得体会，单位盖章和总结之类的，似乎每个学校到假期都会发这样的表。"

刘海春也注意到了这个问题，从事学生工作多年来，他对"三下乡"之类的学生社会实践问题有过很多深入的思考，"最大的问题有两个，一个是下去做什么，另一个是经费。"

多边协商"特色小炒"诞生

刘海春理想中的"三下乡"活动是一盘"特色小炒"，是师生们发挥才智、因地制宜琢磨出的一套独一无二的社会实践产品。这种产品需要在多边协商的环境下"烹制而成"。

学校政治行政学院今年搞的"三下乡"活动就是这样一盘特色小炒。下乡前，学院团委书记王鹏早就做足了准备——先同社会学老师联系确定大致研究方向和实践地点，再与地方团委联系收集资料，再联系地方教育局讨论选题，最后再与分管教育的副县长联系，看看县里最需要什么。

学校方面的主动出击也给韶关市翁源县的领导留下了深刻的印象。活动结束时，县里专门筹划了一场汇报演出，一方面展示大学生与当地小学生的交流成果，另一方面向全县公布调研数据和结果，引起与会企业家对教育公平的关注。

"晚会现场就有企业当场捐了8万元，调研数据教育局也很重视，都留档保存，以后可能会作为决策参考。"这是王鹏组织的、最有成就感的一次"三下乡"活动，有关活动内容的多边协商，不仅让社会实践成果突出显现，还进一步确立了华南师大"三下乡"活动在地方政府心目中的地位，"县长、教育局长事后都打电话，希望今后跟学校保持联系。"

他心里知道，这种地位的确立来之不易，"不是每所学校都能受到这样的礼遇，有些学生的下乡实践地方上甚至是唯恐避之不及的。归根结底，还是多边协商起了作用，这满足了地方实际需求。"

经费难题或有新的解决方法

资料显示，华南师大今年共有120多支社会实践队伍，6000余名师生参加"三下乡"社会实践活动。如此大规模的下乡实践背后，是不得不面对的大额经费支出。

"每年搞'三下乡'活动学校都要给团委下拨一笔专项经费,但今年通过社会化的运作模式帮学校节省了经费。"刘海春透露,今年学校'三下乡'活动总共花了20余万元,其中10余万元来自被服务的地方政府、事业单位和其他赞助商的资助,比过去大大节省。

大三学生冯嘉琪所在的17人下乡队伍就得到了某品牌"快乐篮球"公益项目资助的1万元下乡经费,"学校团委告诉我们有这么一个项目可以申请赞助,我们就试一下。"

这个在深圳长大、从小生活条件优越的女大学生在四川山区足足待了15天,住在8人一间的农家宿舍,睡在用纸箱皮铺成的临时床铺上,每天带着花露水去上厕所,"感觉自己有一份责任,我们团队既然拿了人家企业的赞助,就应该把事情做好、做漂亮。"

"把社会化运作的一些手段用在'三下乡'实践中,一方面能解决一些实际经费困难,另一方面也是对实践内容和质量的一种监督和提升,使学生的责任意识大大提高,他们会知道在社会上做成一件事、拿到一笔钱要付出多大的努力。最终的效果是真正实现'多赢'。"刘海春表示,自己今后还会更多地关注社会公益资助的申请,不断完善"社会化运作模式",同时还要朝着理想中的"三下乡"活动模式——"社会化、基地化、项目化、课程化"迈进。

2. 公益活动志愿服务

无论是2008年四川汶川特大地震还是北京奥运会、残奥会期间,志愿者无私奉献的精神都带给我们太多的感动和难忘的记忆。高校大学生无疑是当代志愿者服务的生力军。拿广东来说,在举世瞩目的2010年广州第16届亚运会、亚残运会上,广东高校20多万大学生志愿者尽情展示了南粤学子青春风采和精神面貌。大学生们的广泛积极参与不但使得本届亚运盛会更完美、更精彩,同时也向世人展示了广东大学生无私奉献的精神风貌和青春的热情服务。例如①，第 26 届世界大学生夏季运动会于 2011 年 8 月 12—23 日在深圳举办，深圳高校八成以上的大学生报名加入志愿者，大运会期间 2.6 万名赛会志愿者中的近 90% 由深圳大学和深圳职业技术学院等广东高校的大学生志愿者担任。另外，本次大运会的 478 名小语种志愿者包括中山大学学生 214 名、广东外语外贸大学学生 194 名和华南师范大学学生 70 名。大运会期间，这些小语种志愿者作为大运会志愿者团队的核心成员，直接面向外国官员、运动员和来宾提供法语、俄语、西班牙语、葡萄牙语、日语、韩语、阿拉伯语的非专业语言服务。

此外，在广东举行的大型活动如第九届全国运动会、全国第八届大学生运动会、广东省国际旅游文化节、中博会、中国进出口商品交易会（广交会）等重大任务中，广东高校志愿者为各项活动的顺利开展都发挥了极其重要的积极作用。同时，广东高校大力推进志愿服务西部计划、山区计划，鼓励大学生到西部作贡献，引导大学生"到西部去，到山区去，到基层去，到祖国最需要的地方去"建功立业。以广东工业大学为例：近七年，在大学生志愿服务西部计划和广东省山区计划中，广东工业大学共有 43 人通过选拔，分赴广西、新疆、四川、贵州和广东省内贫困县开展志愿服务。广大团员青年充分发扬志愿精神，七年来，共举办志愿服务技能讲座近 390 场次，开展各类志愿服务活动近 2353 次，直接参与的同学达 9.2 万人次，献爱心捐款共计约 42.7 万元，受到省级以上表彰的集体和个人达 32 项。② 广东大学生志愿服务以自愿、无偿为前提，以"我志愿，我快乐；我服务，我成长"为口号，以"友爱、奉献、互助、进步"为原则，以弘扬志愿精神"奉献青春，助人为乐，服务社会"为核心，把服务他人、服务社会与实现个人价值有机结合起来，引导大学生在做好事、献爱心的过程中陶冶情操、提升境界，倡导爱国、敬业、诚信、友善等基本道德规范，提升大学生思想政治素质和道德品格，把建设社会主义核心价值体系的任务落到实处。事实证明，当代大学生的自我价值只有与祖国、与人民、与社会、与时代价值紧密联系在一起，才会释放出最强大的正能

---

① 资料来源：http://www.ccyl.org.cn/place/news/guangdong/201108/t20110802_506053.htm 中国共青团网。

② 共青团广东工业大学委员会：《携手》，2011 年 9 月版。

量，绽放出最美丽的光彩，弹奏出最动听的乐章。

比较典型的还有汕头大学公益课程。2010年汕头大学开设公益课程，这在国内高校尚属首次。汕头大学实施公益课程的目的，是希望学生通过参与公益活动，帮助学生深入了解社会、关心社会，提高学生的社会责任感，培养学生对社会的奉献精神。同时，以课程的形式提升公益服务活动，引导学生将所学知识应用于社会服务，提升他们的能力，实现公益活动与学术课程的结合。汕头大学公益课程的开设，将培养学生的"做事"与"做人"结合起来，培养出适合社会发展需要的高素质人才，共同推动我国高等教育事业的发展。①

（三）红色教育基地参观访问

红色历史文化资源是帮助大学生树立正确世界观、人生观和价值观的鲜活教材，是传承和弘扬中华民族优秀文化的有效载体，是社会主义核心价值体系内涵的凝聚与浓缩。诚如井冈山大学校长、中国井冈山干部学院副院长张泰城教授所言，红色资源是中国共产党在革命战争年代和社会主义现代化建设时期所形成的具有资政育人意义的历史遗存，是我们党和国家的宝贵财富，也是当代社会重要的教育资源。它内涵丰富，形式多样，功能独特，对于充实和深化教育内容，革新教育方式，提高教育实效，树立社会正气，构建社会主义核心价值体系等方面具有重要作用，是优质教育资源。② 历史文化是连接中华民族昨天、今天与明天的根脉，只有深刻学习了解历史文化，才能准确把握现在，真正拥抱未来。当今社会正处在改革攻坚期和矛盾凸显期，青年大学生对国家和民族的认同、对中国共产党奋斗历史的认知和对于社会主义优越性的认识都受到来自方方面面的冲击和影响，有待于进一步巩固和加强。当代大学生要真正走向成熟、走向理性，必须具备一定的历史文化底蕴。当代大学生大都是在改革开放以后出生、成长的一代，物质充裕，生活条件优越，对于先辈的奋斗历程缺乏切身的感受。运用这种饱含爱国主义、道德情操、理想信念内容的红色资

---

① 汕头大学公益课程工作小组：《汕头大学公益课程2011年度报告》，2012年4月版，第1~3页。

② 张泰城：《红色资源是优质教育资源》，《井冈山大学学报》（社会科学版）2010年第1期。

源对学生进行思想政治教育，对于树立正确的政治方向，养成高尚的道德情操，培育浓厚的爱国情怀具有重要作用。①

广东高校高度重视南粤及其周边红色历史文化资源对于当代大学生的感化、同化和教化功能，同时紧密结合共青团中央在高校开展的"青年马克思主义者培养工程"以及大学生军训、党建团建、创先争优、重大节日纪念等各项活动，充分利用高校所在地及其周边红色资源，组织学生、社团和入党积极分子或预备党员到这些红色历史文化教育基地品味红色文化，感受革命历史，感知曾经的艰难困苦，领悟过去的峥嵘岁月，重温红色记忆：唱红色歌谣、看红色经典、听红军故事。《中华人民共和国教育法》明文规定："教育应当继承和弘扬中华民族优秀的历史文化传统，在受教育者中进行爱国主义、集体主义、社会主义教育，进行理想、道德、纪律、法制、国防和民族团结教育，培养德、智、体等方面全面发展的社会主义事业的建设者和接班人。"②

例如，华南师范大学经常性开展大学生赴省内省外教育基地考察访问活动，形式多样：思想政治理论课社会实践考察、寒暑假三下乡、党建团建、革命老区志愿者服务等，让大学生实实在在地感受历史、联系现实、激发启迪、激励成长。下面是2013年3月华南师范大学青马班师生近百人赴江西井冈山红色教育基地考察访问的一个小资料：③

我校青马班学员赴井冈山开展社会实践

经过三天的红色之旅学习，我校青马班师生近百人结束井冈山社会实践活动，于18日凌晨凯旋。3月15至17日，我校青年马克思主义培训学校组织青年学员及导师代表赴井冈山全国青少年革命传统教育基地开展为期三天的实践活动。活动出征仪式上，校党委副书记王左丹作了动员讲话并为学员代表授旗，她殷切希望青马学员珍惜宝贵的实践机会，学习革命先辈艰苦奋斗的精神，树立正确的世界观，坚定理想信念；要做忠诚的井冈山红色文化的传播者、发扬者、创新

---

① 张泰城、肖发生：《红色资源与大学生思想政治教育》，《教学与研究》2010年第1期。
② 第八届全国人民代表大会常务委员会第三次会议通过，《中华人民共和国教育法》1995年。
③ 《我校青马班学员赴井冈山开展社会实践》，华南师范大学校园网主页，2013年3月18日。

者。校团委书记刘海春指出，此次实践活动既有理论课程的传授，也有实景现场教学的展示，更有模拟红军负重行军的切身体验，还有导师和学员们同吃同住，共同学习体验，是青马学校教学模式的一次创新。青马导师代表彭伟忠、林创家、卓雄辉、王政忠、蔡晓平、卢勃等出席了活动。本次活动得到社会力量的支持，三家企业派出经验丰富的员工随队担任校外指导。

在三天的实践活动中，专题讲座、现场教学以及行军体验三位一体的学习模式环环相扣。井冈山干部学院教授黄仲芳等专家的《井冈山的斗争和井冈山的精神》《信仰比生命更贵重》等专题讲座，回顾了中国共产党在井冈山的革命斗争历程以及井冈山精神在新中国缔造过程中所发挥的积极作用，使我校青马学员再一次坚定了永远跟党走的理想信念。在现场教学中，青马学员祭奠了井冈山革命根据地烈士纪念碑，参观了黄洋界保卫战遗址、八角楼、小井医院等毛主席和红军战士们曾经战斗或生活过的地方，亲身感悟了老一辈无产阶级革命家及红军战士在艰苦环境中胸怀理想、不怕牺牲、敢创新路的革命精神。在情景模拟课程"红军的一天"中，青马学员身穿军装，在茅坪乡了解红军的故事与红军精神，进行军事操练，学习"三大纪律，八项注意"，参观毛泽东同志两篇经典著作的诞生地，入户调查坝上村村民现状，并开展集体劳动。

青马学员纷纷表示，此次活动是一次具有特殊意义的学习之旅、交流之旅、教育之旅，学习到井冈英烈不怕牺牲、勇于奉献的精神，感悟到青马学员肩负的时代使命和艰巨任务。接下来，青马班将开展"实践回来谈体会"——"五个一"活动，即一个小组座谈会、一篇心得体会、一张相片、一次展览、一回宣讲（到新生团支部），将学习成果进一步推广和辐射。

社会实践是青马班的特色与亮点，已形成多渠道、多方位、特色鲜明的实践体系。

三、高校红色社团

高校大学生社团是以高校的专业性、学术性和群体性为依托，根据大学生共同的生活理念、业余爱好、专业兴趣、学术见地以及其他方面的共同追求而自发结成的学生组织。大学生社团实行自愿组合、自我教育、自我管理、自我服务。当前，广东全省高校社团类型丰富多样，有文化艺术类、专业学术类、体育健身类、公益服务类、就业创业类等。近年来，以学生社团为主要形式的学生组织在校园内迅猛发展。据广东省学生联合会最新调研数据显示，仅广东全省85所高校内就已发展了3985个社团，参加社团学生人数达到43万余人。①

例如，根据阳江职业技术学院各社团提交的年度注册资料和会员信息，统计出共有学生社团46个，其中社会公益型2个，理论学习型2个，学术科技型11个，兴趣爱好型31个（其中文学类3个，艺术类11个，体育类11个，实践类6个）。共有社团成员约达5832人次，其中2009级1657人次，2010级2105人次，2011级2070人次。②

广东工业大学目前共有社团80个，其中学术类24个，人文类20个，娱乐类19个，体育类17个，会员人数大约27760人次。③

目前，华南师大学生社团共计143个，分为理论学习、社会实践、兴趣爱好、文娱体育、学术科技、其他等六大类，成员超过2万人。④

高校红色社团，也称高校学生理论社团，是人们对高校学生自愿组织的思想政治理论类社团的形象称呼。这类社团通常以学习宣传马克思列宁主义、毛泽东思想和中国特色社会主义理论体系为主题，在大学生和研究生中自发开展理论和时事政治的学习、宣传、培训、竞赛，或开展红色旅游、参观、调研等社会实践活动。以大学生、研究生为主题的高校红色社

---

① 黄玉杰、蔡立：《广东高校社团发展迅猛》，《羊城晚报》2013年1月11日。
② 数据截至调研日期：2012年6月12日。
③ 共青团广东工业大学委员会：《携手》，2011年9月版。
④ 数据截至调研日期：2012年5月25日。

团既是马克思主义理论的受教者,又是马克思主义理论的传播者。[①] 红色社团作为广东高校学生社团的重要组成部分,是高校主流校园文化建设的重要载体,是大学生爱国爱党爱社会主义教育的重要渠道,是新时期广东高校党建团建的主要阵地,在广东高校青年大学生群体中发挥了积极的政治导航和思想引领作用。近几年来,广东乃至全国高校红色社团发展非常迅速,尤其是党中央实施的"马克思主义理论研究建设工程"和团中央实施的"青年马克思主义者培养工程",更是激发了大学生参加"红色社团"的兴趣与热情,诸如马克思主义研究会、青年马克思主义协会、马克思主义中国化研究会、中国特色社会主义研究会等等。这些红色社团主题只有一个:彰显高校红色教育正能量,引领高校学子健康成长成才。

广东高校红色社团主要侧重于学习马克思主义中国化的最新成果、国防海防安全、中国近现代史、中共党史、广东改革开放发展史等理论,除学习《共产党宣言》《毛泽东文选》《邓小平文选》及《江泽民文选》等著作外,还开展中国特色社会主义理论体系、建设海洋强省与海洋强国、社会主义核心价值体系和"中国梦·我的梦"等时代主题鲜明的专题辅导。同时,与时俱进创新高校红色社团学习形式和活动载体,通过个人自学、专题辅导、QQ群、微博、微信、座谈交流、典型引导等方式,激发大学生学理论的热情与兴趣,并紧密结合教育部和广东省教育厅、团中央和共青团广东省委等指示精神开展各级各类特色实践活动,例如:

华南师大南海校区第一个红色社团红色青年发展研究社成立[②]

2011年6月2日,在中国共产党建党九十周年之际,由华南师范大学南海校区青年学子组建的红色青年发展研究社,在模拟法庭举行了成立大会。学院党委刘科荣副书记、团委陈国球副书记、学生会指导老师卢文延、社联指导老师林琼以及赵麈、程新进老师与青年学子们共同见证南海校区第一个红色社团成立。

[①] 李成超、孙武安:《高校红色社团建设与大学生思想政治教育》,《思想理论教育导刊》2012年第5期。

[②] 资料来源:http://www.gdcyl.org/Article/ShowArticle.asp?ArticleID=104309,广东共青团网站。

整个成立大会简短、严肃而不失温情,在短短十分钟的社团展示中,足以感受到在场的嘉宾、同学们对红色青年发展研究社的关注。会上,红色青年发展研究社指导老师王心旭对一直关心和支持协会成立的老师和同学们表示了感谢,也承诺协会将为南海校区学子提供学习和实践马克思主义的平台而努力。接下来,刘科荣书记精彩的讲话,表达了对社团的期待和期盼,同时也由衷地希望更多的青年学子自觉投身到学习马克思主义理论的活动中,提升自我。他殷切的希望和热情洋溢的发言,无不是对红色青年发展研究社的鼓励和关切。

红色青年发展研究社是在红色马克思主义理论研究小组基础上成长起来的青年组织,作为校区第一个红色社团,适应了新形势新任务的需要,对于全面加强同学们的思想道德观念、深入实践科学发展观,推动大学生的全面发展有重要意义。它旨在提高当代大学生马克思主义理论水平,深化马克思主义理论知识指导实践发展,树立社会主义核心价值观,扩大以马克思主义思想指导实践的作用,培养一批觉悟高、素质全、业务精、能力强的红色青年及精英分子提供良好平台。研究社将通过马克思主义理论学习、社会实践调研和参观、老党员和专家座谈、时事热点讨论等形式多样的活动为载体,在深入学习马克思主义理论的同时,以理论为指导分析和了解国情,引领大学生青年学子努力提升为社会主义事业建设服务的本领。让我们共同期盼红色青年发展研究社的发展壮大,也热切期盼有志之士加入我们的组织,共同学习、共同进取。

四、新媒体时代的高校红网

随着互联网技术的飞速发展,新媒体已经成为当今社会影响深远的第四媒体,是世界范围内各种思想文化、价值观念、意识形态交流交融交锋的隐蔽战线或重要场域。所谓新媒体是指相对于书信、电话、报刊、广播、电影、电视等传统媒体而言。从技术上界定,新媒体是指依托数字技术、互联网络技术、移动通信技术等新技术向受众提供信息服务的新兴媒体，主要包括网络电视、网上即时通讯群组、对话链、虚拟社区、博客、播客、搜索引擎、简易聚合、电子邮箱门户网站、手机短信、手机彩信、手机游戏、手机电视、手机广播、手机报纸、数字电视、移动电视、楼宇视屏（各种大屏幕）等。①

（一）数字化信息化网络化时代潮流

21世纪是名副其实的新媒体时代。随着科技进步的日新月异，以互联网、手机为代表的新媒体发展可谓突飞猛进，逐渐成为人们传播信息、传授知识和传递情感的重要平台，对于新世纪大众的生活方式产生了前所未有的革命性变革。2013年1月15日，中国互联网络信息中心（CNNIC）发布《第31次中国互联网络发展状况统计报告》。报告显示，截至2012年12月底，我国网民规模达5.64亿，全年新增网民5090万人。互联网普及率42.1%，较2011年年底提升3.8个百分点。截至2012年12月底，我国手机网民规模为4.2亿，较上年底增加约6440万人，网民中使用手机上网的用户占比由上年底的69.3%提升至74.5%。我国网民中农村人口占比为27.6%，相比2011年略有提升，规模达到1.56亿，比上年底增加约1960万人。其中，手机上网的比例保持较快增速，从69.3%上升至74.5%。2012年中国网民人均每周上网时长达到20.5小时，相比2011年提升1.8个小时。截至2012年12月底，我国微博用户规模为3.09亿，较2011年年底增长了5873万，网民中的微博用户比例较上年底提升了六个百分点，达到54.7%。相当一部分用户访问和发送微博的行为发生在手机终端上。截至2012年年底手机微博用户规模达到2.02亿，即高达65.6%的微博用户使用手机终端访问微博，用户行为的移动化让微博成为移动互联网时代最具发展潜力的产品之一。②

（二）广东高校红网应运而生

广东作为中国互联网超级大省，长期以来互联网发展的多项指标在全国均名列前茅。广东省网民规模一直保持全国第一，域名数位居全国第

---

① 宫承波：《新媒体概论》，中国广播电视出版社2007年版，第2页。
② 数据来源：中国互联网络信息中心（CNNIC），《第31次中国互联网络发展状况统计报告》，2013年1月。

一,网站数达到54万,高居全国榜首。2012年6月底,广东省网民总数达到了6775万人,普及率达到62.8%;广东宽带网民规模达到6735万人,占网民比例99.4%;手机网民达到5492万人,占网民总数的81.1%。① 在信息化和网络化的大潮下,广东高校大学生无疑是广东省网民的一支重要力量。广东高校大学生宿舍有网络、人人有手机,信息网络生活已经成为当代大学生日常生活的重要组成部分。广东高校红色教育的方式方法、路径选择、形式样式不断与时俱进,构建了校园红色立体网络。网络技术是先进生产力的组成部分,只有以先进的技术为载体的先进文化,才能与西方的网络文化和意识形态相抗衡,传播我们的先进文化,巩固我们的意识形态,在全球软实力的较量中掌握主动权。② 以网络、手机等为代表的新媒体已经成为广东高校红色教育不可或缺的重要平台。红色立体网络主要包括两大类:一是以门户网站为代表的主题网站(如广东各高校团委网站)、校园BBS、班级年级以及社团为单位的QQ群或MSN、E-mail、个人微博、网络虚拟社区等;二是以手机为代表的即时通话、短信息和微信等。这些新媒体具有信息容量丰富性、时空联络及时性、交流即时互动性、操作简单便捷性等优势,作为红色教育的载体,对当代大学生具有强大的吸引力和影响力,从而成为广东高校红色教育的有效路径。

今天,网络和手机已经是大学生学习知识、获取信息、交流互动的日常生活工具,是他们的第二生活世界。近年来,广东高校逐步形成了以"红色网站"尤其是校团委网站为领航标杆,以校园门户网站为主体,以学术、新闻、服务类网站为补充,以短信、QQ群、BBS、微博、微信等即时互动工具为抓手的红色校园网络文化阵地,取得了红网文化在高校"化人""育人"的良好功效。如中山大学青年时空网、党代会专题网站、在线学习网、学风建设专栏等专题网站;暨南大学的共青团暨南大学委员会网、暨南党建网、暨南大学网上党校网等;华南师范大学紫荆网、华南师范大学谈方教授创办的中国好人网;汕头大学桑浦星河网;广东海洋大学军学共建网站、创先争优专题网站、海浪BBS、学校团委网站等;韶关

---

① 吴勇加:《广东省网民总数达到了6775万人全国第一》,《深圳特区报》2012年12月15日。
② 刘德中:《信息网络化与党的思想文化和意识形态工作的新挑战》,《马克思主义研究》2006年第8期。

学院激扬青年网、韶大7bus社区、创先争优活动专题网等；深圳职业技术学院党建在线网、学校团委网站、深职院志愿者之家网站；阳江职业技术学院大学生文化策划中心网站、学校团委网站、青年志愿者行动中心网站等。

第二章
广东高校红色教育内容之南粤特色

广东，史称岭南，古称南越，地处祖国大陆的南疆，濒临南海，北枕五岭，毗邻港澳，是我国南方的门户要冲，是祖国大陆联系海外的重要通道。得天独厚的地理位置，孕育了岭南璀璨的历史文化、悠久的海洋文明和敢为天下先的精神风骨。仅就地理位置而言，广东较国内其他地方更易于与海外交流、易于风气开通、易于输入新事物、易于传播新思想。一直以来，广东都是中西文化碰撞、中外商贸往来、国际交流的重要窗口，是古代"海上丝绸之路"的发祥地。在唐代，开辟了当时世界上最长的航线——广州通海夷道，明清时期，广州长时间成为我国"一口通商"的港口，广东成为中国历史上海外交往最早、对外贸易最为发达和海外华侨华人最多的省份。

近代以降，中国沦为半殖民地半封建社会，广东是外国资本主义最先从海上入侵的前沿目标，同时也是中华儿女奋起反抗帝国主义、封建主义和官僚资本主义的革命策源地。中国近代"睁眼看世界第一人"林则徐连续23天在虎门销烟，亮剑西方，英勇抗击英国帝国主义的侵略，惊醒了国人"天朝上国"的迷梦，中国面临"三千年未有之大变局"，中国近代史从此在南粤拉开序幕。之后中国近现代史上发生的一系列重大社会政治变革运动，其中心任务以及事件的发生与发展，无不与南粤大地有着千丝万缕的紧密联系。为了民族的生存、国家的独立，一大批岭南有识之士率先探索拯救中华民族的救国图强之路，并为之身体力行，英勇奋斗，直至流血牺牲。毛泽东同志曾经指出四个向西方寻找真理的先进的中国人（洪秀全、康有为、孙中山和严复），除了严复是福建人，其他三个都是广东人。无论是鸦片战争时期的虎门销烟、戊戌变法、洋务运动，还是乙未武装反清首义、黄花岗起义、国共第一次牵手合作、黄埔建军，南粤大地一直站在中国历史与时代变革的风口浪尖，无数的爱国仁人志士在这里筚路蓝缕，前赴后继，领风气之先，成为引领时代前进的弄潮者。

南粤大地不但是近代中国人民反对资本帝国主义侵略和反对封建清王朝统治的革命斗争策源地，而且是一片红土地，是中国大革命的策源地和中心地。广东是全国较早传播马克思主义思想的地区之一，也是继上海、北京之后在全国最早成立共产党地方组织的六个地区之一（上海、北京、广州、长沙、武汉、济南）。

大革命时期，中共三大确立了国共第一次合作的重大决策。自从有了中国共产党，中国革命的面目就焕然一新了。[①] 中共广东党组织和广大党员在大革命时期的军事运动、工人运动、农民运动、青年运动和妇女运动等重大事件中发挥了先锋模范带头作用，为大革命运动的发展壮大作出了卓越贡献。土地革命和抗日战争时期，继南昌起义、秋收起义之后爆发了震撼中外的广州起义，是中国共产党独立领导革命战争和创建人民军队的伟大开端，建立了第一个城市苏维埃政权——广州苏维埃政府，开辟了海陆丰、东江、琼崖革命根据地，开辟了华南敌后抗日根据地。解放战争时期，广东是华南地区革命斗争的指挥中心，先后组建了7个纵队，有力地支持和促进了广东和华南地区的解放。

到了20世纪70年代末，历史又赋予广东新的使命。广东以敢为人先、杀出一条血路的胆识和气魄，在改革开放大潮中先行一步，成为我国改革开放的前沿地。党的三次理论创新都发生在南粤：1992年邓小平南方谈话、2000年江泽民考察广东提出"三个代表"重要思想、2003年"非典"时期胡锦涛考察广东提出科学发展观。作为改革开放的试验田，广东改革开放取得辉煌成就，成功经验逐步推向全国，无愧于新时期我国改革开放的排头兵和领头羊。

---

① 《毛泽东选集》第4卷，人民出版社1991年版，第1357页。

当然，无论如何，我们不能忘记广东改革开放的军功章里包含着众多华侨华人的心血和汗水。广东自古就是中国海上贸易和移民出洋最早、最多的省份。据资料统计，一个世纪以来的历史过程中所形成的中华第一侨乡的广东省，有海外华侨3000多万人，分布于160多个国家和地区。[①] 海外华侨华人不但为所在居住国的经济社会发展作出了重要贡献，而且一如既往地为祖国、为家乡倾注了大量的建设资金和满腔热情。

尤其重要的是，广东地处祖国的南大门，濒临南海，区位独特，自秦汉以来尤其是近现代以来一直是我国海防大省，具有深厚的海防海权观念与悠久的海防传统。南海占我国海洋国土面积三分之二以上，海洋资源极为丰富，战略地位尤为重要，是我国21世纪最重要的资源接替地，也是中华民族参与国际竞争最重要的战略高地之一，是国家的核心利益所在。海洋是人类赖以生存和发展的摇篮和重要基础，大约占地球表面积的71%。广东是我国第一海洋大省，海洋国土东起台湾海峡，西至北部湾。有资料统计，广东省海域面积42万平方公里，是陆域面积的2.3倍；大陆海岸线4114公里，居全国首位；广东自古以来临海而立、因海而兴，现有沿海地级以上市14个，沿海县（市、区）45个。[②]

综上可知，南粤区位独特，人文兴盛，名人辈出，灿若繁星，历史文化资源特别丰厚。广东不但是我国近现代民主革命的策源地、改革开放的前沿地和先行地，而且是我国最大的华侨之乡、第一海洋大省，具有先天的地缘和海缘优势。这些"岭南特色"都是其他任何地方所不具备或拥有的"天然"的历史文化资源，也是广东高校红色教育的鲜活素材和源头活水。归纳广东高校红色教育内容的南粤特色，大致体现在以下四个方面：首先，彰显南粤璀璨历史：民主革命策源地；其次，突出广东辉煌成就：改革开放前沿地；再次，诠释广东华侨华人赤子情怀；最后，承继岭南海防传统，维护国家海洋权益。

[①] 马至融、姜清波等：《海潮回流：海外华侨与广东改革开放》，暨南大学出版社2008年版，第2页。

[②] 广东海防史编委会：《广东海防史》，中山大学出版社2010年版，第8页。

第一节　南粤璀璨历史：民主革命策源地

中国近代史以广东虎门销烟运动拉开了大幕，逐步沦为半殖民地半封建社会，中国人民从此开始了长达一百多年的反帝反封建的民主革命运动。近代以来，广东是中西文化最早的碰撞交锋地，素以风气开通而引领一时风潮，在中国大舞台上尤以军事运动、工人运动、农民运动、青年运动和妇女运动等方面独领先机，成为近现代民主革命策源地。南粤儿女在中国近现代史上书写了许许多多不朽篇章，力透纸背，树立了一座座丰碑，高山仰止，积淀成璀璨的历史文化，成为后人永恒的记忆、教育的资源和前进的动力。

一、军事运动波澜壮阔

（一）中国人民反帝斗争的序幕：虎门销烟

2012年3月14日上午，第十一届全国人大第五次会议闭幕后的记者见面会上，时任总理温家宝同志在评价自己的工作时再次引用"苟利国家生死以，岂因祸福避趋之"，这两句诗出自林则徐的《赴戍登程口占示家人》。这是继2003年、2008年记者见面会后，温家宝同志第三次以该诗文表达自己以身许国、不计祸福、一心报国的工作态度。温家宝深情地说："我秉承'苟利国家生死以，岂因祸福避趋之'的信念，为国家服务整整45年，我为国家、人民倾注了我全部的热情、心血和精力，没有谋过私利。我敢于面对人民、面对历史。"[①] 我们不难想象，在21世纪的今天，面对国内外数以千计的记者，能够被一个大国总理多次提及的林则徐爱国主义精神之厚重、影响之深远！

林则徐，我国近代史上第一个民族英雄和爱国主义者，是当时清政府中为数不多的有思想、有作为的禁烟派代表人物。历史学家范文澜曾称赞

[①]《在十一届全国人大五次会议上温家宝总理答中外记者问》，《人民日报》2012年3月15日。

林则徐是近代中国"开眼看世界第一人"。早在18世纪末,英国资产阶级就开始了向中国沿海走私鸦片的罪恶贸易,广东人民首当其冲,深受鸦片毒害之苦。据不完全统计,19世纪头20年内,英商输入中国的鸦片平均每年4000多箱。30年代后逐年激增,至1838—1839年度,高达35500箱。30年代,中国每年白银外流七八百万元。① 1838年12月12日,广州上万名群众举行示威,包围英国鸦片商人的商馆,以砖瓦石块为武器,打碎商馆窗户,反映了广州人民强烈的禁烟要求。② 无怪乎林则徐进谏道光皇帝:"若犹泄泄视之,是使数十年后,中原几无可以御敌之兵,且无可以充饷之银",查禁鸦片"法当从严"。③ 在鸦片战争之前,英国总计非法输入中国的鸦片不下42万箱,掠夺走的白银多达3亿至4亿两,相当于清政府一年财政总收入的8倍。④

1839年3月10日,林则徐作为钦差大臣到达广东广州查禁鸦片。林则徐在广东严正宣告:"若鸦片一日未绝,本大臣一日不回,誓与此事相始终,断无中止之理。"⑤ 敢于直面西方挑衅、向西方列强亮剑的林则徐赢得了广东人民的广泛支持。有西报记载说:包围洋馆的群众"大声喊叫如雷,令我等好多人害怕,犹如上年十二月十二日之事一样"。⑥ 到1839年5月18日,共收缴鸦片19187箱又2119袋,共2376254斤。⑦ 6月3日开始,在虎门海滩,林则徐亲率文武官员监督当众销毁鸦片,同时允许外国人观摩,震惊中外的虎门销烟由此拉开帷幕,前后历时20多天。

虎门销烟是林则徐在广东查禁鸦片的一个重大胜利,有效地遏制了近半个世纪以来外国侵略者疯狂的鸦片毒害,沉重地打击了英国侵略者的嚣张气焰,同时向全世界表明了中华儿女维护民族尊严和反抗外国侵略的坚

---

① 李伯祥等:《关于十九世纪三十年代鸦片进口和白银外流的数量》,《历史研究》1980年第5期。

② 陈旭麓:《近代中国八十年》,上海人民出版社1983年版,第31~32页。

③ 《林则徐集》奏稿中册,中华书局1965年版,第601页。

④ 走向海洋节目组:《走向海洋》,海洋出版社2012年版,第115页。

⑤ 《林则徐集》公牍,中华书局1963年版,第59页。

⑥ 《澳门新闻纸》,《鸦片战争》第2册,第420页。

⑦ 《林则徐集》奏稿中册,中华书局1965年版,第638、656页。另有8箱准备送京样品没有计入。

强意志与决心。虎门销烟作为中国人民反帝斗争的伟大起点彪炳千秋,震撼世界,深深地激励了一代又一代中国人前赴后继,以身许国、以国为家,向世人昭示了在中华民族最危险的时刻炎黄子孙共赴国难、捍卫国家主权、勇于亮剑、敢于担当的爱国主义精神和主人翁责任感!

1840年1月5日,清政府授命林则徐为两广总督。林则徐在查禁鸦片的同时积极发动民间老百姓的抗英力量,加强海防,随时应对外国侵略。他认为"粤民可用",招募广东本地的乡民和渔民,"教以如何驾驶,如何点放,每船领以一二兵丁,余皆雇佣此等民人以为水勇,先赴各洋岛澳分投埋伏,候至夜深,各(敌)船俱已熟睡,查看风潮皆顺,即令一齐放出,乘势火攻"。① 林则徐号召南粤沿海民众团练自卫,"如见夷人上岸滋事,一切民人皆准开枪阻击,勒令退回,或将其俘获"。②

然而,腐朽没落的清政府未能顶住英国资本主义的枪炮、战舰与威胁,道光皇帝急于求和,竟然将虎门销烟功臣林则徐"从重发往伊犁,效力赎罪"。林则徐忍辱负重,踏上戍边之旅,在古城西安与妻子告别的时候,情由心生、境由心造,有感而发写下千古名句"苟利国家生死以,岂因祸福避趋之"。一个多世纪以来,林则徐的名字一次次闪亮星空,成为全体中国人民乃至全世界人民敬仰的民族英雄和爱国主义者。在美国纽约大街上,矗立着林则徐的个人塑像,供路过此地的各国人民瞻仰;虽然林则徐是虎门销烟、抗击英帝国主义的中华民族英雄,但是在英国伦敦杜莎夫人蜡像馆,依然伫立着林则徐蜡像。"夫文忠公办禁烟事,几窘英人;然而彼固重之者,为其忠正勇毅,不以苟图息肩也,可谓之所敬。"林则徐以自己的个人品格与思想魅力赢得了国人的爱戴、世人的尊重和后人的敬仰。让我们牢牢记住林则徐在查禁鸦片时写在自己官邸上的一副对联:海纳百川,有容乃大;壁立千仞,无欲则刚。

(二)辛亥革命的第一枪:黄花岗起义

中日甲午战争以后,帝国主义列强掀起了在中国划分权益与势力范围的狂潮,中华民族已经面临着被瓜分的危险和生死存亡的威胁。日益严重

---

① 中山大学历史系:《林则徐集·奏稿》,中华书局1965年版,第762页。
② 《林则徐奏稿、公牍、日记补编》,中山大学出版社1985年版,第78页。

的空前的民族危机激起了中华儿女反帝国主义侵略、反列强瓜分的英勇斗争,以孙中山先生为代表的资产阶级革命派登上了历史舞台。"孙中山先生是伟大的民族英雄、伟大的爱国主义者、中国民主革命的伟大先驱"。① 孙中山先生分别于1894年11月和1895年2月在檀香山和香港建立了中国最早的资产阶级革命小团体——兴中会,制定了"驱除鞑虏,恢复中华,创立合众政府"的入会誓词,第一次向中国人民提出了推翻清王朝、建立资产阶级民主共和国的政治目标。址设国外,基础却在广东。其会员多由广东人组成。② 兴中会的《章程》指出:"方今强邻环列,虎视鹰瞵,久垂涎于中华五金之富、物产之饶。蚕食鲸吞,已效尤于接踵;瓜分豆剖,实堪虑于目前。"③ 为挽救民族于水火、国家于危亡,孙中山先生振臂呐喊:"亟拯斯民于水火,切扶大厦之将倾""本会之设,专为联络中外有志华人,讲求富强之学,以振兴中华、维持国体起见。"④ 这是中国历史上第一次提出"振兴中华"的口号,强烈反映了中国人民追求民族独立、国家富强的共同愿景,凝聚成为一个具有强大感召力的政治口号,一面激励海内外华人披荆斩棘、奋勇前进的旗帜,大大提升了爱国主义教育的精神内涵与外延。在今天海峡两岸尚未最终统一的时代背景下,"振兴中华"无疑是维系两岸中国人民的文化认同、精神家园与情感纽带。

次年,孙中山筹划广州反清武装斗争。此次起义最终以未遂告败,然而乙未广州之役却以孙中山先生"武装斗争事业"的发端而载入史册。自此之后直至辛亥革命前的15年时间里,孙中山始终把广东作为其革命斗争的主要策源地,其间策划、组织和发动了多次反清武装起义,这些起义多数都发生在广东,其中战斗规模最宏大、斗争最壮烈、影响最深远的一次就是1911年4月27日(农历辛亥年三月二十九日)黄花岗起义,打响了武昌辛亥革命的第一枪。

1901年《辛丑条约》的签订,标志着帝国主义列强开始实现对中国

---

① 胡锦涛:《在纪念辛亥革命100周年大会上的讲话》,《人民日报》2011年10月10日。
② 兴中会早期会员有名籍可考者286人,广东籍者257人。见冯自由《革命逸史》第4集,中华书局1987年版,第24～26页。
③ 《孙中山全集》第1卷,中华书局1981年版,第19页。
④ 《孙中山全集》第1卷,中华书局1981年版,第21～22页。

的全面控制，腐朽没落的清政府已完全成了"洋人的朝廷"。国人对清王朝不再抱有幻想，广大人民群众自发的反抗斗争在全国此起彼伏。据统计，全国民众自发的反抗斗争，1906年有199次，1907年有188次，1908年有112次，1909年有149次，1910年有266次。① 1910年秋，孙中山明确指出当前的革命形势："中国内地事情诚为风云日急，有岌岌不可终日之势。""机局已算成熟"。②

1910年11月中旬，孙中山在马来西亚槟榔屿召集同盟会重要骨干会议，参加者有黄兴、赵声、胡汉民等人。会议决定再发动一次大规模的广州起义，先占领广州，然后由黄兴挥师进攻两湖，赵声兴师由江西攻南京，最后会师南京，举行北伐。会后，孙中山去美洲募款购械，黄兴回香港主持军事。1911年1月底，同盟会在香港跑马地建立了统筹部，以黄兴、赵声分任正副部长，下设出纳、秘书调度等多个部门具体负责领导这次起义。统筹部成立后，特组织"选锋队"（即敢死队）作为起义的中坚力量。"选锋队"主要由南洋华侨革命青年和国内各省抽调党人组成。1911年4月8日，统筹部在香港举行会议，决定于4月13日在广州起义，分兵十路攻打广州城。不料就在统筹部开会这天，发生了同盟会员温生才枪杀署理广州将军孚琦事件，省城戒严，加上美洲的款项和由日本购买的军械尚未运到，起义只得改期发难。

4月23日，黄兴由香港潜入广州主持起义准备工作。由于内奸告密，清政府加紧了对革命党人的搜查，起义部署被打乱。黄兴将原定十路进兵的计划临时改为四路。起义之前几乎每个革命者都留下了临终的文字，如黄兴在《致南洋同志书》中表示"誓身先士卒，努力杀贼，书以此当绝笔。"林觉民在《与妻书》中写道："吾至爱汝，即此爱汝一念，使吾勇于就死也。吾自遇汝以来，常愿天下有情人都成眷属；然遍地腥云，满街狼犬，称心快意，几家能彀？司马青衫，吾不能学太上之忘情也。"方声洞在《禀父书》中写道："此为儿最后亲笔之禀，此禀果到家，则儿已不在人世都久矣。""但望大人以国事为心，勿伤儿之死，则幸甚矣。"表示

---

① 李新：《中华民国史》第1编（下），中华书局1982年版，第1页。
② 《孙中山全集》第1卷，中华书局1981年版，第492、486页。

"虽奋斗而死，亦大乐也；且为祖国而死，亦义所应尔也。"这些绝笔书信充分表达了革命党人勇于为国捐躯的高尚情操和视死如归的英勇气概，成为流传后世的千古绝唱和开展爱国主义教育的经典范例。

1911年4月27日（辛亥三月二十九）下午5时半，一声螺响，黄兴率领"选锋"（敢死队员）约130人，① 臂缠白巾，直扑两广总督署。两广总督张鸣岐闻变潜入厚祥街逃往水师行台。黄兴等放火焚烧督署衙门，然后从东辕门杀出，遭遇水师提督的亲兵大队，双方激战。黄兴右手受伤，断了两指，仍奋力指挥，决定将所部分为三路突围。

这次起义经过一昼夜的浴血奋战，最后以失败而告终，共牺牲86人。起义失败后，广州革命党人潘达微多方设法，冒着生命危险收敛烈士遗骸72具，合葬于广州黄花岗，史称"黄花岗七十二烈士"。黄花岗起义仍然是"没有发动广大群众参加的单纯军事行动"，这是失败的根本原因。② 不过，起义虽败犹荣，革命党人的奋勇牺牲精神，在国内外产生了广泛而深远的影响。正如孙中山先生所言："是役也，集各省革命党之精英，与彼虏为最后一搏。事虽不成，而黄花岗七十二烈士轰轰烈烈之概已震动全球，而国内革命之时势实以造成矣"③ "是役也，碧血横飞，浩气四塞，草木为之含悲，风云因之变色。全国久蛰之人心，乃大兴奋，怨愤所积，如怒涛排壑，不可遏抑，不半载而武昌之大革命以成，则斯役之价值，直可惊天地、泣鬼神，与武昌革命之役并寿。"④

斯人已逝。"革命尚未成功，同志仍需努力""和平……奋斗……救中国"，孙中山先生临终前的告诫与嘱托，鼓舞着海内外炎黄子孙继续奋勇前行。历史的纵横捭阖之间，跳跃着各种偶然与必然。南粤，作为"睁眼看世界"的先行之地，作为曾经孕育了太平天国运动、资产阶级维新派精神力量之地，作为辛亥革命的潮起之地，以一大批广东人的世界眼光、开放思维、慷慨悲歌、赴死之举，成为近代民主革命策源地，更成为辛亥革命名副其实的"原点"。孙中山、廖仲恺、朱执信、陈少白、陆皓东

---

① 《黄兴集》，中华书局1981年版，第53页。
② 《吴玉章回忆录》，中国青年出版社1978年版，第63页。
③ 《孙中山全集》第6卷，中华书局1985年版，第242页。
④ 《孙中山全集》第6卷，中华书局1985年版，第50页。

……百年辛亥的青史卷中，留下力透纸背的广东印记。① 黄花岗起义烈士的英勇事迹和革命精神，成为激励中华儿女前赴后继、为国捐躯的强大精神动力，其教育意义和积极影响已经远远超越了辛亥革命的历史范畴，穿越时空，光照千秋，丰富了南粤历史文化资源，成为新时期广东高校大学生珍贵的优质教育资源和精神动力之源。诚如胡锦涛同志所强调："今天，我们隆重纪念辛亥革命100周年，深切缅怀孙中山先生等辛亥革命先驱的历史功勋，就是要学习和弘扬他们为振兴中华而矢志不渝的崇高精神，激励海内外中华儿女为实现中华民族伟大复兴而共同奋斗。……孙中山先生和辛亥革命先驱为中华民族建立的历史功绩彪炳史册！在辛亥革命中英勇奋斗和壮烈牺牲的志士们永远值得中国人民尊敬和纪念！辛亥革命永远是中华民族伟大复兴征程上一座巍然屹立的里程碑！"②

（三）国共第一次合作发源地和国民革命唯一根据地：统一广东出师北伐

1923年6月12日～20日，中国共产党第三次全国代表大会在广州召开。这次会议的中心内容是讨论全体共产党员以个人身份加入国民党、建立国共合作统一战线问题。出席这次会议的代表有陈独秀、李大钊、张太雷、蔡和森、瞿秋白、毛泽东、张国焘、项英、向警予以及广东代表谭平山、阮啸仙、刘尔嵩、冯菊坡等共30多人，代表全国党员420人。大会明确指出共产党人加入国民党的目的是"第一，改组国民党为左翼的政党；第二，在中国共产党不能公开活动的地方扩大国民党；第三，把优秀的国民党员吸收到我们党里来"。③ 大会选举了新的中央执行委员会，陈独秀为委员长，毛泽东为秘书，负责中央的日常工作。大会通过的《关于国民运动及国民党问题的决议案》呼吁："我们须努力扩大国民党的组织于全国。使全中国革命分子集中于国民党，以应目前中国国民革命之需要"，"我们加入国民党，但仍旧保存我们的组织，并须努力从各工人团体中从国民党左派中，吸收真有阶级觉悟的革命分子，渐渐扩大我们的组

---

① 徐锋：《辛亥打开进步门　广东敢为天下先》，《广州日报》2011年9月15日。
② 胡锦涛：《在纪念辛亥革命100周年大会上的讲话》，《人民日报》2011年10月10日。
③ 《中共"三大"资料》，广东人民出版社1985年版，第96页。

织，谨严我们的纪律，以立强大的群众共产党之基础。"① 大会闭幕后，党的机关刊物——《前锋》（月刊）也在广州创刊，瞿秋白任主编。中国共产党第三次全国代表大会是中国共产党历史上迄今为止唯一一次在广东广州召开的大会，会议达成了党内关于国共合作问题的共识，有效地集中组织了革命力量，推动了大革命高潮的到来。

中共三大之后，共产党组织在全国各地积极推进国共合作。同时，孙中山先生也看到了中国共产党在革命斗争中所显示出的伟大力量，正如毛泽东同志所言："孙中山在绝望里，遇到了十月革命和中国共产党。孙中山欢迎十月革命，欢迎俄国人对中国人的帮助，欢迎中国共产党同他合作。"② 在共产国际代表和中国共产党人的帮助下，孙中山先生加快了国民党改组的步伐，决定实行联俄联共政策。"国民党不但思想上依靠我们复活和发展他的三民主义，而且组织上也依靠我们，在各省建立党部，发展组织。"③ 孙中山曾经坦言："国民党正在堕落中死亡，因此要救活它，就需要新血液。"④ "曩者吾党组织，形式上似部别整然，然实际则不特以全党事务委一人之手，且以一人而供孤注，其不失败、不隤越者几希！"⑤ 1924年1月20日～30日，中国国民党第一次全国代表大会在广东大学礼堂举行。大会在国共两党成员的共同努力下，通过了《中国国民党第一次全国代表大会宣言》，取得一系列突破性成就，如确定了新三民主义政纲，确定实行联俄联共扶助农工三大政策，按照国共合作精神选举产生了新的领导机构等。对此，毛泽东同志曾经作出高度评价："孙中山先生之所以伟大，不但因为他领导了伟大的辛亥革命，而且因为他能够'适乎世界之潮流，合乎人群之需要'，提出了联俄、联共、扶助农工三大革命政策，对三民主义作了新的解释，树立了三大政策的新三民主义。"⑥

在广州召开的国民党一大，标志着国共合作的正式形成，打开了国民

---

① 《中共"三大"资料》，广东人民出版社1985年版，第81～83页。
② 《毛泽东选集》（一卷本），人民出版社1964年版，第1476页。
③ 《周恩来选集》上卷，人民出版社1980年版，第112页。
④ 宋庆龄：《儒教与现代中国》，见《宋庆龄选集》，人民出版社1966年版，第109页。
⑤ 《孙中山全集》第8卷，中华书局1986年版，第390页。
⑥ 《毛泽东选集》（一卷本），人民出版社1964年版，第693、694页。

革命的新局面，成为波澜壮阔的中国第一次大革命的起点，广东成为国共第一次牵手合作的发源地和国民革命的唯一根据地，以此为原点开始了国民革命运动的新征程：镇压广州商团叛乱以及东征南讨北伐。"中国的革命，自从1924年开始，就由国共两党的情况起着决定的作用。"①

国共合作统一战线建立以后，广东成为全国革命的中心地。孙中山在共产党和苏俄军事顾问的帮助和促进下，取得了一系列统一广东革命根据地的武装斗争胜利：镇压广州商团叛乱，两次东征，平定刘震寰、杨希闵叛乱，南征邓本殷，为国民革命军出师北伐、将革命高潮推向全国打下了坚实基础。值得一提的是，随着国共合作的建立与展开，国民革命运动得到了蓬勃发展，广东区党的队伍也不断壮大，广东区党员人数犹如芝麻开花节节高——不断攀升，在国民革命运动中充分发挥了共产党员的先锋模范带头作用。1925年10月，广东区党员人数为928人，1926年4月发展到3700人（占全国党员总数的33.6%），5月增加到4200人，6月增至4558人，②9月又增至5039人。其中工人占42.68%，农民占30.14%，知识分子及其他占27.2%。③此时，广东区委的党员人数居于全国各省区之首。1927年2月，广东区党员人数达到8000人。④ 4月，达到9027人。⑤

历史证明，国共两党牵手合作，同心协力，共同奋斗，大大提升了国民革命的战斗力和影响力，有效地打击了帝国主义和反动军阀势力，生动地展示了国共合作互利双赢的卓越成效和积极影响。在21世纪的今天，在"和平统一、一国两制"的基础上，实现中华民族伟大复兴的中国梦同样期待海峡两岸中华儿女再度牵手，在继承和借鉴历史经验的基础上，促进祖国统一大业早日变为现实！

---

① 《毛泽东选集》（一卷本），人民出版社1964年版，第335页。
② 《中央局关于最近全国政治情况与党的发展报告》（1926年9月20日），见《中共中央文件选集》（二），中央党校出版社1983年版，第251页。
③ 《中央局报告（十、十一月份）》（1926年12月5日），见《中共中央政治报告选辑》，中央党校出版社1981年版，第117～119页。
④ 《中共广东区委书记陈延年关于广东情况的报告》（1927年2月22、26日），见《广东革命历史文件汇集》，中央档案馆等1985年印，第18～19页。
⑤ 根据陈独秀在中共"五大"的报告。

在中国共产党的积极推动和国共合作的时代背景下，1926年7月9日，国民革命军在广州誓师北伐，北伐战争在"打倒列强除军阀"的雄壮口号声中正式开始。为了争取北伐战争的胜利，7月12日和14日，中国共产党和中国国民党分别发表了《中国共产党对于时局的主张》和《中国国民党出师宣言》，号召全国民众"以此推翻国内军阀，推翻世界帝国主义"①"同情于本党之出师，赞助本党之出师，参加本党之作战。"② 与此同时，中华全国总工会也在7月25日公开发表了《对国民政府出师宣言》，号召全国工人"一致努力援助国民革命军北伐""发动中国的革命势力，进行自己的解放运动。"③ 国民革命军在不到一年的时间里，基本上消灭了北洋军阀吴佩孚和孙传芳，使革命浪潮由广东一隅向纵深推进至长江流域，直至黄河流域中部地区，取得了辉煌的胜利，沉重地打击了帝国主义和封建军阀在中国的反动统治，有力地推动了国民革命的蓬勃发展，从而掀起了全国范围的革命高潮。"由于两党在一定纲领上的合作，发动了1924年至1927年的革命。孙中山先生致力国民革命凡四十年还未能完成的革命事业，在仅仅两三年之内，获得了巨大的成就，这就是广东革命根据地的创立和北伐战争的胜利。这是两党结成了统一战线的结果。"④

（四）新式革命军队的摇篮：黄埔军校

自从1840年爆发鸦片战争以降，中国开始沦为半殖民地半封建社会。中国人民外受帝国主义列强侵略，内受封建主义压迫和剥削，老百姓生活在水深火热之中，生灵涂炭。为了争取民族独立、国家富强，国人前赴后继，不懈奋斗。孙中山先生自1895年乙未广州首义为发端，亲自组织、领导或者发动的武装起义多达十几次，然而每次旋起旋落，最后都不可避免地以失败而告终。对此，鲁迅先生曾经谈道："孙中山奔波一世，而中国还是如此者，最大原因还在于他没有党军，因此，不能不迁就有武力的

---

① 《中国共产党对于时局的主张》，见解放军政治学院《中共党史参考资料》第4册，第17页。
② 《中国国民党出师宣言》，见解放军政治学院《中共党史参考资料》第4册，第9页。
③ 《中国工会历史文献》第1集，工人出版社1958年版，第267～268页。
④ 《毛泽东选集》（一卷本），人民出版社1966年版，第353页。

别人。"① 尤其是 1922 年 6 月 16 日，陈炯明突然发动武装叛乱，叛变革命，炮轰总统府所在地，孙中山先生侥幸脱险。这是孙中山一生中所遭受的最残酷、最沉痛的失败，几乎是一次致命的打击。事后他自己作出深刻总结："祸患生于肘腋，干戈起于肺腑""文率同志为民国而奋斗垂 30 年，中间出死入生，失败之数不可偻指，顾失败之残酷未有甚于此役者。盖历次失败虽原因不一，而其究竟则为失败于敌人。此役则敌人以为我屈，所代敌人而兴者，乃为十余年卵翼之陈炯明，且其阴毒凶狠，凡敌人不忍为者，皆为之无恤，此不但国之不幸，抑亦人心世道之忧也。"② "吾 30 年来精诚无间之心，几为之冰消瓦解，百折不回之志，几为之槁木死灰者。"③

经过近 30 年革命岁月的磨砺和洗礼，以孙中山为代表的国民党深刻地认识到"如果没有好革命军，中国的革命，永远还是要失败。""没有革命军的奋斗，……我们的革命，便不能完全成功。"④ 在共产国际和苏联政府的大力帮助以及国共合作的背景下，黄埔军校应运而生，孙中山正式决定以黄埔长洲岛广东陆军学校和广东海军学校旧址为基础筹办陆军军官学校（黄埔军校）。经过近三个月的筹备，1924 年 5 月 5 日，陆军军官学校（黄埔军校）正式开学，并且选择两年前陈炯明叛变革命的日期 6 月 16 日举行开学典礼。在开学典礼上，中山先生谆谆寄语："我们今天要开这个学校，是有什么希望呢？就是要从今天起，把革命的事业重新来创造，要用这个学校内的学生做根本，成立革命军。……有了这种好骨干，成了革命军，我们的革命事业，便可以成功。"⑤

黄埔军校师生在校门上挂着一副对联：升官发财行往他处，贪生畏死勿入斯门，横批：革命者来，展现了他们无私无畏的革命英雄主义气概。黄埔军校训词为："三民主义，吾党所宗；以建民国，以进大同；咨尔多

---

① 《鲁迅全集》第 9 卷，人民文学出版社 1958 年版，第 38 页。
② 《就陈炯明叛变革命事件致海外同志书》（1922 年 9 月 18 日），见《孙中山选集》，人民出版社 1981 年版，第 511、518 页。
③ 《建国方略》，见《孙中山选集》上卷，人民出版社 1956 年版，第 105 页。
④ 《陆军军官学校开学演说》，见《孙中山选集》上卷，人民出版社 1956 年版，第 850 页。
⑤ 《孙中山选集》下卷，人民出版社 1956 年版，第 850 页。

士，为民前锋；夙夜匪懈，主义是从；矢勤矢勇，必信必忠；一心一德，贯彻始终"，校歌为："莘莘学生，亲爱精诚；三民主义，是我革命先声；革命英雄，国民先锋；再接再厉，继续先辈成功；同学同道，乐遵教导；终始生死，毋忘今日本校；以血灌花，以校作家，卧薪尝胆，努力建设中华。"① 同时以"打倒列强，除军阀"为战斗军歌开展政治教育和军事训练。经过各方面的共同努力，黄埔军校很快就发展得有声有色，成为一个规模较大、学员较多、纪律较严、训练有素的革命军事组织和军事训练中心，彰显了国共合作领导下的新式革命军的生命力和战斗力。"到黄埔去"成为当时进步青年的理想与愿景。"凡海内外的同胞，无论东西南北革命的青年，热血奔腾的时代青年，都喊出这一个口号，就是'到黄埔去'。"②

黄埔军校是近代中国第一所培养革命军队干部的军事政治学校，是国共合作条件下的丰硕成果，见证了中国民主革命的辉煌时段，留下了宝贵的"黄埔精神"。"所谓'黄埔精神'是什么？黄埔精神就是'牺牲的精神''团结的精神''负责的精神'。这三者乃是相互关连，综合成为整个的革命精神，就是有主义、有思想、有组织、有纪律、有领导中心，而又能百折不回、奋斗到底的精神"。③ 黄埔军校从1924年5月创办到1927年7月大革命彻底失败，先后招收了6期学生，共两万余人，培养和造就了国共两党大批的军事将领和政治人物。各期学生中都有大批共产党员和共青团员，其中有的成为中国共产党著名的政治家、军事家和优秀指战员。在镇压广州商团叛乱、东征、平定刘震寰和杨希闵叛乱、南讨和北伐战争中，黄埔学生军"无役不与"，作出了重大贡献，黄埔军校声名远播。

黄埔军校还开创了我国军事史上前所未有的军队政治工作新制度。我们党虽然在1921年（中国共产党成立）至1924年（国民党第一次全国代表大会）的三四年中，不懂得直接准备战争和组织军队的重要性；1924年至1927年，乃至在其以后的一个时期，对此也还认识不足；但是从

---

① 中国革命博物馆：《黄埔军校史图册》，广东人民出版社1993年版，第41页。
② 张治中：《五百师生的艰苦创校》，见《黄埔军校史料》，广东人民出版社1982年版，第67页。
③ 龚乐群：《黄埔简史》，（台北）中正书局1980年版，第3页。

1924 年参加黄埔军事学校开始,已进到了新的阶段,开始懂得军事的重要了。① 1924 年年底黄埔军校毕业生骨干组建的陆海军大元帅大本营铁甲车队就是中国共产党独立建立革命武装的最初尝试。中国共产党人积极投身于黄埔军校创建和发展的各项工作,尤其是军校的政治工作基本上是由共产党人周恩来主持实施,保证了军校的革命性质与方向,为后来的革命军队建设提供了宝贵的经验。正如毛泽东在全面开始抗日战争时期所言:"那时军队设立了党代表和政治部,这种制度是中国历史上没有的,靠了这种制度使军队一新其面目。1927 年以后的红军以至今日的八路军,是继承了这种制度而加以发展的。"②

中华民族几千年的发展史以及黄埔军校兴衰沉浮的事实雄辩地证明:国共两党,合则两兴,分则两衰;合则双赢,分则俱败;合则国家稳定,分则社会离乱。黄埔军校已经成为广东乃至全国非常宝贵的历史资源和文化品牌。今天,广东高校深入学习国共两党共建黄埔军校的历史,就是要大力弘扬黄埔精神,呼吁、教育广大青年学子和海峡两岸骨肉同胞以史为鉴,坦诚相待,以国家利益和民族大义为重,以中山先生提出的"振兴中华"为己任,努力实现国共两党第三次合作,最终实现祖国的完全统一大业,维护好、建设好中华民族共同家园,为中华民族伟大复兴之梦圆团结奋斗、贡献力量。

(五)第一个城市红色政权的建立:广州起义

众所周知,1927 年在中国近现代史上是一个非同寻常的年份。这一年发生了许多影响深远甚至震惊中外的重大历史事件:毛泽东充分肯定了农民在中国革命中的地位与作用,写出了著名的《湖南农民运动考察报告》;蒋介石汪精卫集团相继叛变革命;中国共产党第五次全国代表大会在武汉召开;马日事变;中共中央在汉口召开"八七会议";南昌起义;秋收起义;广州起义;创建了井冈山农村革命根据地等。其中,广州起义是中国共产党领导人民群众对国民党屠杀政策的英勇反击,是中国共产党

---

① 《战争和战略问题》(1938 年 11 月 6 日),见《毛泽东选集》第 2 卷,人民出版社 1966 年版,第 512 页。
② 《和英国记者贝特兰的谈话》(1937 年 10 月 25 日),见《毛泽东选集》第 2 卷,人民出版社 1966 年版,第 351 页。

独立地领导工农武装建立苏维埃政权的又一次伟大尝试。广州起义和南昌起义、秋收起义一起，成为中国共产党单独领导革命战争、创建人民军队和实行工农武装割据的伟大开端。对于三大武装起义，毛泽东曾经指出："革命失败，得了惨痛的教训，于是有了南昌起义、秋收起义和广州起义，进入了创造红军的新时期。这个时期是我们党彻底地认识军队的重要性的极端紧要的时期。"①

1927年4月15日，国民党反动派在广东反动反共政变，他们在广东各地实施全面"清党"，全省陷入白色恐怖，著名的共产党员萧楚女、刘尔崧、熊雄、熊锐、谭其镜等均壮烈牺牲于此时。据不完全统计，"四一五"期间在广州被捕的共有2100多人，其中共产党员600余人。在黄埔军校，被捕者共有400余人，其中入伍生100多人，校部教员、学生170多人，驻东莞各地入伍生100多人。② 在广州"四一五"政变至武汉"七一五"政变这段时间，即大革命完全失败的前夕，广东的共产党人已经领导广东人民举起了武装斗争的旗帜，先后在东江、西江、北江、中路、南路和琼崖等地区几十个县举行了几十次的武装起义，在全国最早打响了武装起义的枪声。③ 面对日益严峻的革命形势，根据党的"八七会议"精神，中共中央审时度势，于1927年11月17日正式作出了广州起义的决策。中共广东省委在张太雷的领导下，秘密成立广州起义总指挥部——革命军事委员会，择机在广州发动武装起义。12月11日凌晨3时半许，在张太雷、叶挺、叶剑英、黄平、周文雍等领导下，震惊中外的广州起义爆发！当日上午，广州苏维埃政府成立，发表了著名的《广州苏维埃宣言》。

广州起义率先在全国第一次建立了城市工农民主政权（广州苏维埃政府），这是第一次在中国的大城市中由工农兵代表大会选举产生的、在中国共产党单独领导下的完全新型的革命政权，"是中国无产阶级建立苏维

---

① 《战争和战略问题》（1938年11月6日），见《毛泽东选集》第2卷，人民出版社1991年版，第548页。
② 方鼎英：《对于清党运动说几句衷肠话》，见《黄埔周刊》第一期，1927年5月14日出版。
③ 中共广东省委党史研究委员会、广东中共党史学会等：《广州起义研究》，广东人民出版社1987年版，第21页。

埃政权之英勇的尝试"。① 在这个政权中第一次出现了工农红军,彻底废除了"青天白日"旗,改用以斧头镰刀为标志的红旗,树立了一面鲜红的旗帜,极大地鼓舞了广东乃至全国人民的斗志与士气,书写了中国人民为探索中国革命道路而英勇奋斗的决心和勇气。正如董必武同志于1957年12月8日广州起义三十周年之际写下的《广州起义三十周年纪念》,对广州起义给予了高度赞扬:"广州起义继南昌,旗帜鲜明见主张。只有人民救中国,更无道路是康庄。将成即毁原尝试,虽败犹荣应赞扬。岗上红花开满地,卅年前事永难忘"。广州起义虽然最后失败了,但是,"中国共产党和中国人民并没有被吓倒,被征服,被杀绝。他们从地下爬起来,揩干净身上的血迹,掩埋好同伴的尸首,他们又继续战斗了。"②

二、工人运动星火燎原

(一)第一次工人运动高潮的起点:香港海员大罢工

19世纪40年代起,伴随着外国资本主义势力的入侵,广东成为中国第一代产业工人的诞生地。此后,工人阶级队伍不断发展壮大。广东工人阶级从一开始就遭受外国资本、本国资本和封建主义三座大山的压迫和剥削,劳动条件差,劳动时间长,工资待遇低,毫无政治权利,世所罕见。全年仅有四天假。③ 中国海员工人的工资只有外国海员工资的1/5。④ 海员工人出身的苏兆征曾说:"我们工人丝毫无能力积蓄。所以家庭供给时不能济,因而卖妻鬻子者,往往有之。"⑤ 所以,广东工人运动从一开始就把斗争的焦点指向外国侵略者,具有鲜明的反帝、爱国特点,无产阶级

---

① 《共产国际关于广州暴动问题决议案》(1928年2月25日),见《广州起义》,中共党史资料出版社1988年版,第328页。
② 《论联合政府》(1945年4月24日),见《毛泽东选集》第3卷,人民出版社1991年版,第1036页。
③ 《中国近代工业史资料》第2辑下册,第1203页。
④ 邓中夏:《中国职工运动简史》(1930年),见《邓中夏文集》,人民出版社1983年版,第460页。
⑤ 中共广东省党史研究委员会办公室、中共珠海市委党史办公室:《苏兆征研究史料》,广东人民出版社1985年版,第19页。

"反对资产阶级的斗争,是从它开始存在的那一天开始的"。① "黄花岗七十二烈士,工人占十七位,……而十七位工人中,广东占十六位。"② 不过,直至 1919 年五四运动前夕,广东工人运动基本处于自发阶段,工人阶级还是一个自在的阶级。据不完全统计,广东工人阶级的人数在五四运动前后有五六十万,其中近代产业工人约 30 万人。③ 广东工人阶级要由自在阶级上升到自为阶级,必须找到新的思想理论武器指导。1919 年爆发了五四运动,工人阶级作为一支独立的政治力量登上历史舞台,进一步促进了广东工人运动的发展和马克思主义的广泛传播。五四之后,广东工人运动不断发展。据不完全统计,1920 年,仅广州、香港两地工人罢工就达 17 次以上。1921 年 5 月一个月内罢工就有 15 次之多。④

1920 年 4 月 3 日,中国机器工人在香港发起旨在增加工资、反对无理解雇工人的罢工运动。这是在五四运动影响下广东工人阶级发起的一次规模较大的罢工斗争,被赞"为我国劳动界战胜资本家之第一声"。⑤ 同时这次罢工还给予香港的中国海员以强烈的影响,而导致了赫赫有名的 1922 年的香港海员大罢工。⑥

1922 年 1 月 12 日,中华海员工业联合总会再次向各国轮船公司提出增加工资的要求,然而轮船资本家们置若罔闻,根本不予回应。是可忍孰不可忍! 当天下午 5 时许,终于爆发了一场大规模香港海员大罢工。这次罢工在苏兆征、林伟民等先进分子领导下,得到了孙中山先生的支持、社会各界爱国进步人士以及海外侨胞的慷慨援助。中国共产党广东支部全力支持香港海员大罢工,全体共产党员和社会主义青年团员都参加了接待工作及其他各项工作,并在广州组织成立了"香港罢工后援会",做离港返穗工人的坚强后盾。2 月 9 日,在罢工的关键时刻,党组织公开以"共产党广东支部"的名义发表《敬告罢工海员》文告,明确表示:"本党以海

---

① 《马克思恩格斯全集》第四卷,人民出版社 1958 年版,第 474 页。
② 1958 年台湾《中国劳工运动史》(一)。
③ 禤倩红、卢权:《党成立前的省港工人阶级》,《学术研究》1984 年第 3 期。
④ 沙东迅:《粤海近代史谭》,华南理工大学出版社 1989 年版,第 71 页。
⑤ 上海《民国日报》,1920 年 5 月 1 日。
⑥ 《邓中夏文集》,人民出版社 1983 年版,第 438 页。

员同志为开始阶级斗争的急先锋。定当竭其能力，为之后援。"① 对罢工给予了积极的支持和指导。最后，历时56天的香港海员大罢工以香港海员的胜利而告一段落。星星之火，可以燎原。香港海员大罢工是中国共产党成立以后全国第一次工人运动高潮的起点，是我国工人阶级第一次直接与帝国主义进行的有组织的较量，有力推动了全国第一次工人运动高潮的到来。后来苏兆征自己总结："它是中国海员最奋斗的时期，也是世界海员历史上最光荣的一页。凡中国海员回忆这次罢工，无不激起当时的奋斗精神。"② 邓中夏也对香港海员大罢工给予了高度评价："香港海员首先便掀起中国第一次罢工高潮的第一怒涛"。③

（二）第一、二、三次全国劳动大会举办地：广州

香港海员大罢工的伟大胜利，促进了全国工人阶级的大团结，推动了广东乃至全国工人运动的大发展。"中国共产党见当时罢工高潮之到来，认为有召集一次全国劳动大会的必要。"④ 于是以中国劳动组合书记部的名义发起召集大会，1922年4月10日发出了在广州召开第一次全国劳动大会的通告。4月下旬开始全国各地代表陆续抵达广州，共173人，他们代表10多个城市，100多个工会，34万余会员。⑤ 代表以广州、香港两地最多，约占全体代表80%。大会从5月1日至6日共六天，会后发表了《全国劳动大会第一次会议宣言》。第一次全国劳动大会是我国工人运动史上空前的盛会，"引导工人阶级开始走向全国团结的道路"⑥ "开了全国工人们联合起来的新纪元。"⑦

三年之后，1925年5月1日至6日，中国共产党在广州召开了第二次

---

① 共产党广东支部：《敬告罢工海员》（1922年2月9日），见《中共党史参考资料》（一），人民出版社1979年版，第314页。
② 《苏兆征在中国海员第一次代表大会之报告》，1926年1月。
③ 邓中夏：《中国职工运动简史》（1930年），见《邓中夏文集》，人民出版社1983年版，第460页。
④ 邓中夏：《中国职工运动简史》（1930年），见《邓中夏文集》，人民出版社1983年版，第460页。
⑤ 上海《民国日报》，1922年6月8日。
⑥ 邓中夏：《中国职工运动简史（1919—1926）》，人民出版社1979年版，第74页。
⑦ 上海《民国日报》，1922年6月8日。

全国劳动大会,大会成立了中华全国总工会,决议工农携手实现大联合,有效促进了工人运动的高涨。中华全国总工会设在广州,有力加强了粤港两地工人运动的领导,为后来的省港大罢工奠定了良好的思想和组织基础。1926年5月1日至12日,第三次全国劳动大会在广州召开。到会代表502人,代表全国699个总会和分会,124万多会员。会后发布了《第三次全国劳动大会宣言》。这是中国工人阶级自"五卅"运动以来"经过最猛烈的政治斗争和经济斗争后的第一次大会"。①

第一次、第二次、第三次全国劳动大会都在同一个城市——广州召开,这是广州的荣耀,也是广东的骄傲,直接反映了广东工人运动的星火燎原之态势,给全国工人运动带来了积极而深远的影响。其间从1925年6月一直坚持到1926年10月、持续时间长达16个月的省港大罢工就是大革命时期广东工人运动的高潮,罢工工人总人数达到了25万人。其规模之大、历时之长、声势之壮、涉及面之广,在中国工人运动史上是空前的,在世界工人运动史上也是罕见的。②

三、农民运动如火如荼

(一) 近代中国农民反帝斗争第一声号角:广州三元里抗英

近代广东在西方列强的侵略中,饱受了战争的蹂躏与苦难,掀起了一波又一波抗击外侮的英勇斗争,奏响了一曲又一曲抗击帝国主义侵略的悲壮之歌。1840年6月,英国政府发动了蓄谋已久的第一次鸦片战争。1841年1月26日,英军强占香港。2月25日,英军进攻虎门,广东水师提督关天培率部防守靖远、威远、镇远炮台,终因敌强我弱,求援无望,血战殉国,虎门保卫战宣告失败。5月27日,执行投降不抵抗政策的奕山与英国侵略者签订《广州和约》,该约规定:外省的军队撤离广州城200余里;

---

① 《第三次全国劳动大会宣言》,1926年5月。
② 中共广东省委党史研究室:《中共广东历史简明读本》,广东人民出版社2011年版,第72页。

交英军赎城费 600 万元，赔偿商馆等损失；英军退出虎门。① 英军占领广州城北各炮台后，大肆烧杀抢掠，奸淫妇女，无恶不作，激起了广东人民强烈愤慨，老百姓自发组织起来抗击英国侵略者。1841 年 5 月 28 日，一小队英军士兵在三元里一带抢劫并调戏妇女，当地群众奋起反击，当即打死敌人数名，其余敌人狼狈逃窜。三元里乡民抗英斗争由此开始。为了保家卫国，三元里乡民积极相互联络，筹划应对英军策略。29 日，三元里附近 103 乡的群众代表齐聚三元古庙，商定以三元古庙中的"三星旗"作为令旗，并共同宣誓："旗进人进，旗退人退，打死无怨"。同时约定"每乡设大旗一面，上书乡名，大锣数面，倘有缓急，一乡锣响，众乡皆出，予仍以水勇当头阵"。②

1841 年 5 月 30 日，历史将永远记住这一天。以农民为主力军的三元里一带 103 乡群众，手拿大刀、锄头、石锤、鸟枪等传统武器齐聚牛栏冈，等候来犯敌军。按照昨天的部署，一部分民众先佯攻四方炮台，英军司令卧乌古亲自率领 1000 多士兵携带各种新式武器如来福枪、野战炮、火箭炮等追击群众队伍。群众边打边往后撤退，等到将英军诱至牛栏冈附近，突然锣鼓声震天，已经埋伏好的数千乡民将他们团团包围，向英军冲杀过来，展开了生死搏斗。天遂人愿，突然大雨倾盆，英军火枪无用武之地，加上道路泥泞，英军士气低落。三元里民众得天时地利人和，英军大败，英军署理军需长少校军官毕霞被刺身亡。结果"牛栏冈被围的敌军几全部被歼，杀获军官一人，兵卒二百余人，获得了辉煌的成绩"。③

"自从航海屡交锋，数万官军无此绩"。④ 广东三元里农民抗英斗争，以原始落后的武器打败了军事装备先进的英军，充分显示了广东人民群众的智慧力量和敢于同侵略者斗争的英雄气概，沉重地打击了帝国主义的傲慢与偏见，取得了辉煌的战果，成为近代中国伟大反帝斗争中的第一声号

---

① 佐佐木正哉：《鸦片战争的研究》（资料篇），日本岩南堂书店 1964 年版，第 107 页。赔偿商馆等损失为 669615 元，见广东文史研究馆《三元里人民抗英斗争史料》（修订本），第 373 页。
② 《平海心筹》下卷，第 28 页，转引自中国社会科学院近代史研究所：《近代史资料总 9 号》，科学出版社 1956 年版，第 58 页。
③ 中国社会科学院近代史研究所：《近代史资料总 9 号》，科学出版社 1956 年版，第 65 页。
④ 梁信芳：《牛栏冈》，见《鸦片战争文学集》下册，古籍出版社 1957 年版，第 929 页。

角,极大地鼓舞了中国人民不畏强暴敢于抗击外侮的勇气和斗志。"广州三元里人民的抗英斗争,是当时中国人民反侵略斗争的一面光辉旗帜""中国近代历史上终于发展为激流狂涛的人民反帝斗争,可以说,最早就萌芽在三元里。"① 从此,以三元里人民抗英斗争为代表的广东人民的反侵略斗争,揭开了近代中国人民武装抗击外国侵略的历史新篇章。

(二)中国近现代史上第一个县级农民协会组织:海丰县总农会

中国共产党自创建之日始在大力领导工人运动的同时,就一直关注占人口绝大多数的中国农民。在共产党早期组织创办的《共产党》月刊上曾经发表过一篇文章——《告中国的农民》,该文指出:"中国农民占人口底大多数,无论在革命的预备时期,和革命的实行时期,他们都是占重要位置的。设若他们有了阶级的觉悟,可以起来进行阶级斗争,我们底社会革命,共产主义,就有十分的可能性了。""你们一起来,自然有共产主义来帮你们的忙的,""共产主义就能使你们脱出一切的痛苦"。② 广东农民运动一度成为全国农民运动的先导,是全国农民运动的中心。其中,彭湃是广东最早发动农民、组织农会、开展农民运动的著名先驱和领袖,被毛泽东誉为"农民运动大王"。

彭湃,广东海丰县人,1896年10月出生于一个封建地主家庭。1917年赴日本留学,受新文化新思想影响开始探求救国救民道路。1921年5月从日本早稻田大学毕业归来,创办《新海丰》杂志,宣传马克思主义,参加了中国社会主义青年团,并于1924年4月转为中国共产党党员。1922年6月,彭湃开始在家乡从事农民运动。他主动与农民打成一片,宣讲革命道理。7月29日,组织成立了一个初始只有6个会员的农会(彭湃、张妈安、林沛、林焕、李老四、李思贤)。农会成立后,发展态势非常迅猛。1923年元旦,海丰县总农会宣告成立,有会员10万人,彭湃亲任会长。这是中国大地上第一个县级农民协会组织。③ 1925年5月,广东省农

---

① 胡绳:《从鸦片战争到五四运动》(简本),红旗出版社1982年版,第44、45页。
② 《共产党》月刊第3号,1921年4月7日出版,第3~7页。
③ 中共广东省委党史研究室:《中共广东历史简明读本》,广东人民出版社2011年版,第26页。

民协会成立。从此,广东农民运动蒸蒸日上,如火如荼。国共开始第一次合作后,彭湃继续赴广州领导农民运动,创办农民运动讲习所,担任第一届、第五届农讲所主任和农讲所骨干教员。在后来的大革命中,他又兼任了广东农民自卫军总指挥。至1926年5月,广东农会有了进一步的发展。在全省90多个县中,已有66个县建立了农民协会的组织,区一级的农会177个,乡一级的农会4216个,参加农会的会员达62万余人,占全国农会会员总数的60%以上,还有农民自卫军3万人。广东成为全国农民运动的先导。①

今天,当年彭湃领导海陆丰苏维埃政权活动的中心——"海丰红宫红场旧址纪念馆"已成为全国重点文物保护单位、第三批全国爱国主义教育示范基地以及广东省爱国主义教育基地,成为广东高校开展红色教育的重要场所。

(三)六届广州农民运动讲习所:农运干部培养基地

为了适应国共合作以后广东农民运动的蓬勃发展,亟须培养和造就大批农民运动干部。在国民党中央执行委员会农民部担任秘书的彭湃(时任农民部部长是共产党员林祖涵)等向国民党中央党部提议在广州创办农民运动讲习所,得到了国民党左派孙中山、廖仲恺的赞同和支持。1924年6月30日,国民党中央执行委员会第三十九次会议通过决议"组织农民运动讲习所"。② 1924年7月3日,第一届农民运动讲习所在广州市越秀南路惠州会馆正式开学,彭湃担任主任。自此之后直至1926年9月,广州农民运动讲习所先后举办了六届,第二届至第六届主任(所长)分别为罗绮园、阮啸仙、谭植棠、彭湃、毛泽东,共产党员毛泽东、周恩来、彭湃、谭平山、陈延年、张太雷、邓中夏、萧楚女、恽代英、林伯渠、李立三、周其鉴、吴玉章以及苏联顾问鲍罗廷、加伦、马马耶夫等均到农讲所进行过授课,前后培养了近800名农民运动干部。

1924年8月21日,第一届学员毕业,孙中山到"农讲所"作《耕者

---

① 中共广东省委党史研究室:《中共广东历史简明读本》,广东人民出版社2011年版,第28页。

② 罗绮园:《本部一年来工作报告概要》,见《中国农民》第2期,1926年2月。

有其田》的演说,勉励学员深入农村,帮助农民结成团体,积极开展农民运动。① 在六届学员中,以第六届规模最大、学习时间最长、学科最全面、影响最深远。农讲所对学员实施军事化管理,除了课堂学习政治理论和军事理论,课外还要进行严格的军事训练;平时注重理论联系实际、注重社会调查与社会实践。这些教学方法不但大大提高了学员的政治思想觉悟和理论水平,而且有效地锻炼了他们的实际工作能力,砥砺了他们的意志品质。时隔90多年后的今天,这些方法与措施对于广东高校红色教育的开展仍然具有相当重要的借鉴意义和参考价值。

广州农民运动讲习所是在第一次国共合作背景下,以国民党的名义创办而实际上是由共产党人具体主持的一所培养农民运动干部的学校。农讲所毕业的学员绝大多数回到自己原籍所在地开展、组织和领导农民运动,在各地积极开办农讲所、自卫军训练班,成为开展农民运动和建立农民自卫军的骨干力量。这些毕业学员好比一颗颗革命的种子,散播于广东乃至全国各地,生根发芽、开花结果,卓有成效地推动了全国各地农民运动的勃兴以及中国革命的大发展。

四、青年运动风起云涌

1919年爆发的五四运动揭开了中国新民主主义革命的序幕,成为我国青年学生运动历史上具有里程碑意义的标志性事件。五四运动不仅仅是一场空前的反帝爱国运动,更是一次传播新文化、追求新思想的精神洗礼。五四运动的消息传到南粤大地,广东民众尤其是青年学生奋起响应。广东五四运动同全国各地一样,以爱国为基点,以青年学生为先导。青年学生以对新生事物的敏感性、对社会的高度责任感和大无畏精神,向危害国家,出卖民族利益的行为作猛烈抗争,给沉寂的广东带来春雷般的激荡。广东五四运动爆发的时间早,运动规模大,影响范围广,持续时间

---

① 孙中山:《在广州农民运动讲习所第一届毕业礼上的演说》(1924年8月21日),见《孙中山全集》第10卷,中华书局1986年版,第555页。

长。① 在这次运动中锻炼和造就了一批学生运动的领袖和先进知识分子，如杨匏安、周其鉴、阮啸仙、刘尔崧等，他们先后都成为中国共产党广东地方组织的早期骨干。五四运动如春风化雨，广东、全国青年的精神面貌焕然一新，开始作为一支重要的政治力量以崭新的姿态出现在中国政治大舞台上。

（一）中国社会主义青年团第一次全国代表大会在广州东园召开

思想是行动的先导。五四运动之后，1920年8月22日，在上海早期党组织的直接领导下成立了上海社会主义青年团，其宗旨是：实行社会改造和宣传社会主义。与此同时，三位粤籍北京大学毕业生谭平山、谭植棠、陈公博等人回到广东后，响应上海共产党组织和陈独秀的约函，开始筹建广州社会主义青年团，并于1920年10月20日创办《广东群报》。《广东群报》的宗旨是："（一）不谈现在无聊政治，专为宣传新文化的机关；（二）不受任何政党的援助，保持自动出版的精神。"② 陈独秀在创刊号上也发表了《敬告广州青年》。

《广东群报》成为中国共产党创立时期出现的第一张大型地方党报。

同年11月下旬，在广东高等师范学校（今广州市文明路215号）召开广州社会主义青年团成立大会。然而，由于这个青年团组织是马克思主义者与无政府主义者组成的"混血儿"，不到半年就自行解散了。

在党的"一大"会议上，"讨论了发展党员的办法，并决定各地都成立社会主义青年团，从团员中提拔进步分子入党。"③ 从此在中共广东支部的领导下开始了广东社会主义青年团的重建工作。1922年2月26日，广东社会主义青年团机关刊物《青年周刊》创刊。3月14日，在广州东园召开广东社会主义青年团成立并纪念马克思逝世39周年大会，与会者3000余人。谭平山在会上代表广东社会主义青年团致答词："我们组织这

---

① 中共广东省委党史研究室：《中国共产党广东地方史》（第一卷），广东人民出版社1999年版，第25～30页。
② 《筹办群报缘起》，见《广东群报》创刊号。
③ 李达：《中共产党的发起和第一次、第二次代表大会经过回忆》、《"一大"前后》（二）第13页。

个社会主义青年团,是以改造社会为最大目的;但改造社会不是少数人的事,是全社会的人们都应该担负这个责任的,而本团的组织,纯以马克思主义做中心思想"。①

是时,广东全省有团员500余人,是全国团员最多的地方。共产国际就曾经提及:"在广州,青年团的影响特别大,在那里,青年团是合法的,有几百名团员。"② 在党的重视和帮助下,社会主义青年团重整旗鼓,得到迅速恢复和发展。到1922年5月,全国已经建立团组织的地方有17处(其中广东为全国最多,有5处):上海、北京、武昌、长沙、广州、南京、天津、保定、唐山、塘沽、安庆、杭州、潮州、梧州、佛山、新会、肇庆,团员达5000多人,其中大多数为工人,次为学生。③

1922年5月5日至10日,中国社会主义青年团第一次全国代表大会在广州东园隆重召开。出席大会的有各地团组织推选出来的代表共25人,以及其他来宾共1500余人。大会由张太雷主持,中共中央局陈独秀和少共国际代表达林分别发表演说《马克思主义两大精神》《国际帝国主义与中国及中国社会主义青年团》。大会通过了《中国社会主义青年团纲领》和《中国社会主义青年团章程》等议案,选举了团的中央执行委员会,施存统为团中央书记。

团一大在广州胜利召开,建立了中国第一个全国性青年组织,点燃了有志青年的理想之光、星星之火,揭开了中国青年运动史的崭新篇章,标志着我国青年运动发展到了一个崭新的历史时期,标志着中国青年团组织实现了思想上和组织上的统一。中国社会主义青年团从广州东园开始扬帆起航,演绎着青年运动的不朽传奇,奏响了一曲曲青春的乐章。胡锦涛同志在纪念中国共产主义青年团成立90周年大会上指出:"90年前,在中国革命风云激荡的历史变革中,在伟大五四运动的深刻影响下,中国共产

---

① 《谭平山在广东社会主义青年团成立会上的答词》(1922年3月14日),见《广东区党团研究史料》,广东人民出版社1983年版,第15页。
② 《利金就在华工作情况向共产国际执委会远东部的报告》(1922年5月20日),见《联共(布)、共产国际与中国国民革命运动》,北京图书馆出版社1997年版,第87页。
③ 共青团中央青运史档案馆、共青团广东省委员会等:《旗展东园》,南方日报出版社2012年版,第50页。

主义青年团宣告成立。这是中国共产党为动员广大青年投身中国社会伟大变革而采取的重大行动,表明我们党充分认识到青年在中国社会发展进步中的重要地位和作用。从此,在党的领导下,在中国人民争取民族独立、人民解放和国家富强、人民富裕的长期奋斗中,中国青年运动展开了浩浩荡荡的发展征程。"①

(二) 早期广东青年学生运动团体:新学生社

大革命初期,中国共产党在广东青年学生中的工作路径主要是通过新学生社来进行。20 世纪 20 年代初,广东形势可谓波云诡谲,风雨如磐,陈炯明叛变革命,杨希闵、刘震寰分别率领的滇、桂军到处抢占防地,军阀割据,危机四伏。广东社会主义青年团为了更广泛地团结青年学生,迅速打开广东青年运动的新局面,团广东省区委书记阮啸仙等人发起组织广东新学生社。1923 年 6 月 17 日,广东新学生社正式成立,阮啸仙兼任社长。同年 7 月,创办《新学生》半月刊作为广东社会主义青年团的宣传舆论阵地。广东新学生社最初只在广东甲工(广东第一甲种工业学校)、广东高师、省一中、省女子师范等 10 所学校中建立了支部或小组,共有社员 110 多人。随着广东工农运动的蓬勃发展,新学生社的影响力也越来越大,吸引力也不断增强。在广东各地都建立了新学生社分社,甚至邻省青年都积极要求入社。于是在 1924 年 11 月广东新学生社改组为"新学生社"。

为了适应统一广东、开展北伐的需要,新学生社的青年社员踊跃加入反帝反封建的战斗洪流,积极参加工人运动、农民运动、妇女运动和军事运动,表现了广东青年群体强烈的爱国主义精神和大无畏的革命气概,涌现了许多可歌可泣的青年楷模和先锋模范。如在刑场上举行结婚典礼的周文雍、陈铁军烈士。这是一段惊天地、泣鬼神的爱情绝唱。一对风华正茂的青年,为了追求真理,建立一个自由、平等、民主的新中国,在刑场,面对反动派的屠刀,面对与爱侣的生离死别,凛然不屈,视死如归,定格

---

① 胡锦涛:《在纪念中国共产主义青年团成立 90 周年大会上的讲话》,《人民日报》2012 年 5 月 5 日。

了中国革命史上最悲怆、最壮美的一幕。① 1925 年 1 月召开的中共四大充分肯定了新学生社的成绩,大会在《对于青年运动之决议案》中明确指出,新学生社是社会主义青年团领导青年开展宣传、组织工作的范例之一,青年团的任务"应是在各地组织这种青年团体",以加强对青年运动的领导。1926 年 4 月以后,新学生社停止了公开活动。

虽然新学生社从成立到停止活动只有不到三年时间,但是南粤大地无数进步青年抛头颅、洒鲜血,为了追求共产主义理想而浴血奋斗的精神永存!这些进步青年具有强烈的责任意识和无畏的英雄气概,敢于担当,富有激情,不愧是中华民族的脊梁!"我们党的创始人,一代又一代中国共产党人,大多数都是从青年时代就满腔热血参加了党,决心为党和人民奋斗终生。我们党的队伍里始终活跃着怀抱崇高理想、充满奋斗激情的青年人,这是我们党历经 90 年风雨而依然保持蓬勃生机的一个重要保证。"② 新学生社既是中国共产党在广东青年学生中开展各项工作的载体,又是进步青年群体组成的团结互助、引领时代潮流的团体。对于今天广东高校青年学子和社团组织的自身定位与发展来讲,无疑都具有非常重要的学习、借鉴和指导意义。

五、妇女运动此起彼伏

1840 年鸦片战争以后,中国逐步沦为半殖民地半封建社会。中国妇女除了遭受封建宗法制度传统的政权、族权、神权和夫权压迫之外,还要承受外来帝国主义侵略者的剥削、压迫与蹂躏,过着毫无政治权利和人身自由的暗无天日的日子,生活在水深火热之中。维新派代表人物康有为一针见血地指出人类之中受不平等之苦最深的"其大类有三:一曰贱族,二曰奴隶,三曰妇女。"③ 然而,中国妇女不可侮!她们同父老乡亲、兄弟姐妹并肩作战,积极投身到反帝反封建的革命洪流之中,为妇女自身的解

---

① 中共广东省委党史研究室:《中共名人在广东》,广东人民出版社 2011 年版,第 334 页。
② 胡锦涛:《在庆祝中国共产党成立 90 周年大会上的讲话》,《人民日报》2011 年 7 月 2 日。
③ 康有为:《大同书》,章锡琛、周振甫校点,古籍出版社 1956 年版,第 108 页。

放前赴后继,英勇抗争。在广东,无论是三元里抗英斗争、黄花岗起义,还是大革命时期的东征、南讨与北伐,广大妇女都是不容忽视的重要力量。可以说,中国近代妇女运动酝酿于戊戌维新时期,兴起于辛亥革命时期。辛亥革命时期,投身革命斗争的各阶层妇女和妇女积极分子,与戊戌时期相比,人数增加很多,据不完全统计,有一定知名度并可查到的有380多人。① 对此孙中山给予了高度评价:"女届多才,其入同盟会奔走国事百折不回者,已与各省志士媲美。至勇往从戎,同仇北伐,或投身赤十字会,不辞艰险;或慷慨助饷,鼓吹舆论,振起国民精神,更彰彰在人耳目。"② 经过辛亥革命的大洗礼,中国妇女对于争取自身解放的政治斗争的认识发生了质的飞跃,为她们积极参政议政在思想上准备了充分的条件。

(一) 中国最早一批女省议员在广东产生

"二十世纪是被压迫阶级底解放时代,亦是妇女底解放时代;是妇女们寻觅伊们自己的时代,亦是男子发现妇女底意义的时代。"③ 辛亥革命以后,妇女参政运动掀起了高潮。1912年,广东军政府都督胡汉民在草拟临时省议会议员选举法时,排除阻力,根据妇女团体的要求,按比例分配给妇女界10个名额。因此在广东产生了中国最早一批女省议员,有李佩兰、伦耀华、汪兆锵等人。据载,当时世界上承认妇女参政权的只有新西兰、澳大利亚、芬兰等少数国家,美、英诸国尚未实现。因此广东省女议员的出现,尽管为时不长,却是女子参政史上值得记载的大事。④ 辛亥革命时期广东妇女的参政运动及其实现是女性争取自身政治权利的具有里程碑意义的事件,书写了中国妇女运动史上的光辉一页。

(二) 我国第一次纪念三八国际妇女节的群众性活动在广州举行

中国共产党自成立之日起就把妇女运动作为中国革命事业的一个重要

---

① 中华书局编辑部:《纪念辛亥革命七十周年学术讨论会论文集》(下),中华书局1983年版,第2019页。
② 《孙中山全集》第2卷,中华书局1982年版,第52~53页。
③ 李大钊:《现代的女权运动》,见《李大钊文集》(下),人民出版社1984年版,第513页。
④ 顾秀莲:《20世纪中国妇女运动史》上卷,中国妇女出版社2008年版,第114页。

组成部分。1922年7月，中国共产党第二次全国代表大会召开，会议通过《关于妇女运动的决议》，这是我国历史上第一次以政党名义提出的妇女运动决议案，充分表明妇女运动从一开始就受到中国共产党的高度重视。《关于妇女运动的决议》明确指出："只有无产阶级获得了政权，妇女才能得到真正解放""在私有财产制度之下，妇女真正的解放是不可能的"。① 1923年6月，中共三大在广州召开。会议决定与国民党携手合作，共同开展国民革命运动。中共三大会议通过了《妇女运动决议案》，决议案强调："一般的妇女运动如女权运动、参政运动、废娼运动等，亦甚重要。此等运动年来在各皆已发生，但是既不统一，又不活动。本党女党员应随时随地指导并联合。"② 这些思想成为当时妇女运动的指导方针与工作策略。第一次国共合作建立后，1924年3月5日，国民党中央妇女部为了纪念三八国际妇女节发布通告："公启者，三月八日为国际妇女日，全世界妇女咸于是日举行大团结示威活动。中国妇女界久受压迫，在此日自当应声而起，以图解放。广州妇女界在此日应有所表示，以警醒妇女群众……妇女部有鉴于是，谨召集广州市妇女各团体，于此日举行热烈示威活动。"③ 3月8日上午10时，执信学校、高等师范（广东大学前身）等20余所学校的女学生、女界联合会等妇女团体的成员大约千余人，齐集广州第一人民公园。④ 何香凝和曾醒（注：曾醒，同盟会会员，曾留学法国。辛亥革命时参加武装斗争，时为广州执信女学校校长，是黄花岗七十二烈士之一方声洞的嫂嫂）先后发表演说，号召妇女团结奋斗。大会提出的口号有"解放妇女所受资本制度的压迫""要求妇女劳动权""平等教育权""女子参政权""排除纳妾及一夫多妻制度""废除娼妓制度"等。⑤ 这些口号与妇女日常生活息息相关，激发了广大妇女的参与热情，扩大了妇女运动的积极影响。

---

① 《关于妇女运动的决议》，见中央档案馆《中共中央文件选集（1921—1925）》，中共中央党校出版社1982年版，第56~57页。
② 广东省妇女联合会、广东省档案馆：《广东妇女运动历史资料》（1），1991年版，第44页。
③ 广州《民国日报》，1924年3月5日。
④ 广州《民国日报》，1924年3月10日。
⑤ 《三月八日广州举行国际妇女节运动》，见《中国妇女运动历史资料（1921—1927）》，人民出版社1986年版，第204页。

这是我国历史上第一次公开举行纪念三八国际妇女节的群众性活动，在我国妇女运动发展史上具有深远的里程碑意义，此后纪念三八国际妇女节成为我国妇女运动的重要内容与惯例。纪念活动提出了反帝反封建和妇女解放的口号，激励着全体中华儿女尤其是广大妇女为谋求自身解放而为之不懈奋斗。

（三）大革命时期妇女干部的摇篮

1924年1月20日至30日，中国国民党第一次全国代表大会在广州举行，标志着国民党改组的完成和国共合作的正式形成。国民党一大会议通过《中国国民党第一次全国代表大会宣言》和《中国国民党总章》，《中国国民党党纲》附录于总章之后。

这是中国历史上第一个明确规定妇女参政比例的政党纲领。[1] 党纲规定："青年、妇女及弱势团体之当选名额应不低于中央常务委员总名额百分之四十……妇女当选名额应不低于中央常务委员总名额四分之一。"[2]

在领导妇女运动的革命实践中，中共党人认识到："吾们中国妇女运动不能发展最大的原因，便是太缺乏工作的人才……所以吾们必须要努力设法训练人才，乃尤是一件重要的责任。"[3] 国民党中央妇女部部长何香凝一直主张妇女解放运动要依靠大多数工农劳动妇女，"我们要谋解放，不可单靠少数有知识的妇女，必定要与大多数的农工妇女联合起来……唤起她们的爱国心，激发她们的革命性，使她们和我们同立于一条战线上，以完成革命工作。"[4]

所以，培养和造就妇女运动骨干和各种妇女人才成为国共两党一项重要而紧迫的任务，主要是通过举办训练班、讲习所和女子学校等途径来进行。

其一，1924年7月至1926年9月间，由共产党人主持在广州举办的

---

[1] 顾秀莲：《20世纪中国妇女运动史》上卷，中国妇女出版社2008年版，第206页。
[2] 《中国国民党党纲》，《民国日报》1923年1月1日。
[3] 《中国代表在共产国际妇女部第三次大会上的报告》，见《中国妇女运动历史资料（1921—1927）》，人民出版社1986年版，第189～190页。
[4] 何香凝：《国民革命是妇女唯一的出路》，见《双清文集》下卷，人民出版社1985年版，第37页。

农民运动讲习所,第一至五届共招收女学员 30 多名。她们毕业后,多数被派往广东各地帮助组织农民协会和开展妇女工作。①

其二,1926 年 3 月中旬,中国国民党政治讲习班在广州开学。毛泽东为理事之一,李富春为主任,邓中夏、恽代英、郭沫若、萧楚女等任教授。学习时间为 4 个月。第一期的学员有 350 多人,其中包括杨开慧等 10 名女学员。②

其三,1926 年 6 月至 1927 年春,共产党两广地区妇女委员会与共青团广东地区妇女委员会连续开设两期妇女干部训练班,培养妇女运动人才。③

其四,在何香凝大力倡导下,国民党中央妇女部 1926 年 9 月在广州创办了妇女运动讲习所。何香凝任所长,蔡畅为教务主任。学员由各省、市国民党党部和妇女团体选派,每省 1 至 2 人。学习以后仍回原选派地区工作。邓颖超、恽代英、彭湃、邓中夏、谭平山以及鲍罗廷夫人在此担任主讲。④

其五,1926 年 10 月 11 日,国民党广东省妇女部与中山大学特别党部在广州创办妇女运动人员训练班,所址设在中山大学。省妇女部秘书邓颖超任所长,妇协执委、中山大学学生陈铁军主持日常工作。由萧楚女、熊锐、张秋人、汤澄波及中山大学的教授讲课。⑤

大革命时期国共两党通过在国民革命的根据地广东举办各种形式的学习培训班,强化了对进步女性的教育和培训力度,积极支持了妇女运动的发展,培养和造就了一大批妇女运动的人才和骨干,为广东妇女运动、全国妇女解放运动和北伐的发展奠定了坚实基础。

---

① 中共广东省委党史研究室:《广东党史研究文集》(第一册),中共党史出版社 1991 年版,第 362~363 页。

② 中华全国妇女联合会:《中国妇女运动史》,春秋出版社 1989 年版,第 233 页。

③ 广东省档案馆、广东青运史研究委员会:《广东青年运动历史资料》第 2 辑,广东省档案馆 1986 年版,第 486 页

④ 中华全国妇女联合会:《中国妇女运动史》,春秋出版社 1989 年版,第 234 页。

⑤ 中华全国妇女联合会:《中国妇女运动史》,春秋出版社 1989 年版,第 235 页。

第二节 广东辉煌成就：改革开放前沿地

党的十一届三中全会开启了我国改革开放的新时期，实现了新中国成立近30年后的具有重大意义的伟大历史性转折。广东是我国的南大门，素得风气之先，是我国改革开放的前沿地、先行地和试验地。改革开放30多年来，中国共产党的许多重大理论创新成果都是在广东首先发端或提出。从1992年初春邓小平同志的"南方谈话"到2000年春天江泽民同志在广东提出"三个代表"重要思想，再到2003年春爆发"非典"的关键时期，胡锦涛同志考察广东抗击"非典"疫情，提出科学发展观，这些"春天的故事"无一不是发源于南粤大地，形成中国特色社会主义理论体系，然后汇成一股春潮涌向全国各地，带来中华大地满园春色。

2012年12月，党的十八大后，新当选的中共中央总书记习近平同志第一次到地方考察调研就来到了广东。习近平寄语广东要紧紧抓住国家支持东部地区率先发展的机遇，努力成为发展中国特色社会主义的排头兵、深化改革开放的先行地、探索科学发展的试验区，为率先全面建成小康社会，率先基本实现社会主义现代化而奋斗。

正是在中国特色社会主义理论体系的指引下，广东在改革开放的大潮中领全国风气之先，取得了举世瞩目的辉煌成就，实现了跨越式发展。

一、理论创新圣地

（一）1992年春邓小平"南方谈话"

20世纪80年代末90年代初，苏联解体、东欧剧变，世界社会主义运动遭到严重挫折和巨大冲击，处于低潮。西方敌对势力借机大肆渲染"共产主义大溃败""历史的终结"，国内很多人对我国的改革开放到底姓"社"还是姓"资"产生了怀疑甚至是争论，对改革开放的政策在思想上产生模糊认识，甚至困惑、迷茫情绪，质疑之声时有耳闻。中国该往何处去？面对比较复杂的国际国内形势，在这一关键时刻，我国改革开放的总设计师邓小平以 88 岁高龄亲自南下视察，发出了振聋发聩的历史判断："我坚信，世界上赞成马克思主义的人会多起来的，因为马克思主义是科学……不要惊慌失措，不要认为马克思主义就消失了，没用了，失败了。哪有这回事！"① 从 1992 年 1 月 18 日到 2 月 21 日，从武昌到深圳，从珠海到上海，邓小平同志一路考察一路讲，铿锵有力，至今言犹在耳："革命是解放生产力，改革也是解放生产力……不坚持社会主义，不改革开放，不发展经济，不改善人民生活，只能是死路一条。基本路线要管一百年，动摇不得。只有坚持这条路线，人民才会相信你，拥护你。"②

世纪伟人邓小平 35 天的南国之行发表了一系列著名的"南方谈话"，非常及时而又深刻地回答了一系列有关我国社会发展和改革开放的重大理论和现实问题，成为新时期推进我国改革开放和社会主义现代化建设的又一个解放思想、实事求是的"宣言书"。邓小平同志紧紧抓住"什么是社会主义，如何建设社会主义"这个根本的全局性问题，一锤定音："计划多一点还是市场多一点，不是社会主义与资本主义的本质区别。计划经济不等于社会主义，资本主义也有计划；市场经济不等于资本主义，社会主义也有市场。计划和市场都是手段。社会主义的本质，是解放生产力，发展生产力，消灭剥削，消除两极分化，最终达到共同富裕。就是要对大家讲这个道理。"③

同时，他对改革开放以来深圳取得的成绩做了充分的肯定："改革开放胆子要大一些，敢于试验，不能像小脚女人一样。看准了的，就大胆地试，大胆地闯。深圳的重要经验就是敢闯。没有一点闯的精神，没有一点'冒'的精神，没有一股气呀、劲呀，就走不出一条好路，走不出一条新路，就干不出新的事业。""判断的标准，应该主要看是否有利于发展社会主义社会的生产力，是否有利于增强社会主义国家的综合国力，是否有利

---

① 邓小平：《在武昌、深圳、珠海、上海等地的谈话要点》，《邓小平文选》第三卷，人民出版社 1993 年版，第 382～383 页。
② 邓小平：《在武昌、深圳、珠海、上海等地的谈话要点》，《邓小平文选》第三卷，人民出版社 1993 年版，第 370～371 页。
③ 邓小平：《在武昌、深圳、珠海、上海等地的谈话要点》，《邓小平文选》第三卷，人民出版社 1993 年版，第 373 页。

于提高人民的生活水平。……特区姓'社'不姓'资'。"①"东方风来满眼春"。小平同志来到深圳，使深圳进一步涌起改革开放的春潮。小平同志在这里发表的许多重要谈话，对深圳的改革开放和建设，对整个社会主义现代化建设事业，都有着重大而深远的意义。②

对于率先实行改革开放的南粤大地，邓小平在"南方谈话"中寄予了深切期望："广东二十年赶上亚洲'四小龙'，不仅经济要上去，社会秩序、社会风气也要搞好，两个文明建设都要超过他们，这才是有中国特色的社会主义。"③"南方谈话"犹如一声春雷，驱散了广东乃至全国改革开放征程中的雾霾；又似一股和缓的春风，厘清了长期争论不休、困扰人们的姓"资"姓"社"问题；好比大海中航行的灯塔，指明了我国社会主义改革开放前进的方向；更是世纪伟人的政治宣言书，为改革开放的深入推进注入了新的原动力。今天，在我国改革开放的最前沿阵地——深圳，为了纪念世纪伟人，在莲花山上矗立着邓小平铜像。在铜像背面的花岗岩上镌刻着1984年邓小平第一次视察深圳时的亲笔题词：深圳的发展和经验证明，我们建立经济特区的政策是正确的。同时，在铜像附近镌刻着邓小平朴实而深情的名言：我是中国人民的儿子，我深情地爱着我的祖国和人民。

（二）2000年春江泽民在广东提出"三个代表"重要思想④

世纪之交，国际国内形势都发生了深刻变化。一超多强的格局逐渐形成，世界多极化、经济全球化、科技信息化趋势逐步增强，综合国力竞争日趋激烈。西方敌对势力西化、分化和丑化我国的政治图谋从来就没有停止，党的干部队伍在思想、组织、作风等方面出现了一些亟待解决的突出问题。世情、国情、党情都发生了深刻变化。党的十三届四中全会以来，

---

① 邓小平：《在武昌、深圳、珠海、上海等地的谈话要点》，《邓小平文选》第三卷，人民出版社1993年版，第372页。

② 陈锡添：《东方风来满眼春——邓小平同志在深圳纪实》，《深圳特区报》2012年1月31日（1）全文重新刊发，原文见《深圳特区报》1992年3月26日。

③《邓小平文选》第三卷，人民出版社1993年版，第378页。

④ 从2000年2月江泽民提出"三个代表"到2002年11月党的十六大之前，关于"三个代表"用法并不固定，主要有"三个代表"要求、"三个代表"思想等。十六大报告正式使用了"三个代表"重要思想，本文以此为最终说法，不再专门区分。

以江泽民同志为核心的第三代中央领导集体在科学判断党的历史方位的基础上，对于"建设什么样的党、怎样建设党"这个关乎党和国家前途命运的重大现实问题一直在进行探索和思考。

新千年伊始，江泽民同志就来到了春意盎然的广东进行考察，围绕新时期加强党的建设和推进高新技术产业发展做调研。2000年2月20日，江泽民出席广东省高州市领导干部"三讲"（讲学习、讲政治、讲正气）教育会议。江泽民强调，改革开放以来，我们的党员、干部队伍的构成情况发生了很大的变化，提出了许多新的课题，要使中国共产党"始终保持工人阶级先锋队性质，始终代表最广大人民群众的利益，始终成为社会先进生产力的代表，始终领导全国各族人民促进社会生产力的发展，始终坚强有力地发挥好领导核心作用，也必须结合新的历史条件进一步从思想上、组织上和作风上把党建设好"。① 这个讲话里面包含"两个代表"，可以说是"三个代表"重要思想的最初雏形。江泽民同志接着在22日又考察了深圳市南岭村，提出了"致富思源、富而思进"的思想；23日在顺德专门召开了企业党建座谈会；24日，江泽民在广州主持召开了党建工作座谈会，探讨新时期如何加强党的建设。正是在这次座谈会上，江泽民同志提出了"三个代表"重要思想。江泽民指出："要把中国的事情办好，关键取决于我们党，取决于党的思想、作风、组织、纪律状况和战斗力、领导水平。只要我们党始终成为中国社会先进生产力的发展要求、中国先进文化的前进方向、中国最广大人民的根本利益的忠实代表，我们党就能永远立于不败之地，永远得到全国各族人民的衷心拥护并带领人民不断前进。"②

在广东考察即将结束之时，2月25日江泽民发表了一个重要讲话《在新的历史条件下更好地做到"三个代表"》，标志着"三个代表"重要思想的正式提出："在二十世纪里，我们党团结和带领全国各族人民，为实现民族独立、人民解放和国家富强、人民幸福，进行了长期的伟大斗争。我们党作出的杰出贡献，赢得了广大人民的衷心拥护。总结我们党七

---

① 江泽民：《论党的建设》，中央文献出版社2001年版，第381页。
② 王伟光：《"三个代表"思想研究》，人民出版社2002年版，第28～29页。

十多年的历史,可以得出一个重要结论,这就是:我们党所以赢得人民的拥护,是因为我们党在革命、建设、改革的各个历史时期,总是代表着中国先进生产力的发展要求,代表着中国先进文化的前进方向,代表着中国最广大人民的根本利益,并通过制定正确的路线方针政策,为实现国家和人民的根本利益而不懈奋斗。"①

(三) 2003年春胡锦涛在广东提出"科学发展观"

2002年党的十六大刚刚结束两天,一场突如其来的疫情侵袭着南粤大地,并在全国开始蔓延、肆虐。2002年11月16日,广东佛山发现了我国第一例非典型肺炎(SARS)病例,一场抗击"非典"的人民战争由此拉开帷幕。在全国抗击"非典"的关键时刻,胡锦涛同志于2003年4月10日至15日亲临"非典"重灾区广东考察,先后在湛江、深圳、东莞、广州等地,深入基层一线,到企业车间、居民社区、乡村农户、港口码头等调研经济社会发展的有关情况。特别是面对非典型肺炎重大疫情,胡锦涛同志充分肯定了广东防治"非典"疫情工作:"广东部分地区发生非典型肺炎疫情后,我们感到很揪心,既为群众的身体健康和生命安全受到严重威胁感到焦急,又为广大医务工作者做了大量艰苦细致工作,使许多患者尽快恢复健康而欣慰。""广东省对防治工作高度重视,取得了显著成绩。要继续全力以赴做好防治工作。"②

在广东考察期间胡锦涛同志着重强调了"坚持全面的发展观""加快发展、率先发展、协调发展"等重要思想:"在新世纪新阶段,包括广东在内的东部地区正处在一个新的发展起点上,面临着新机遇、新挑战、新任务。我们要认清形势,进一步增强加快发展、率先发展、协调发展的历史责任感和使命感。要积极探索加快发展的新路子,通过完善发展思路不断增创新优势;着力深化改革,通过制度创新不断增创新优势;进一步发展外向型经济,通过扩大对外开放不断增创新优势;大力实施科教兴国战略和人才战略,通过科技创新和发挥人才效应不断增创新优势;坚持全面

---

① 《江泽民文选》第三卷,人民出版社2006年版,第2页。
② 《情系南粤万木春——胡锦涛总书记考察广东纪实》,《南方日报》2003年4月18日。

的发展观,通过促进三个文明协调发展不断增创新优势。"① 这是胡锦涛同志在广东首次提出科学发展观思想,成为科学发展观的理论雏形。科学发展观创造性地回答了"实现什么样的发展、怎样发展"的现实问题。科学发展观是我们党在深刻总结社会主义市场经济实践经验过程中概括出来的理论精华,反映了我们党对社会主义市场经济规律认识的深化,是发展和完善社会主义市场经济的指导思想。②

(四)2012年底习近平总书记出访考察第一站:广东

2012年11月党的十八大胜利召开,会议产生了以习近平同志为总书记的新一届中央领导集体。新当选的中共中央总书记习近平第一次到地方调研就选择了广东,他说:"这次调研,是我在党的十八大之后,第一次到地方调研。之所以到广东来,就是要到在我国改革开放中得风气之先的地方,现场回顾我国改革开放的历史进程,宣示将改革开放继续推向前进的坚定决心。"③

2012年12月7日至11日,习近平总书记在广东深圳、珠海、佛山和广州等地考察、调研。在深圳,习近平总书记专程去莲花山公园瞻仰了邓小平同志的塑像,敬献了花篮,深情缅怀改革开放的总设计师。广东、深圳的实践充分说明,邓小平同志的决定是英明的、正确的。邓小平同志不愧为中国改革开放的总设计师,不愧为中国特色社会主义道路的开创者。改革开放的决定是正确的,我们今后仍然要走这条正确的道路。这是富国之路、富民之路,要坚定不移地走下去,而且要有新开拓,要上新水平。④从深圳开始一路走来,习近平总书记深入企业、乡村、社区、部队和科研院所进行调研,最后在广州习近平总书记做了深刻总结,强调指出,广东在改革开放中长期走在全国前列,党中央在研究推进全国改革开放的过程中,始终注意广东的实践和经验,鼓励广东大胆探索、大胆实践。1992年春,邓小平同志在广东发表了著名的南方谈话,要求广东20年赶上亚洲"四小龙",并且说两个文明建设都要超过他们,这才是有中国特色的

---

① 《人民日报》2003年4月16日。
② 冷溶:《科学发展观的创立及其重大意义》,《马克思主义研究》2006年第8期。
③ 《习近平考察广东纪实:再次强调空谈误国实干兴邦》,《南方日报》2012年12月13日。
④ 《习近平考察广东纪实:再次强调空谈误国实干兴邦》,《南方日报》2012年12月13日。

社会主义。2000年春,江泽民同志在广东考察时提出了"三个代表"重要思想。2003年春,胡锦涛同志在广东考察时提出了科学发展的要求。这一切,都不是偶然的巧合,而是说明广东多年来敢闯敢试的探索和实践,为理论创新提供了丰厚土壤。这一段重要历史是广东的光荣,希望广东广大干部群众继续发扬优良传统,全面学习宣传贯彻党的十八大精神,特别要做到融会贯通、学以致用,使党的十八大精神成为推动各项工作打开新局面的强大动力。①

习近平总书记在党的十八大后首次国内考察调研地选择广东,具有非常深远的象征性意义,充分显示了新一届中央领导集体继续深入推进邓小平改革开放政策的远见卓识,既肯定了广东改革开放以来取得的显著成绩,创造了举世瞩目的"广东奇迹",又期望广东要紧紧抓住国家支持东部地区率先发展的机遇,努力成为发展中国特色社会主义的"排头兵"、深化改革开放的先行地、探索科学发展的试验区,为率先全面建成小康社会、率先基本实现社会主义现代化而奋斗。习近平总书记在改革开放中得风气之先的地方发表这一讲话,表明了新一届中央领导集体坚定不移推进改革开放的信心和决心。在改革进入攻坚期和深水区的阶段,必须以敢于啃硬骨头,敢于涉险滩的精神,大胆探索、勇于开拓,推动改革开放和现代化建设事业迈上新台阶。②

二、改革开放巨变

1978年12月18日至22日,党的十一届三中全会作出把党和国家工作中心转移到社会主义现代化建设上来、实行改革开放的历史性决策。1979年,在邓小平同志的指导和支持下,中央批准广东、福建建立经济特区,在深圳、珠海、汕头和厦门实行特殊政策和灵活措施,进行改革开放。由此发轫,在中央精神指导下,广东不仅拉开了自身改革开放的序幕,而且成为全国改革开放的前沿阵地。"中国要经历的正是广东已经或

---

① 《习近平考察广东纪实:再次强调空谈误国实干兴邦》,《南方日报》2012年12月13日。
② 《改革不停顿 开放不止步——习近平总书记在广东考察工作时的讲话在各地干部群众中引起强烈反响》,《人民日报》2012年12月13日。

正在经历的,广东的改革与探索将为中国提供有益的经验。"长期关注广东发展的国际知名学者、新加坡国立大学东亚研究所所长郑永年如此评价广东的改革先锋地位。①

2008 年 7 月 19 日至 20 日,时任总理温家宝同志视察广东期间就特别强调,30 年间,广东不仅自身经济社会发展取得巨大成就,实现了历史性跨越,而且为全国改革开放和现代化建设作出了重要贡献。首先,在体制改革中发挥了"试验田"作用,为全国推进改革提供了有益的经验借鉴;其次,在对外开放中发挥了重要的"窗口"作用。广东充分发挥毗邻港澳的区位优势,积极参与国际分工,成为我国对外开放、走向世界的重要窗口;再次,在中国特色社会主义现代化建设中发挥了"示范区"作用。广东干部群众敢想敢干、敢闯敢试、敢为人先的精神,极大地鼓舞和激励了全国人民,带动了内地的经济发展;最后,对香港、澳门的顺利回归并保持繁荣稳定发挥了重要的促进作用。与港澳经济合作日益紧密,形成了经济互补、相互促进、共同发展的格局。对保持香港、澳门的繁荣稳定,彰显"一国两制"的成功实践,作出了积极贡献。②

改革开放 30 多年来,在党中央和中共广东省委的正确领导下,广东充分发挥毗邻港澳的南疆沿海地域优势和中央赋予的优惠政策,在改革开放中先行先试,在探索中国特色社会主义道路的征程中,南粤大地发生了沧海桑田般的历史巨变,具体成就略述如下:

(一) 经济建设成就卓越③

广东是我国改革开放的先行地和前沿地,在改革开放大潮中从一个经济比较落后的边陲农业省份转化为全国经济第一大省,经济建设取得了举世瞩目的成就,一直走在全国前列。特别是深圳经济特区,创造了"深圳速度"及"蛇口发展模式"等新鲜经验,提出了"时间就是金钱,效率

---

① 张东明、郭亦乐、黄应来:《今天,我们拿什么来实现"两个率先"——落实"总目标"的广东思考》,《南方日报》2013 年 7 月 4 日。

② 广东改革开放纪事编委会:《广东改革开放纪事 1978—2008》(上、下),南方日报出版社 2008 年版,《总论》第 18～19 页。

③ 本小节数据来源:广东省统计局、国家统计局广东调查总队:《数说广东改革开放 30 年》;广东改革开放纪事编委会:《广东改革开放纪事 1978—2008》(上、下)南方日报出版社 2008 年版;《广东统计年鉴 2012》。

就是生命"的口号,对全省、全国更新观念、加快发展产生积极的影响。①

1978年到2007年,广东生产总值由185亿元增加到31084亿元,增长41倍,年均增长13.8%,比同期全国平均增速快4个百分点,从1985年开始,GDP总量已经连续23年稳居全国第一位,占全国的比重达到1/8(2012年全省实现地区生产总值(GDP)达57067.92亿元,总量继续居全国首位;2012年广东人均GDP达到54095元,按平均汇率折算为8570美元。1978—2012年广东地区生产总值变化如图2-1所示)。广东经济总量1998年超过新加坡,2003年超过中国香港,2007年突破3万亿元超过中国台湾,经济总量占全国1/8,并连续24年居全国之首,创造了30年来年均增长13.8%的世界奇迹(2008至2011年全省GDP增速依次为10.4%、9.7%、12.4%和10%)。2007年全省人均生产总值超过4000美元,达到世界中等收入国家水平,是全国平均水平的1.77倍。对国家的贡献增大,来源于广东的财政总收入7750.32亿元,约占全国1/7,

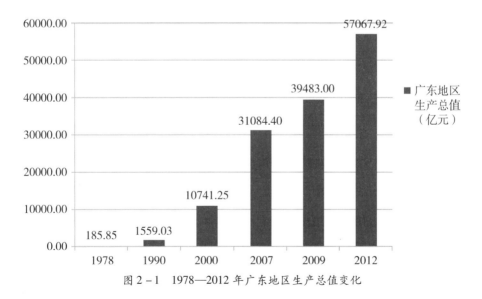

图2-1　1978—2012年广东地区生产总值变化

---

① 广东改革开放纪事编委会:《广东改革开放纪事1978—2008》(上)总论,南方日报出版社2008年版,第5页。

1991—2007年广东财政收入连续17年位居全国第一位；地方一般预算收入2785.80亿元，占全国的11.8%，为1978年的66.6倍，年均增长15.6%（2012年来源于广东的财政总收入和地方公共财政预算收入分别达1.47万亿元和6228亿元）。广东地区生产总值三次产业比重由1978年的29.8∶46.6∶23.6发展为2012年的5.0∶48.8∶46.2。1978年及2012年广东地区生产总值三次产业比重变化如图2-2所示。

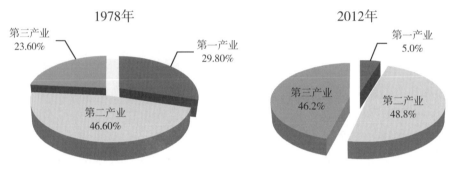

图2-2 1978年及2012年广东地区生产总值三次产业比重变化

改革开放以来，广东对外贸易不断扩大，可以说是实现了跨越式发展，外经贸大省的地位进一步巩固。1978—2007年，广东进出口总额增长近400倍，约占全国的30%；到2007年年底，累计实际利用外资达到1945亿美元，约占全国的1/5（2012年广东省外贸进出口总值为9838.2亿美元，高于全国增幅1.5个百分点，占同期全国外贸总值的25.4%。其中，出口5741.4亿美元，与全国出口增速持平，占全国出口总值的28%；进口4096.8亿美元，高于全国进口增速3.1个百分点，占全国进口总值的22.5%）。2007年全省城镇居民人均可支配收入17699元，农民人均纯收入5624元，分别是1978年的43倍和29倍，年均增长13.8%和12.3%（2008年至2012年城镇居民人均可支配收入分别为19733元、21575元、23898元、26897元、30227元；2008年至2012年农村人均纯收入分别为6400元、6907元、7890元、9372元、10543元）居民消费结构不断优化，公共服务明显增加，广东人民生活水平总体达到小康，珠三角地区率先达到宽裕型小康。1978—2012年城乡居民储蓄存款、城镇及农村居民可支配收入、广东进出口的具体变化参见图2-3、2-4、2-5、2-6所示。

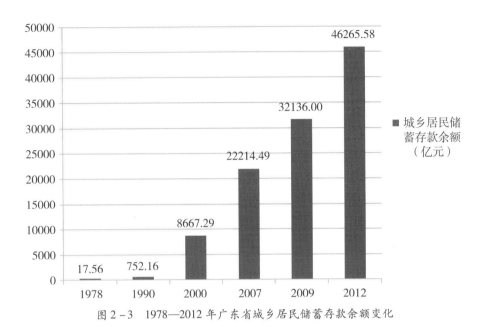

图2-3 1978—2012年广东省城乡居民储蓄存款余额变化

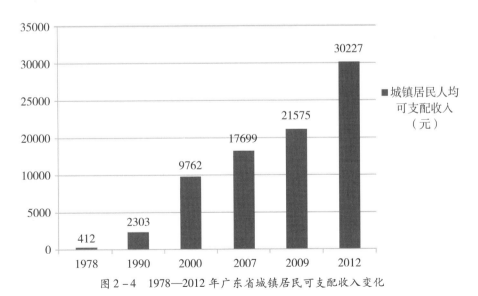

图2-4 1978—2012年广东省城镇居民可支配收入变化

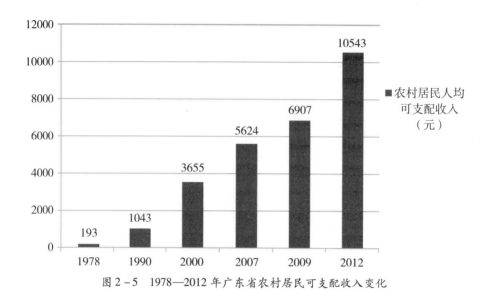

图 2-5　1978—2012 年广东省农村居民可支配收入变化

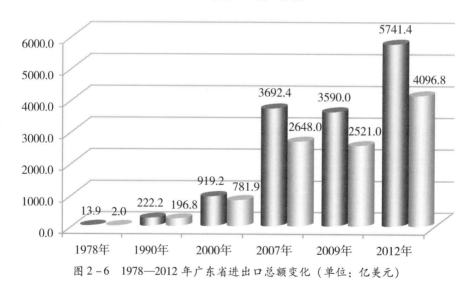

图 2-6　1978—2012 年广东省进出口总额变化（单位：亿美元）

近 10 年来广东全面深入贯彻科学发展观，更加注重内涵式、集约式发展，争当实践科学发展观"排头兵"。2013 年 1 月 25 日，在广东省第十二届人民代表大会第一次会议上广东省省长朱小丹同志明确指出，广东区域创新能力不断增强，在全国率先推动出台实施自主创新促进条例和专利条例；发明专利授权量、PCT（《专利合作条约》的英文 Patent Cooperation Treaty 缩写，是有关专利的国际条约）国际专利受理量稳居全国第一；现代服务业快速发展，增加值占服务业比重达 57%，提高 1.8 个百分点；旅游综合竞争力、现实竞争力、发展环境竞争力居全国第一。

（二）政治建设成效显著

事实胜于雄辩。广东改革开放和现代化建设所取得的一切辉煌成就都是在中国特色社会主义理论体系的指引下，在坚持和实践中国特色社会主义理论的过程中实现和取得的。广东经济腾飞的奥秘之一，就在于通过民主政治建设不断增强党和社会的活力，在于发挥社会主义制度集中力量办大事、全省一盘棋的政治优势。这一事实昭示我们：中国特色社会主义民主政治具有巨大的优越性和旺盛的生命力，适合中国国情；中国的民主政治建设绝不能照搬西方模式，必须坚定不移走中国特色社会主义民主政治建设的道路。① 有专家指出，在中国 30 年改革开放的历史进程中，广东从一个贫穷落后的省份发展成为一个经济大省、创造出举世瞩目的经济成就，极大地得益于广东 30 年的政治建设、政治发展；可以说，没有广东 30 年的政治建设、政治发展，也就没有广东 30 年的经济发展和社会进步。②

改革开放以来，广东省委省政府在中央的统一部署下，在发展经济的同时一直高度重视社会主义民主政治建设，充分发挥各级党委总揽全局、协调各方的领导核心作用，不断提高各级党委政府部门依法执政、民主执政、科学执政的能力和水平。30 多年来，广东在党的建设、政府职能、廉政机制、民主法治、基层自治等方面大胆试验，勇于探索，成效显著。早在 1993 年，广东就在全国率先实施依法治省方略，在党委依法执政、

---

① 徐林、谢思佳、段功伟：《广东对我国民主政治建设具有双重贡献》，《南方日报》2007 年 10 月 19 日。
② 肖滨等：《为中国政治转型探路——广东政治发展 30 年》，广东人民出版社 2008 年版，第 34 页。

人大完善立法、政府依法行政、司法部门公正司法和培育人民群众法治观念等方面，形成不少好经验、好做法。外界纷纷评价，日益优化的法治环境成为广东在新一轮竞争中继续保持先行一步的新优势。① 基于其历史性的伟大成就、地方先行实验的基本特征和全国性的普遍意义，在当代中国政治转型的历史语境下，广东政治建设、政治发展 30 年的历史定位是为中国政治文明的发展、为当代中国的政治转型探路、实验、示范。② 然而，关于广东政治建设的经验或者说成效可谓见仁见智，目前学界尚未取得一致的观点，对广东经验进行系统归纳、总结的论著比较鲜见。

　　关于广东政治建设的经验，一个比较具有代表性的观点是把广东政治建设的经验概括为"1345"模式：③ 1 就是"一个中心"：以经济建设为中心；3 就是"三化"：即构成广东基本政治架构的党委、人大、"一府两院"、政协在履行职能和自身建设上，朝着制度化、规范化、程序化的方向发展；4 就是"四民主"：即包括民主选举、民主决策、民主管理、民主监督在内的广东城乡基层民主建设模式；5 就是"五个坚持、五个促进"：是指广东推进依法治省的基本方略和经验，即坚持发挥党委的领导作用、人大的主导作用、"一府两院"的执法主体作用、政协的民主监督作用，促进"党委统筹全局、各方积极推进、狠抓贯彻落实"领导体制和工作机制的形成；坚持正确把握市场经济与法治建设的关系，促进社会主义市场经济的完善和发展；坚持充分发挥人民群众的积极性和创造性，促进社会主义民主政治稳步发展；坚持把优化发展环境作为依法治省的重要任务，促进社会主义现代化建设；坚持用创新的精神探索新方法、开辟新途径，促进依法治省工作的新局面。

（三）文化建设成果丰硕

　　改革开放以来，广东坚决贯彻"两手抓，两手都要硬"的方针，在大

---

① 徐林、谢思佳、段功伟：《广东对我国民主政治建设具有双重贡献》，《南方日报》2007 年 10 月 19 日。

② 肖滨等：《为中国政治转型探路——广东政治发展 30 年》，广东人民出版社 2008 年版，第 42 页。

③ 佘慧萍：《中国社科院专家总结粤政治建设"1345"模式》，《南方日报》2006 年 10 月 28 日。

力搞好经济建设、政治建设的同时高度重视文化建设,文化发展一路高歌猛进。20 世纪 80 年代中期,广东大胆解放思想,"排污不排外",文化生产力得到解放。到了 90 年代广东文化发展进入全面兴盛时期,有学者如此描述这个时期的广东文化:"南风劲吹……广东文化作为当代中国最强势的地域文化,当之无愧地与北京、上海鼎足而立,打破了城市文化双峰对峙的陈旧格局。"① 进入 21 世纪以后,文化作为一种"软实力"的地位和作用已经达成共识。2002 年 12 月,中共广东省委第九届第二次全会审时度势,决定建设文化大省,强调指出:"必须大力弘扬和发展社会主义先进文化,建设社会主义精神文明。在推进经济强省建设的同时,加快推进文化大省建设,为经济社会发展提供精神动力和智力支持。"②

2003 年 10 月,广东省委省政府又发布了《中共广东省委、广东省人民政府关于加快建设文化大省的决定》和《广东省建设文化大省规划纲要(2003—2010 年)》,进一步为广东文化建设指明了方向。30 多年来,广东文化建设硕果累累(参见表 2-1)。这里用一组翔实的数据从三个侧面进行描述,达致窥一斑而见全豹,领略广东文化建设风采。

表 2-1 广东文化发展数据简表

年 份	1978 年	1990 年	2000 年	2012 年
高等学校数量（所）	23	45	52	137
高等学校在校生数量（万人）	3.07	9.59	29.95	169.83
艺术表演团体（个）	172	130	138	62
公共图书馆（个）	76	103	125	137
博物馆（个）	30	106	131	166
档案馆（个）	无数据	138	161	209
报纸总印数（亿份）	无数据	13.8	34.62	45.59
杂志总印数（亿册）	无数据	1.13	2.63	2.02
图书总印数（亿册）	无数据	2.8	2.69	2.78

（数据来源：广东省统计局、国家统计局广东调查总队：《2012 年广东国民经济和

---

① 杨东平:《城市季风——北京和上海的文化精神》,东方出版社 1994 年版,第 525 页。
② 岳宗:《中共广东省委九届二次全会在穗举行》,《人民日报》(华南新闻) 2002 年 12 月 25 日。

社会发展统计公报》《数说广东改革开放三十年》;《广东统计年鉴 2012》;教育部网站。)

其一,文化教育事业快速发展。2012 年各级各类教育(不含非学历培训)招生 643.94 万人,在校学生 2186.82 万人;毕业生 596.61 万人。其中,研究生在校生 8.15 万人;普通本、专科在校生 161.68 万人(1978 年、2000 年广东高等学校在校学生数分别为 3.07 万人、29.95 万人)。2012 年广东现有高等学校 137 所(1978 年、2000 年分别为 23 所、52 所),高等学校数量在全国名列前茅。

其二,公共文化服务水平不断提高。2012 年末全省共有各类专业艺术表演团体(事业单位)62 个,群众艺术馆、文化馆 145 个,县级及以上公共图书馆 137 个,博物馆、纪念馆 166 个(1978 年、2000 年广东省艺术表演团体数、公共图书馆数、博物馆数分别为:1978 年,172 个、76 个、30 个;2000 年,138 个、125 个、131 个)。全省有广播电台 22 座,电视台 24 座。广播综合人口覆盖率和电视综合人口覆盖率均为 99.9%。有线广播电视用户 1880 万户,有线数字电视用户 1400 万户。2012 年全年出版报纸 45.59 亿份,各类期刊 2.02 亿册,图书 2.78 亿册(1990 年、2000 年广东报纸、期刊、图书总印数分别为:1990 年,13.8 亿份、1.13 亿册、2.8 亿册;2000 年,34.62 亿份、2.63 亿册、2.69 亿册)。

其三,文化产业蓬勃发展。广东省文化产业形成了以新闻出版业、广播影视业、文化产品制造业、文化旅游业等为代表的一批骨干文化产业。2011 年广东省文化产业增加值为 2529 亿元,同比增长 30%,约占全国 1/4,占全省 GDP 比重 4.8%,拉动 GDP 增长超过 1 个百分点,为推动经济增长和转型升级作出了积极贡献。广东省文化产业增加值连续 9 年全国领先,文化产业已经成为广东省支柱产业。全省网络文化及相关数字互动游戏产业年收入占全国 1/3,居全国第一;全省动漫产值也占到了全国动漫产业总值的三成以上,成为广东新文化产业的领军行业。①

---

① 郭珊:《广东文化产业增长连续 9 年领先》,《南方日报》2012 年 11 月 12 日。

（四）社会建设成绩斐然①

伴随着广东经济建设的快速发展，广东高度重视促进社会建设和改善民生，始终坚持发展为了人民，发展成果由人民共享。30多年来，以改善民生为重点的社会建设也取得了长足的进步，城乡居民收入水平稳步快速增长。1978年农村居民人均纯收入、城镇居民人均可支配收入分别为193.3元和412.1元，到了2012年，农村居民人均纯收入、城镇居民人均可支配收入分别为10543元和30227元。1978年、2007年和2012年城镇居民人均住房使用面积分别为5.74平方米、33.81平方米和34.4平方米，1978年、2007年和2012年农村人均生活用房使用面积分别为8.73平方米、27.24平方米和31.67平方米，居住条件大大改善。城乡居民消费升级换代，人民群众健康水平、预期寿命明显提高。环境投资占GDP比重不断增加，由1990年的0.37%上升到2007年的2.7%，城乡社会救济和社会福利日趋完善，教育投入不断加大，人口素质全面提升。

其一，科技创新能力逐步增强。1977年，广东仅有科研机构350多个，科技人员18.12万人；改革开放后，广东持续加大科技投入，2011年研究与发展经费支出（R&D）1045.49亿元（1995年这个数据为10.57亿元），是1995年的48倍，占当年地区生产总值总量的比重从1995年的0.2%提升到2011年的1.96%，科技机构和队伍不断扩大。2011年全省科技研究机构达到4535个，从事研究与实验发展人员达到51.56万人，全省专业技术人员数达到144.8万人。

其二，教育投入不断扩大。改革开放30多年来，广东已经形成比较完整的教育体系，教育规模不断扩大，办学条件逐步改善，人口文化素质大幅提高。建成全国规模最大的职业教育体系，高等教育毛入学率2012年达到28.2%（1995年、2005年分别为6.6%、22%），初步实现高等教育大众化。早在2006年，广东成为全国率先全面实施农村义务教育免收学杂费的省份。全省教育经费支出从1978年的19.9亿元增加到2008年的1214.7亿元，2008年投入到教育的财政资金占地区生产总值

---

① 广东省统计局、国家统计局广东调查总队：《2012年广东国民经济和社会发展统计公报》《数说广东改革开放三十年》；《广东统计年鉴2012》。

的2.12%。

其三，卫生事业显著改善。截至2012年末，广东省共有各类卫生机构（不含村卫生室）17467个，医院、卫生院拥有床位32.5万张，各类卫生技术人员51.0万人。全省共有社区卫生服务机构2345个，乡镇卫生院1227个，乡镇卫生院床位5.1万张，乡镇卫生院卫生技术人员6.5万人。全省平均期望寿命2007年达到75.3岁，比1981年增加了5岁，高于全国平均水平的73岁，接近中等发达国家水平。近年广东用于医疗卫生的支出占财政收入的2.5%以上。新型农村合作医疗发展快速，至2008年底，全省有123个县（市）开展新型农村合作医疗试点工作，实际参加农村合作医疗农民4834.30万人，参合率达到95.4%。特别是2003年爆发"非典"以后，广东加强了突发公共卫生事件的预警机制和应急处理机制建设，灾害救助应急水平和能力得到有效提升。据统计，1979年至2007年，全省共下拨自然灾害救济费51.57亿元，共为6143.15多万人（次）解决了因灾缺粮的困难，发放粮食58.86万吨；帮助灾民55.97万户重建家园；为1160.08万人（次）提供衣物3180.31万套（件）；为217.7万人（次）治愈了因灾引起的疾病，基本保证了灾民吃、穿、住、医等基本生活。[①]

其四，体育事业欣欣向荣。改革开放以来，广东的体育事业蓬勃发展，体育设施水平一流，全民健身体系初步形成，竞技体育屡创佳绩，体育产业全国领先。1979—2007年期间，广东运动员在国内外大赛中，屡次获得世界、亚洲、全国冠军，并打破世界纪录。其中夺得世界冠军531人次（其中12枚奥运会金牌）；破世界纪录231人次，名列全国第一。[②] 在2008年奥运会，广东共有74名运动员入选中国奥运军团，居全国首位。2000年以来，广东共承办国际大赛近200项次，成功举办2010年第16届亚运会、2011年第26届世界大学生运动会两大盛会，在国内、国际产生了积极影响。2012年全省体育健儿在国内外重大比赛中，获得132项次全

[①] 中共广东省委宣传部：《腾飞之路——广东改革开放30年辉煌成就》，广东人民出版社2008年版，第243页。

[②] 中共广东省委宣传部：《腾飞之路——广东改革开放30年辉煌成就》，广东人民出版社2008年版，第229页。

国冠军，25人次世界冠军，破全国纪录5项次。

其五，社会保障体系逐步完善。随着社会主义市场经济体制的逐步建立与完善，广东在全国率先对社会保障制度实施改革。经过30多年的摸索与实践，广东社会保障覆盖面越来越广，服务越来越好，人民群众得实惠越来越多。2008年底，全省城镇职工参加基本养老保险2444.25万人；基本养老保险基金征缴率和失业保险基金征缴率分别为98.2%和97.7%，基本社会保险覆盖率达到60.7%，全省城乡居民享受最低生活保障救济人数从2000年的38万人增加到2008年的200.33万人。2008年，全省参加各类农村养老保险的人数达到157.8万人，广东农村社会保障通过以点带面迈出实质性步伐。2012年广东参加各类保险人数的最新数据如表2-2所示。与此同时，广东扶贫济困卓有成效。近3年来，广东扶贫济困日活动共收到社会各界的捐助款到位超过60亿元，有效支持帮助3400多个贫困村、36万多户贫困户、近160万贫困人口实现脱贫。①

表2-2　2012年末全省参加各类保险人数及其增长速度

指　标	参保人数（万人）	比上年末增长（%）
参加城镇职工基本养老保险（含离退休）	4034.08	6.1
其中：参保职工	3643.84	6.3
参保离退休人员	390.25	4.8
参加城乡（镇）基本医疗保险	8421.81	24.5
其中：城镇职工基本医疗保险	3373.42	4.3
城乡（镇）居民基本医疗保险	5048.39	42.9
参加城镇基本医疗保险的异地务工人员	1835.82	4.7
参加城镇基本失业保险	2009.12	7.1
参加工伤保险	2962.77	4.0
其中：参保异地务工人员	1950.22	2.2
参加生育保险	2484.93	6.2

（本表资料引自：广东省统计局、国家统计局广东调查总队：《2012年广东国民经济和社会发展统计公报》）

---

① 李刚：《广东各界筹16亿扶贫》，《人民日报》2013年7月5日。

第三节　南粤华侨华人赤子情怀①

有人说,有海水的地方就有中国人。中华民族(尤其是广东、福建等东南沿海地区)侨居国外者自古有之。唐宋以降,随着"海上丝绸之路"的繁荣,海外交通与对外贸易日趋兴盛,我国人民走向海外并侨居者也逐渐增多,或出洋谋生,或躲避战乱,或经营生意,原因各异。

一、广东:华侨华人最多的省份

(一)华侨华人概况

鸦片战争后,国门洞开,中国沦为半殖民地半封建社会,闭关锁国的封建社会一去不复返。"对华战争给了古老的中国以致命的打击。国家的闭关自守已不可能……于是旧有的小农经济制度也随之而日益瓦解(在旧有的小农经济制度中,农家自己制造必要的工业品),同时,可以安插比较稠密的人口的那一切陈旧的社会制度,亦随之而崩溃。千百万人将无事可做,将不得不移往海外"。②据薛福成1890年《出使英法意比四国日记》,当时东南亚的华侨约有300万人。加上当时美洲和澳洲有几十万人,其他地区几十万人,总计约有400万人。到20世纪初,辛亥革命前,华侨的人数又有了很大的增长,有800万人至1000万人。到第二次世界大战时,估计为2000万人。这些华侨除多数在东南亚国家外,还遍布美洲、澳洲和非洲等地。③

广东是我国最大的侨乡,华侨人数最多,分布地域最广,在全国四大侨乡(福建的泉(州)漳(州)厦(门)侨乡;广东的五邑侨乡、潮汕

---

① 华侨华人:国务院侨办1984年6月23日颁发的国侨发〔1984〕2号文的附件《关于华侨、归侨、华侨学生、归侨学生、侨眷、外籍华人身份的解释(试行)》第一条,华侨:指定居外国的中国公民;第六条,外籍华人:指原是华侨或华侨后裔,后已加入或已取得居住国籍者。

② 恩格斯:《恩格斯给左尔格的信》,《马克思恩格斯全集》第39卷,人民出版社1974年版,第297页。

③ 杨万秀:《中外历史的探索借鉴》,广州出版社1997年版,第5页。

侨乡和梅州侨乡）中广东占有三个，由此可见一斑（参见表2-3）：毗邻港澳、华侨众多，是广东独特的省情和独有的优势。广东是中国向海外移民较早、移民人数最多的省份，近代以后逐渐发展成为中国的主要侨乡省。据不完全统计，祖籍广东的华侨华人有2000多万，归侨侨眷2000多万，分别占全国华侨华人和归侨侨眷总数的2/3，祖籍广东的港澳同胞占港澳地区总人口的80%，港澳同胞眷属有1000多万。广东籍侨胞主要分布在世界近170个国家和地区，其中以北美洲的美国、加拿大，中南美洲的巴西、委内瑞拉、秘鲁、巴拿马，欧洲的英国、法国、荷兰，大洋洲的澳大利亚、新西兰，非洲的南非、毛里求斯、马达加斯加，东南亚的印度尼西亚、马来西亚、泰国、柬埔寨、缅甸、越南、菲律宾等国家居多。①

表2-3 东南亚华侨华人统计　　　（单位：万人）

国别	华侨人数	占当地人口比例	新移民人数	粤籍华侨占当地华侨的比例
印度尼西亚	1000	4.10%	10	35%
泰国	700	11%	40	80%
马来西亚	645	23.7%	15	55%
新加坡	360	77%	35	50%
缅甸	250	4.50%	100	20%
菲律宾	150	1.60%	20	10%
越南	140	1.67%	15	92%
柬埔寨	70	5.00%	25	88%
老挝	28	4.80%	13	80%
文莱	5.6	15.00%	数百人	20%
合计	3348.6	5.96%	283	52%

（资料来源："海丝映粤——广东与21世纪海上丝绸之路"大型图片展，广东省档案馆，2015年3月）

粤人移民出国历史悠久，在世界各地俗称"唐人街"的中国城都是早期华侨华人的落脚处或居住地。就已有史料来看，在唐朝永昌元年（689年），番禺人孟怀业等4位僧人随义净赴室利佛逝（笔者注：即今天的苏

---

① 南方日报社、广东省人民政府侨务办公室：《华侨华人与广东改革开放30周年》，第7页。

门答腊）帮助翻译经文，终老当地，①成为有文字记载的最早的广东华侨。可以说一部华侨华人史，既是一部中华文明的传播史，又是一部艰苦奋斗的创业史，更是一部含辛茹苦的发展史。广东籍海外移民出去以后，继续传承着中华民族的优秀传统，发扬勤劳勇敢、节俭务实的打拼精神，依靠自己的辛勤劳动，艰苦创业，大多在侨居地落地生根，开花结果，为侨居国的经济社会发展作出了不可磨灭的贡献。同时，广东华侨华人深切体会到他们的命运与祖国的命运息息相关，祖国的强弱兴衰与他们的荣辱休戚与共，祖国强，则华侨荣；祖国弱，则华侨辱。所以，他们虽身居海外，远离故土，但是高度认同中华民族文化，弘扬中华民族精神，始终不忘炎黄根本，爱国爱乡，与祖籍国和家乡一直保持着千丝万缕的密切联系，并且身体力行，为祖国的革命事业、建设事业和改革开放大业奔走呼号，慷慨解囊，以身报国；为家乡的经济发展投入了大量资金，倾注了乡土情结，回报桑梓，彰显了中华民族大家庭特有的凝聚力、向心力、感召力和影响力，赢得了世界普遍赞誉。

（二）对华侨华人的赞誉与评价

早在1857年，恩格斯在他的《波斯与中国》一文中就高度评价了广东人民和华侨华人一起联合抵抗外国侵略的英勇壮举："现在至少在南方各省（直到现在军事行动只限于这些省份之内），民众积极地而且是狂热地参加反对外国人的斗争……甚至旅居国外的华侨——他们向来是最听命和最驯顺的国民——现在也密谋起事，突然在夜间起义……英国政府的海盗政策已引起了一切中国人反对一切外国人的普遍起义，并使这一起义带有绝灭战的性质。"②

改革开放以来，对于华侨华人的卓越贡献我国领导人给予了高度评价。1977年10月2日，邓小平同志在接见港澳同胞国庆代表团和香港知名人士利铭泽夫妇时就指出，说什么"海外关系"复杂不能信任，这种说法是反动的。我们现在不是海外关系太多，而是太少。海外关系是个好东西，可以打开各方面的关系。1993年1月22日，邓小平在同上海各界人

---

① 广东省地方史志编纂委员会：《广东省志·华侨志》，广东人民出版社1996年版，第10页。
② 《马克思恩格斯选集》第2卷，人民出版社1972年版，第19～20页。

士迎新春佳节时又强调，中国与世界各国不同，有着自己独特的机遇。比如，我们有几千万爱国同胞在海外，他们对祖国做出了很多贡献。

1999年1月18日，江泽民同志在接见全国侨务工作会议代表时的讲话中指出，分布于世界各地的广大华侨华人，是中华民族一个重要的人才资源宝库，其中科技人才就有几十万，既有享誉世界的科学家，也有成绩显著的中青年科技人才，他们在当今一些重要的高科技领域取得了卓越的成就，我们一定要十分珍惜。新千年的第一个春天，江泽民同志来到我国最大的侨乡广东。2000年2月25日，江泽民同志在广东考察工作时特别强调，广东还有一个独特的优势，就是广东籍的侨胞和港澳台同胞近3000万，世界五大洲都有广东乡亲。你们要善于利用这些优势实施好"走出去"的战略，进一步提高对外开放水平。能不能抓住机遇，把"走出去"这篇文章做好，也是直接关系广东的经济发展能否"增创新优势，更上一层楼"的又一个重要前提。

2007年，胡锦涛同志对华侨华人给予了高度褒扬和深情寄语："希望广大华侨华人在推动住在国发展和进步的同时，发扬中华民族的优良传统，努力做中国现代化建设的积极参与者，做中国统一大业的积极促进者，做中华文明的积极传播者，做中国人民和世界各国人民友好交往的积极推动者，为中国的繁荣与进步、为世界的和平与发展作出更大的贡献。"①

2014年6月6日，习近平总书记在会见第七届世界华侨华人社团联谊大会代表时强调指出，在世界各地有几千万海外侨胞，大家都是中华大家庭的成员。长期以来，一代又一代海外侨胞，秉承中华民族优秀传统，不忘祖国，不忘祖籍，不忘身上流淌的中华民族血液，热情支持中国革命、建设、改革事业，为中华民族发展壮大、促进祖国和平统一大业、增进中国人民同各国人民的友好合作作出了重要贡献。

---

① 吴亚明、石国胜：《胡锦涛会见第四届世界华侨华人社团联谊大会代表》，《人民日报》2007年6月21日。

二、南粤华侨华人的爱国爱乡之情

众所周知，我国近现代历史上许多著名人物是广东籍华侨先驱。在政界方面，有康有为、梁启超、孙中山、叶剑英等；在实业界方面，有回国兴办第一家缫丝厂的南海籍华侨陈启沅，兴办"张裕葡萄酒公司"的大埔籍华侨张振勋，兴办新宁铁路的台山华侨陈宜禧等；在商业界方面，有创建上海永安百货公司的华侨郭乐、郭泉兄弟，创建先施百货公司的华侨马应彪等；在教育界，有开创中国留学教育先河的珠海籍华侨容闳等。此外，还有"洪门元老、一生爱国"的著名华侨领袖司徒美堂，集实业家、慈善家、领事、侨领一身的珠海籍华侨陈芳，为汕头市政建设做出贡献的泰国米业大王澄海籍华侨陈慈黉等。他们对中国近现代文明发展做出突出贡献，他们的思想和精神是广东精神文明的重要组成部分。① 广大华侨华人从辛亥革命、抗日战争一直到现在，对于广东乃至对于近现代和当代中国每一个阶段的发展都曾经做出过举足轻重的不可磨灭的杰出贡献。

（一）华侨是革命之母

孙中山先生1866年11月12日出生于广东香山（今中山市）翠亨村一个贫苦农民家庭，12岁时随母远赴檀香山，开始了他的海外经历。之后，孙中山自1895年到1911年在海外流亡长达16年，从立志革命到辛亥革命成功，绝大部分时间都是在海外华侨社会中度过的。他多次在东亚、东南亚进行革命活动，都得到华侨的广泛支持，因为他自己就是广东籍人，所以尤其得到广东籍华侨的拥护。② 华侨华人在辛亥革命中建立了不朽功勋，凸显了强烈的爱国主义精神，书写了华侨华人历史的光辉篇章。"华侨的思想，开通较早，明白我党主义在先，所以他们革命也是在先。每次起革命，都是得海外的力量。"③

其一，组织上华侨华人是兴中会和同盟会的中坚骨干。

---

① 资料来源：http://www.gd.gov.cn/gdgk/sqgm/qxqq/201303/t20130312_176017.htm，广东省人民政府网站。
② 刘权：《广东华侨华人史》，广东人民出版社2002年版，第238页。
③ 《孙中山全集》第8卷，中华书局1986年版，第280页。

1894年11月24日，孙中山在檀香山创立了我国第一个资产阶级革命团体——兴中会，会员起初全部是华侨，成员当年由24人发展到126人，除籍贯不明的10人外，其余全部是广东人。在日本横滨，孙中山也积极发展革命组织成立横滨兴中会，成员有17人。根据冯自由《革命逸史》记述，这17名兴中会会员全是广东省籍，其中南海12名，新会2名，香山2名，三水1名。① 据统计，到同盟会成立前各地兴中会会员发展到300多人，其成分可考者有279人，其中海外华侨有219人，占78%，包括工人、职员、知识分子、中小商人以及资本家各阶层的华侨。② 1905年8月20日，中国同盟会在日本东京成立，诞生了中国近代第一个资产阶级革命政党。自此之后，同盟会在各地华侨华人的积极支持下，在南洋、欧洲、美洲等地区相继成立分会。"凡有华侨所到之处，几莫不有同盟会员之足迹。"③

　　其二，经济上华侨华人为革命慷慨助饷。

　　孙中山曾经感叹，在辛亥革命中，"慷慨助饷，多为华侨"。④ 广大海外华侨华人，无论是工人、职员，还是小商小贩、华侨资产阶级，他们都怀有强烈的中华民族情感和赤诚的爱国主义思想。他们心系祖国，积极支持国内革命，踊跃捐款捐物。据不完全统计，从1895年至1912年，华侨捐款达800多万港元。⑤ 仅黄花岗起义，海外华侨便捐助了187636元。⑥ 海外华侨华人的爱国义举，俯拾皆是。如孙中山的胞兄孙眉是檀香山的华侨农牧家，先后捐助革命经费数十万元。⑦ 新加坡华侨资本家林受之（广东潮州籍），仅潮州黄冈起义就捐款两万元，此后各役，不遗余力，"连两位夫人的私蓄也都献出"，以致"儿女众多，无力使之一一完成教育，只

---

① 冯自由：《革命逸史》第4集，中华书局1981年版，第15页。
② 陈民、任贵祥：《华侨史话》，社会科学文献出版社2000年版，第114～115页。
③ 冯自由：《中华民国开国前革命史》下册，中国文化服务社1946年版，第42页。
④ 《中国革命史》，见《国父全集》第2册《专著》，第94页。
⑤ 黄昆章：《慷慨助饷勇赴国难》，南方日报社、广东省人民政府侨务办公室《华侨华人与广东改革开放30周年》，第33页。
⑥ 邹鲁：《广州三月二十九革命史》，第17页。
⑦ 张永福：《南阳与创立民国》，中华书局1933年版，第102页。

得分散在南洋各地，自食其力佣工为生。"① 越南堤岸以卖豆芽为生的华侨小商贩黄景南（广东新会籍），为了支援革命，可谓毁家纾难。"其出资勇而挚者，安南堤岸之黄景南也。倾其一生之蓄积数千元，尽献之军用，诚难能可贵也"。② 诸如此类，不胜枚举，正如孙中山自己所回忆："有许多人，将他们的全部财产交给我。费城的一个洗衣工人，在一次集会后来到我住的旅馆，塞给我一个麻袋，一声没吭就走了，袋里装着他二十年的全部积蓄。"③ 华侨华人为了拯救国家危亡、民族危难，舍小家顾国家，爱国之心、赤子之情，永远彪炳史册，激励后人。有关华侨对孙中山先生先后组织发动的十次武装起义捐款数目如表2-4所示：④

表2-4 华侨对辛亥革命前孙中山发动的十次起义捐款估计

起义次数	年　代	战　役	捐款额（单位：多为港元）
1	1895	广州之役	31000
2	1900	惠州之役	143000
3	1907	潮州黄冈之役	209000
4	1907	惠州七女湖之役	
5	1907	防城之役	
6	1907	镇南关之役	
7	1908	钦廉之役	
8	1908	河口之役	
9	1910	广州新军之役	29000
10	1911	广州"三二九"之役	187000
第十次起义善后费			21000
估计总数			620000

（注：此表根据蒋永敬的《华侨开国革命史料》编制。十次起义的捐款，除香港

---

① 《新加坡一百五十周年》，《南洋商报》1969年版，第657页。
② 《孙中山全集》第3卷，中华书局1984年版，第72页。
③ 广东社会科学院历史研究室等：《孙中山全集》第1卷，中华书局1981年版，第555页。
④ 蔡北华：《海外华侨华人发展简史》，上海社会科学出版社1992年版，第165页。

同胞和日本友人等捐助少量外，其余绝大部分为华侨所捐献。）

其三，战场上华侨华人是武装起义的生力军。

从兴中会成立到武昌起义，孙中山先后直接或间接组织、领导和指挥了至少 10 次武装起义，每次都有华侨华人参加。许多广东华侨华人不仅为这些武装起义提供了经济援助和组织保障，而且积极加入革命队伍，在战斗的最前线冲锋陷阵，奋勇杀敌，血染沙场。1895 年 10 月，孙中山在广州策划了第一次武装反清起义，檀香山华侨邓荫南（广东开平籍）、宋居仁（广东花县籍）等多人参加；1900 年的惠州三洲田起义，由华侨郑士良（广东归善籍，即惠阳）、黄福（广东新安籍，即深圳宝安）发动和领导；1907 年 5 月的潮州黄冈起义，指挥者是新加坡华侨许雪秋（广东潮安籍），6 月的惠州七女湖起义，领导人是新加坡华侨邓子瑜（广东博罗籍）；尤其是 1911 年 4 月 27 日（辛亥年 3 月 29 日）黄花岗起义爆发，参加这次起义的华侨革命志士不下 500 人。在此次起义殉难的 86 位烈士中，共有华侨 31 人，其中广东籍的有 29 人，基本上是工人、学生、教员、商人、记者等普通民众。[1] 国家兴亡，匹夫有责。在祖国生死存亡之秋，"我以我血荐轩辕"，广大华侨华人用自己的鲜血和生命，谱写了一曲又一曲悲壮的革命之歌，构筑起一座又一座不朽的历史丰碑。

其四，舆论宣传上华侨华人为革命鼓与呼倾力办报刊。

舆论是行动的先导，辛亥革命武昌首义成功，离不开海外华侨华人在世界各地的强势舆论宣传。辛亥革命时期，华侨创办了数十种革命报刊，1911 年以前，单是南洋华侨出资创办的革命派报纸就有 30 多种。这些报刊宣传民主革命思想，同保皇派展开激烈论战，极大地提高了华侨的觉悟。以下是全球较有影响及有代表性的革命派报纸：《自由新报》（檀香山）、《少年中国晨报》（旧金山）、《大汉日报》（温哥华）、《新民国报》（温哥华）、《中兴日报》（新加坡）、《图南日报》（新加坡）、《光华日报》（槟城）、《暹华日报》（曼谷）、《觉民日报》（仰光）、《泗滨日报》（印

---

[1] 刘权：《广东华侨华人史》，广东人民出版社 2002 年版，第 242 页。

尼泗水)、《苏门答腊民报》《印尼棉兰》《公理报》(菲律宾)。①

另外,华侨还积极创办书报社。1911年以前仅南洋各地华侨办的书报社就有几百个,这些书报社既广泛地联络和团结了爱国侨胞,又有效地宣传和播种了革命思想。辛亥革命时期华侨华人在世界各地创办的报刊报社,无情地鞭挞了清王朝的没落与腐朽,有力地揭露了封建帝制的残暴与昏庸,积极宣传了资产阶级民主革命思想。如日本著名华侨冯自由(广东南海籍)所言,《中兴日报》的影响逐渐扩大,"销数达四千份,各埠华众直接受其感化,实非浅鲜。"② 华侨报刊报社犹如春风化雨,唤醒了国人包括华侨华人"天朝上国之迷梦",激活了潜藏在中华儿女内心深处的民族意识、乡梓情结和家国情怀,在海内外形成了强势的革命舆论氛围,为武昌首义的最后胜利奠定了良好的思想基础。

千百万海外华侨华人和港澳同胞,心系祖国,为了支持革命奔走呼号,慷慨助饷,勇赴国难,不仅有力地支援了国内革命斗争,而且大大提升了中华民族的民族凝聚力和国际影响力。难怪后来孙中山评价华侨华人在推翻清王朝统治中所作贡献时,言简意赅地给予了高度赞誉:"前时帝制之破坏,华侨实为一最大之力,"③"华侨是革命之母。"④

(二)抗日战争的重要力量

1931年9月18日夜,蓄谋已久、旨在灭亡中国的日本侵华战争打响,日本帝国主义不宣而战,发动震惊中外的"九一八"事变。之后仅四个多月,日本侵略者就吞并了3倍于日本本土面积的中国东北全境,我国东北近100万平方公里的美丽河山转眼间沦为日本帝国主义的殖民地,近3000万中华儿女由此陷入水深火热的亡国阵痛之中。人民艺术家张寒晖创作的著名抗战救亡歌曲《松花江上》至今让人肝肠寸断、彭湃激越:"……九·一八,九·一八,从那个悲惨的时候,脱离了我的家乡,抛弃那无尽的宝藏,流浪!流浪!整日价在关内流浪!哪年,哪月,才能回到我那可爱

---

① 黄昆章:《慷慨助饷勇赴国难》,南方日报社、广东省人民政府侨务办公室《华侨华人与广东改革开放30周年》,第33页。
② 冯自由:《华侨革命组织史话》,台北正中书局1974年版,第50页。
③ 《孙中山全集》第3卷,中华书局1984年版,第374页。
④ 张永福:《南洋与创立民国·绪言》,中华书局1933年版,第1页。

的故乡？哪年，哪月，才能够收回我那无尽的宝藏？爹娘啊，爹娘啊！什么时候，才能欢聚一堂？……"① 东北危急！华北危急！中华民族危急！中国人民从此开始了抗日救国的民族解放战争，海外华侨华人支援祖国抗日的爱国救亡运动也由此走向高潮。

其一，侨众联合，抵制日货。

"九一八"事变点燃了华侨华人炽热的爱国激情。欧洲各地纷纷建立抗日爱国救亡团体，如瑞士华侨抗日救国会、法国华侨抗日救国联合会、旅英各界华侨抗日救国会、旅德华侨抗日联合会等。1936年9月20日，成立全欧华侨抗日救国联合会。南洋各地如新加坡、马来亚、缅甸、越南、菲律宾、印尼、泰国等地华侨救国团体也相继成立。七七事变后，1938年10月10日，成立"南洋华侨筹赈祖国难民总会"，新加坡著名爱国侨领陈嘉庚担任主席，印尼侨领庄西言、菲律宾侨领李清泉担任副主席。美洲、非洲、大洋洲各国华侨也都建立了抗日救国团体，如全美十余万洪门侨胞成立"全美洲洪门总干部"，著名洪门侨领司徒美堂（广东开平籍）担任监督。同时，海外华侨华人坚决抵制日货，以支持祖国抗日战争。抵制日货运动对"日本经济界之影响不少，尤其在海运界，当次夏季货色迟钝之时，所受打击更深"，甚至"于贸易上无直接关系之日人医生、旅馆理发业、鱼贩杂货店等，因华客绝迹，所入不及平日1/3，大受损害"。② 在1938年最初3个月里，东南亚日货的销路锐减54%，每月损失2000万元。③ "华侨商家均先后秘密议定，宁愿忍痛牺牲丰厚的利润，实行与日商断绝往来。"④

以欧、亚、美三大侨团为核心的3541个大小华侨团体，犹如蓝天上的星星，紧紧地把世界各地千余万广大华侨团结在抗日救国的旗帜下，在海外组成了一支浩浩荡荡的抗日救国大军，成为祖国抗战的一支有生

---

① 张铭华、经盛鸿：《国耻国魂　中国孩子必须永远铭记的历史》，广西师范大学出版社2009年版，第42页。
② 暨南大学南洋美洲文化事业部：《南洋研究》第2卷，第4号，第130～132页。
③ 黄珍吾：《华侨与中国革命》，第330页。
④ 黄警顽：《华侨对祖国的贡献》，第158页。

力量。①

其二，捐款捐物，支援抗战。

"九一八"事变、"一·二八"事变、"七七"事变，日本帝国主义的铁蹄在中华大地无休止地进行残暴而疯狂的蹂躏与践踏，这种赤裸裸的侵略行径激起了全体中华儿女救亡图存的爱国之情，加速了海内外抗日民族统一战线的建立。正如毛泽东同志所强调，抗日民族统一战线，并不只是国共两党的，而是"全民族的统一战线""是工农兵学商一切爱国同胞的统一战线"。②抗日救国，华侨有责。不分男女老少、地域职业，一切为了抗战，华侨争先恐后，捐款捐物，涌现了无数可歌可泣的真实动人的爱国壮举，闪耀着以爱国主义为核心的中华民族精神。许多华侨工人、店员、职员、农民、教员等，虽然收入并不丰厚，家庭生活并不富裕，即使负担很重，也节衣缩食，将自己用血汗换来的工资的一部分，甚至整个月的工资，捐献给祖国神圣的抗日事业，这种忘我献身精神极为感人。③抗日战争时期华侨捐款达70亿元（关于捐款数字资料不统一。另一说为26亿元或13亿元）。④1938年至1947年世界各地华侨向中国的汇款额如表2-5所示，由此可见华侨华人爱国主义精神之一斑：⑤

表2-5　1938年至1947年各地向中国的汇款额

汇款地	汇款额
伦　敦	12000000 英镑
香　港	5000000 港币
马来亚	57000000 马来亚元
缅　甸	7000000 卢比
菲律宾	7000000 比索

---

①　陈民、任贵祥：《华侨史话》，社会科学文献出版社2000年版，第149～150页。
②　《毛泽东选集》第2卷，人民出版社1966年版，第354页。
③　温广益等：《印度尼西亚华侨史》，海洋出版社1985年版，第346页。
④　黄昆章：《慷慨助饷勇赴国难》，南方日报社、广东省人民政府侨务办公室《华侨华人与广东改革开放30周年》，第33页。
⑤　蔡北华：《海外华侨华人发展简史》，上海社会科学院出版社1992年版，第74页。

（续上表）

汇款地	汇款额
东印度群岛	8000000 盾
印度支那	4000000 皮阿斯特
泰　国	5000000 铢
美　国	70000000 美元

（资料来源：《中国手册》，1950年。转摘自［美］宋李瑞芳著：《美国华人的历史和现状》商务印书馆1984年版，第268页）

除捐款之外，海外华侨还捐献各种物资以支援祖国的抗战事业，以及赈济灾民。从抗战爆发到1940年10月，海外华侨捐献各种飞机共217架，作战车辆27辆，救护车1000多辆，大米10000袋，药品、衣服、胶鞋及其他用品共计3.5亿元（约合1.06亿美元）。[①]

其三，回国参战，卫国保家。

在抗日战争时期，爱国华侨华人除了成立各种抗日救国联合会、坚决抵制日货、积极捐款捐物之外，他们还踊跃回国参军，直接参战。以参加空军抗战尤为突出。菲律宾参加空军的华侨青年有62人，1940年7月，越南华侨青年回国报考空军的有145人，美国华侨飞行员有200多人。广东空军队长、飞行员几全为华侨。1937年8月，美国华侨飞行员黄泮扬（笔者注：广东恩平籍）、陈瑞钿（笔者注：广东台山籍）各击落敌机8架、6架，晋升为飞行大队长。印尼华侨青年李林（女）、游济军、梁添成、吕天龙、陈镇和、谢全和以及刘盛芳等都是回国参战的杰出代表，有些在作战中英勇献身。1939年至1942年，有3200多名南洋华侨机工活跃在滇缅公路，千余人战死、病死或失踪，为抗战作出了杰出贡献。[②] 据广东省侨务委员会统计，抗战期间，归国参战的广东籍华侨有4万多人，其中南洋各地约有4万人，美洲和大洋洲等地约1千人。回国参战的广东籍

---

① 王达夫：《购买公债是华侨光荣的任务》，《人民日报》1950年1月5日。
② 黄昆章：《慷慨助饷勇赴国难》，南方日报社、广东省人民政府侨务办公室《华侨华人与广东改革开放30周年》，第33页。

华侨中有许多人为抗战献出了宝贵的生命。① 正如原广东省东江纵队司令员曾生在一篇回忆录中所言："不少华侨子弟直接参加爱国的抗日战争。华侨子弟们在工作中，在战斗中，同样艰苦顽强，同样不怕流血牺牲，表现出高度的爱国主义精神。"②

（三）新时期华侨华人的家国情怀

华侨华人虽然身处异国他乡，却心向祖国，情系桑梓。从辛亥革命到抗日战争，从解放战争到社会主义革命时期，从社会主义建设到改革开放新时期，家乡、祖国的建设、发展与繁荣离不开他们的大力支持和帮助，凝聚着他们的心血和汗水。2008年8月29日，广东省侨办、东莞市人民政府和南方日报社共同主办的"同根同源合作发展——海外华侨华人与广东改革开放论坛"，高度评价了海外华侨华人对广东改革开放以来取得辉煌成就的杰出贡献："30年来，海外侨胞、港澳同胞是广东改革开放最积极的开拓者，最有力的推动者，最无私的奉献者，与广东人民一起创造了改革开放的辉煌。"③"广东的改革开放，可以说是源于侨，兴于侨，也成于侨……可以说，广东的改革开放和现代化建设能取得今天的成绩，海外侨胞、港澳同胞功不可没！"④

我国海外侨胞、港澳同胞素有爱国爱家、念祖恋乡的中华文化传统，一直关注、支持祖国以及家乡的经济文化建设和社会发展等各项事业。改革开放以后至2011年，海外侨胞、港澳同胞捐赠折合人民币逾470亿元，捐建道路、桥梁、学校、医院、图书馆、体育馆等逾3.2万项，建立各种公益事业基金会近3000个。截至2011年年底，广东省累计实际利用外资2700多亿美元，其中近七成是侨港澳资金；全省侨资企业总数5.55万家，占全省外资企业总数的六成多。广东以侨为桥引进大量海外人才、先进科学技术和现代化管理理念。全省留学回国华侨华人专业人士达5万多人，

---

① 刘权：《广东华侨华人史》，广东人民出版社2002年版，第250～251页。
② 曾生：《广东人民抗日游击战争的回忆》，《南方日报》1951年9月3日。
③ 徐林、戎明昌、谢苗枫：《200多海内外嘉宾共商合作大计》，《南方日报》2008年8月30日。
④ 《铭记侨胞贡献 携手再创辉煌》，南方日报社、广东省人民政府侨务办公室《华侨华人与广东改革开放30周年》，第4页。

创办企业3000多家。① 正如2012年3月21日在会见广东侨务工作会议代表时，时任省委书记汪洋指出："广东永远不能忘记广大华人华侨和侨务工作者对我省改革开放和现代化建设所作出的卓越贡献。广东有3000万华侨华人，分布在世界160多个国家和地区，占全国华侨华人总人数六成，省内还有2000多万归侨侨眷，这是广东的独有优势和重要资源。改革开放30多年来，广东取得的举世瞩目的伟大成就，离不开广大华人华侨的大力支持，离不开广大侨务工作者的辛勤努力。海外华人华侨和港澳台同胞一直是广东经济发展重要的投资主体，是广东对外交流的桥梁纽带。没有华人华侨，广东不可能这么快了解和接纳外部世界，外国企业也不可能这么快认识和融入广东。"②

综合上述三个特殊时期海外华侨华人的典型事迹与案例不难看出，海外华侨华人与中华民族不能割舍、无法剥离的情结已经成为中国精神的组成元素，也是实现中华民族伟大复兴的中坚力量。华侨华人具有强烈的爱国主义意识与传统以及炽热的赤子情怀，生生不息、薪火相传。他们在异国他乡努力打拼的同时，始终牵挂着祖国的安危兴衰，并为之身体力行，谱写了一曲又一曲可歌可泣的英雄赞歌，在世界各地树立起华侨华人爱国恋家的光辉典范。

他们让世界了解中国，让中国走向世界，牵线搭桥，功不可没。在美国耶鲁大学名人堂悬挂的众多肖像中，不仅有布什、克林顿等从耶鲁大学毕业的美国政要，还有一幅来自广东香山的中国人肖像——容闳，美国人誉为"中国留学生之父"。正是容闳在1847年拉开了中国历史上真正意义上的留学序幕，首倡官派"留美幼童"教育，为闭关锁国的封建清王朝开启了一扇了解太平洋彼岸世界的窗口。"海外华侨华人以聪明、勤劳、善良的优秀品质在世界各国赢得好口碑，为中国实现和平崛起创造了重要的条件，是中国走向世界的重要桥梁，是中国引进境外先进技术、资金和人

---

① 资料来源：http://www.gd.gov.cn/gdgk/sqgm/qxqq/201303/t20130312_176017.htm，广东省人民政府网站。

② 胡键：《华人华侨仍是广东发展倚重力量》，《南方日报》2012年3月22日。

才的重要纽带。"①

华侨华人最早接触现代文明，耳濡目染海外新思想新观点，并将中华文化推介、传播到世界各地，同时将现代文明引介到祖国、家乡，成为连接祖国、家乡与世界的载体。国是家的国，家是国的家。在祖国需要的时候，海外华侨华人赤诚的爱国之情、报国之志犹如滚滚长江、滔滔黄河之水，川流不息，源源不断，成为弥足珍贵的中华民族精神财富，激励着后辈炎黄子孙为建设富强、民主、文明、和谐的祖国而奋勇前进。2012年4月9日，"第六届世界华侨华人社团联谊大会"在北京人民大会堂开幕，时任国务院侨办主任李海峰在开幕式上作题为《弘扬中华文化、展示侨胞形象》的主题报告时表示，据有关研究成果，中国有5000万海外侨胞，分布在世界170多个国家和地区。海外华侨华人社会发展迅速，凝聚力增强，在住在国的地位和影响日益提升。

今天，广东作为全国第一侨务大省，正站在新的历史起点上，正在以全球视阈谋划未来发展蓝图。这些遍布世界各地的"海外关系"依然、当然亦必然是个好东西，不但是丰厚的人力资源、财力资源，而且是优质的文化资源、教育资源。继续充分发挥、开发和把握好这个独特优势与资源，为建设幸福广东、提升我国的国际地位、促进祖国早日实现统一作出更大的贡献，广东高校义不容辞，责无旁贷。

第四节　南粤海防传统：维护国家海洋权益

近年来，我国南海、东海、黄海海域摩擦和争斗不断：在南海，越南、菲律宾等部分东南亚国家以挑衅性的姿态轮番蚕食我国海洋资源；在东海，日本政府不顾我国政府坚决反对和反复严正交涉，实施所谓钓鱼岛"国有化"，公然侵犯我国领土主权和海洋权益；在黄海，我国渔民与韩国海警在渔业资源的争夺中甚至付出了生命的代价。在当今世界各国高度重

---

① 胡键：《汪洋会见"海外华侨华人与广东改革开放论坛"海外代表》，《南方日报》（网络版）2008年8月29日。

视海洋资源、强势介入和争夺海洋空间的复杂背景下,党的十八大报告审时度势,明确指出:"提高海洋资源开发能力,发展海洋经济,保护海洋生态环境,坚决维护国家海洋权益,建设海洋强国。"① 这是中国共产党历史上第一次在党代会报告中对国家海洋发展战略的系统性阐述,也是在当今世界各国高度重视海洋资源和海洋权益的复杂背景下提出的重大战略抉择。

我国是一个陆地大国,拥有 960 万平方公里陆地国土面积,同时我国又是一个海洋大国,拥有 300 万平方公里蓝色海洋国土面积和 1.8 万公里海岸线。海洋是人类赖以生存和发展的摇篮和重要基础,大约占地球表面积的 71%。早在 2001 年联合国就将 21 世纪定义为"海洋世纪"。海洋世纪是人类全方位认识和把握海洋、全面开发和利用海洋、世界各国共同保护和管理海洋的新世纪,海洋文化、海洋科技、海洋经济等"蓝色风暴"在世界各地风起云涌。事实印证了 17 世纪西方政治家英国雷莱爵士的这句名言:"谁控制了海洋,谁就控制了世界贸易;谁控制了世界贸易,谁就控制了世界的财富,因而就控制了全世界。"②

翻开近代史,欧美强国无一不是从海上崛起。我国遭受的安全威胁和外来侵略也主要来自海上,第一次鸦片战争以来我国先后遭到海上入侵 470 余次。历史与现实以无可辩驳的事实说明,中华民族要建设海洋强国,必须激活国人海洋意识的回归、海权观念的觉醒与强化,必须着力培育和提升国人尤其是青年大学生的海洋意识、海权观念,承继我国东南沿海悠久的海防传统,建设强大海军,捍卫国家蓝色领土权益。

一、广东:首屈一指的海洋大省

广东,简称"粤",地处祖国的南疆,毗邻港澳,陆路与广西、湖南、江西、福建等四省区相接,与海南省(1988 年中央决定将海南行政区从

---

① 胡锦涛:《坚定不移沿着中国特色社会主义道路前进 为全面建成小康社会而奋斗》,《人民日报》2012 年 11 月 18 日。
② 王祖温:《弘扬航海文化 建设航海强国》,《岭南大讲坛·学术论坛》第 17 期,2007 年 8 月 30 日。

广东划出，设立海南省）隔海相望。重要的是，广东濒临南海，区位独特，自古以来为兵家必争的战略高地。南海占我国海洋国土面积三分之二以上，海洋资源极为丰富，战略地位显要。广东省东临台湾海峡，西连北部湾，海岸线长4114公里，海域面积达42万平方公里（笔者注：为广东陆域面积的2.3倍），岛屿759个，港湾570多处。现有沿海地级以上市14个，沿海县（市、区）45个，是我国名副其实的海洋大省和海防大省。① 广东作为华南地区的行政主体，曾经最大管辖范围包括今天的广东、海南、广西3省（区）以及越南北部部分地区。与此相应的是，广东省历史上所管辖的最大海域范围，包括从台湾海峡及福建省以西以南的整个南海沿海地区、附近岛屿以及广阔的南海海域。②

广东自古以来临海而立，因海而兴，是我国首屈一指的海洋大省和海防大省，具有丰富而悠久的海防历史和传统。关于海防的重要战略地位，美国著名海军历史学家、海军战略理论家阿尔弗雷德·塞耶·马汉曾经有一句名言："海上力量的历史，在很大程度上就是一部军事史。一个濒临海洋或者要借助于海洋来发展自己的民族，海上力量就是一个秘密武器。"③

广东地处祖国的南大门，也是连接西太平洋与东南亚、印度洋的咽喉之地，历来是我国海防要冲与前哨。揭开中国近代史序幕的鸦片战争就是在广东首先打响，南粤大地曾经发生过无数次著名的抗击外来入侵的英勇战争，涌现了许多感天动地的光辉事迹与英雄人物，留存了丰富而珍贵的海防历史遗迹，是传承爱国主义的鲜活教材，是加强爱国主义教育的生动实例。

21世纪是海洋的世纪。熟悉广东海洋区位优势，把握广东悠久海防历史，承继广东海防传统，维护国家海洋权益，是广东高校大学生弘扬爱国主义精神和实践社会主义核心价值体系的有效途径，是新时期广东高校红色教育的主要特色和重要内容之一，也是新世纪新时期我国高校国防教育、维护国家海洋权益以及建设海洋强国的题中之义和必然要求。

---

① 广东海防史编委会：《广东海防史》序，中山大学出版社2010年版，第1页。
② 广东海防史编委会：《广东海防史》序，中山大学出版社2010年版，第8页。
③ [美]马汉：《海权论》，一兵译，同心出版社2012年版，第1页。

二、承继海防传统　弘扬爱国精神

1840年的鸦片战争，标志着中国独立主权沦丧的开始。帝国主义列强的"坚船利炮"打开了中国的大门，中华民族由此开始沦为半殖民地半封建社会。后来中国海军军事学术研究所研究员左立平曾经总结："从1840年至1949年的100多年间，中国遭受了世界列强近479次的入侵，规模比较大的应该是84次，入侵的舰船1860多艘，兵力47万多人。中国几乎所有的重要港口，还有港湾岛屿，屡遭外强的蹂躏。"[1] 辽阔的蓝色海洋一度成为中国这个东方巨龙的天然屏障，护佑着中华文明生生不息，世代繁衍。然而，鸦片战争时期的枪炮声永远地打破了这份静谧与安宁，广东无疑是处在战争的风口浪尖，近现代广东海防、海战由此发轫。"以史为鉴，可以知兴衰"。本文从浩瀚的广东海防史料中撷取几朵晶莹的浪花，管窥广东军民捍卫国家海疆的英勇壮举，以承继南粤悠久的海防传统，切实感受爱国主义教育、国防教育和海权教育。

（一）广东海防传统概要

1. 近代时期

鸦片战争首先在广东海域打响，广东成为中国人民抗击西方殖民列强入侵的最前沿。在珠江口水域、沙角、大角、虎门炮台要塞和广州近郊三元里一带爆发了广东军民抵抗侵略者的顽强战斗。[2] 时势造英雄，许多先进的中国人在南粤大地书写了人生的光辉篇章，彪炳史册。1841年1月的沙角之战，老将陈连升父子二人奋勇杀敌，抗击英军，最后寡不敌众，为国捐躯。同年2月在虎门之战中，悲壮一幕再度上演。关天培在威远炮台与麦廷章等20多人血染疆场，壮烈牺牲。广东东莞人邓世昌在甲午海战中临危受命，视死如归，誓与"致远"号军舰共存亡，义不独生，以身殉国。

痛定思痛！林则徐、张之洞、魏源、邓廷桢等开明人士积极为清朝海

---

[1] 走向海洋节目组：《走向海洋》，海洋出版社2012年版，第149页。
[2] 广东海防史编委会：《广东海防史》，中山大学出版社2010年版，第217页。

防建设献计献策，如以守为战、培养海军人才、师夷制夷、全民海防等思想都有力促进了广东海防近代化建设；广东顺德人梁廷枏著有《广东海防汇览》《粤海关志》《海国四说》和《粤氛闻记》等著作，成为林则徐在广东禁烟、抗英和海防的重要智囊；1875年广东丰顺人丁汝昌向清政府上疏《海防条议》，系统提出建立新式海军的战略构想，主张大兴民办企业，以发展国民经济，筹集海防资金；① 民主革命先行者孙中山作为近代中国提出振兴海军的第一人，② 对唤醒国人的海权意识产生了深远影响（后文专题论及，此处不赘述）。

1938年的南澳抗日保卫战在全省、全国及港澳同胞、东南亚华侨中引起了极大的震动和反响，被誉为"南澳抗战精神"。③ 这是广东抗日战争的第一仗。在抗日战争时期，广东开辟了两大战场。首先是国民党军队的正面战场，包括南澳岛争夺战、海军在珠江口海上作战，以及江河战略要地的水雷大战，沉重地打击了日本帝国主义。与此同时，在南粤大地和海南岛还活跃着由中国共产党领导的敌后抗日武装。其中，包括东江纵队和琼崖纵队的抗战活动。所有这些战事在某种程度上均属于广东军民抗击外来侵略的大海防战争。④

2. 现代时期

从1949年10月初广东战役发起开始，历经南澳岛战斗、海南岛登陆作战，至1950年8月万山群岛⑤战役结束，中国人民解放军通过4次重大陆海作战行动，成功地解放了广东全境（包括沿海岛屿及海南岛）。广东的解放，为新中国南部海疆安全开创了新的局面。⑥ 新中国成立以来，广东逐步形成了军、警、民三位一体的大海防系统。其中，以驻粤海军部队

---

① 陈寅：《先导——影响中国近现代化的岭南著名人物》（上），深圳报业集团出版社2008年版，第25～28页。

② 林家有：《孙中山研究》第二辑，中山大学出版社2009年版，第193页。

③ 沙东迅：《粤海抗战史谭》，中国文史出版社2005年版，第67页。

④ 广东海防史编委会：《广东海防史》，中山大学出版社2010年版，第337页。

⑤ 万山群岛雄踞虎门前沿和珠江口海面，是华南的天然屏障及广州的重要门户，也是南中国海疆的重要关口，国防、经济、战略地位极为重要，历称"万山要塞"。资料来源：《中国军事百科全书》编审委员会编：《中国军事百科全书·军事历史Ⅲ》，军事科学出版社1997年版，第1186页。

⑥ 广东海防史编委会：《广东海防史》，中山大学出版社2010年版，第339页。

(如南海舰队)为海防海战军事保障力量；以公安海警、海关、海事、海监及边防武警部队为常规海防安全维护的中坚力量；以民兵、高等院校大学生及其他预备役部队为海防海战后备辅助力量。一直以来，在中国共产党的坚强领导下，广东人民坚决捍卫国家领土完整、维护国家海洋权益，为广东的经济社会发展营造了和平稳定的环境氛围，为广东改革开放的顺利开展和深入推进奠定了坚实基础。

3. 坚决维护南海主权，捍卫国家核心利益

南海，亦称为南中国海，自古以来就是中国领土不可分割的组成部分。南海海域岛屿众多，除海南岛、舟山群岛和万山群岛外，还包括广泛分布的由250多个岛、礁、沙、滩组成的南海诸岛（东沙群岛、西沙群岛、中沙群岛和南沙群岛总称南海诸岛）。中国对南海诸岛及其附近海域拥有无可争辩的主权。20世纪30年代初开始，西沙、南沙先后被法国殖民主义者和日本帝国主义侵占。抗战胜利后，中国政府依据《开罗宣言》《波茨坦公告》以及日本签署的无条件投降书的有关条款，从1946年开始进行收复西沙、南沙的工作。① 1946年11月24日，中国海军"永兴"舰、"中建"舰抵达西沙，同年12月12日，"太平"舰、"中业"舰抵达南沙，胜利完成收复任务。同年12月底，中国政府在广州举行中外记者招待会，宣告中国已经收复西沙和南沙群岛。

新中国成立后，南海诸岛行政管辖权一直隶属广东省。1988年海南单独设置建省，西沙群岛、中沙群岛、南沙群岛划归海南省管辖，东沙群岛仍旧隶属广东省。其间，发生了两次比较大的海战：1974年的西沙永乐群岛自卫还击战（西沙海战）和1988年的南沙赤瓜礁保卫战（南沙海战）。

1974年1月19日，中国人民解放军海军与南越海军在西沙海域爆发海战。激战中，中国"389"号扫雷舰中弹起火，给养员郭玉东为了保卫军舰，在身负重伤的情况下，毅然堵塞漏洞，直至壮烈牺牲，被誉为"海上黄继光"。② 海战的第二天即1月20日以人民海军的胜利告终。中国外

---

① 史滇生：《中国海军史概要》，海潮出版社2006年版，第423页。
② 海军史编委会：《海军史》，解放军出版社1989年版，第164页。

交部于 1974 年 1 月 20 日发表严正声明："众所周知，西沙群岛和南沙群岛、中沙群岛、东沙群岛历来就是中国的领土，这是无可置辩的事实……尽管在第二次世界大战前，西沙群岛中的某些岛屿曾一度被法国侵占过，其后又被日本所占据。但是第二次世界大战结束后，西沙群岛同其他南海诸岛一样，已为当时的中国政府正式接收……西贡当局任何企图侵占中国领土的借口，都是根本站不住脚的"。①

1988 年 3 月 14 日，中国人民解放军海军和越南海军在南沙海域发生海战。在海战中，人民海军重创越南舰船，取得了海上保卫战的胜利。为此，中国人民解放军海军参战部队受到了中央军委邓小平主席的通令嘉奖。②

目前，中国南海"岛礁被侵占、海域被瓜分、资源被掠夺"的状况不仅没有改观，一个由多国组成的、松散的、但有共同目标（与中国对抗）的东南亚"南沙集团"又隐然成型，越南、菲律宾、美国等国将南海问题"国际化"的企图更是昭然若揭。③ 南海的战略地位举足轻重，坚决维护我国在南海的海洋权益事关国家核心利益。维护国家海洋权益，捍卫国家领土主权，中国海防、海军建设任重道远！

（二）广东海防炮台遗迹：爱国主义教育和国防教育基地

在我国沿海各省区的万里海疆线上，分布着许许多多的为抗击帝国主义列强入侵我国而修筑的海防炮台（含炮台群）。这些炮台大多建于明朝中叶至民国时期，少量是外国侵略者为维护其在我国的殖民主义霸权而修造。现今留存于广东省内比较著名的海防炮台（含炮台群）有：南澳岛长山尾炮台、澄海大莱芜炮台、南澳岛猎屿铳城、潮阳炮台、广州沙面炮台、番禺沙路炮台、广州大黄滘口炮台、虎门沙角大角炮台、虎门威远炮台、虎门镇远炮台、虎门靖远炮台、虎门南山炮台、珠江口上横档岛炮台、珠江口下横档岛炮台、珠江口大角山炮台、珠海拱北拉塔石炮台、深圳赤湾左炮台、江门崖门炮台等。④

---

① 《人民日报》1974 年 1 月 20 日。
② 海军史编委会：《海军史》，解放军出版社 1989 年版，第 326 页。
③ 走向海洋节目组：《走向海洋》，海洋出版社 2012 年版，第 288 页。
④ 王朝彬：《中国海疆炮台图志》，山东画报出版社 2008 年版，第 119～179 页。

过去，这些炮台都是广东人民抗击外敌入侵的重要海防工事工程，见证了中国人民不畏强暴、浴血奋战的悲壮历史，记录了许多爱国民族英雄如郑成功、林则徐、关天培、邓廷桢、陈连升等人用热血和生命写就的血泪篇章。一个又一个饱经风雨沧桑的陈旧炮台，就是一本又一本鲜活的历史教科书。正如2013年6月25日习近平总书记在中共中央政治局第七次集体学习时所强调："历史是最好的教科书。学习党史、国史，是坚持和发展中国特色社会主义、把党和国家各项事业继续推向前进的必修课。这门功课不仅必修，而且必须修好。"①

今天，广东境内的这些炮台遗迹或遗址都是国家级、省级或市县级文物保护单位、爱国主义教育基地和国防教育基地，也是广东高校开展爱国主义教育和国防教育实践的第二课堂，是承继南粤海防传统、维护国家海洋权益的鲜活载体。

三、孙中山：近代中国提出"振兴海军"第一人

近代中国，与海洋渊源最深的政治家无疑是孙中山。在短暂的59年生命历程中，他四次横渡太平洋，四次横渡印度洋，六次横渡大西洋……一生在海上航行20多万公里，相当于绕地球转了五圈。孙中山是中国历史上第一个系统提出海洋战略的政治家。②

（一）时代背景

1. 帝国主义：崛起于海上

孙中山12岁时就开始远赴太平洋彼岸的檀香山，开始了他的海外求学之路和旅居生活。1895年广州起义失败后孙中山一直在海外流亡，长达16年。在海外他继续开展革命工作，辗转于日本、欧美各国、越南、新加坡等国家，目睹了欧美各国不断进行海上扩张，发展海外贸易，实施海上霸权，崛起于海上。值得一提的是，孙中山先生在海外受美国军事理

---

① 习近平：《在对历史的深入思考中更好走向未来　交出发展中国特色社会主义合格答卷》，《人民日报》2013年6月27日。

② 走向海洋节目组：《走向海洋》，海洋出版社2012年版，第148～150页。

论家马汉的海权论三部曲影响至深：《海权对历史的影响 1660—1783》《海权对法国革命和法帝国的影响：1793—1812》和《海权与 1812 年战争的联系》。孙中山先生重视海洋开发与利用、关注海权、振兴海军等思想的发展与此不无关系。时至今日，马汉有关争夺海上主导权对于主宰国家乃至世界命运都会起到决定性作用的观点，更是盛行世界百余年而长久不衰。

2. 清政府腐朽没落：有海无防

中华民族的屈辱史就是 1840 年英国海军"东方远征军"从广东沿海入侵发动鸦片战争开始一步步沦为半殖民地半封建社会，近代史上第一个丧权辱国的不平等条约——中英《南京条约》就是在英国的战舰"康华利"上被迫签订的。鸦片战争彻底改写了我国近代历史，此后 470 多次的外敌从海上入侵，直接原因正是当时的清政府腐朽没落，有海无防，海上力量薄弱，海权观念落后。近代民主革命先行者孙中山先生认识到清政府的腐败与无为，曾经大声疾呼："惟今后太平洋问题，则实关我中华民族生存中华国家之命运者也，盖太平洋之重心，即中国也，争太平洋之海权，即争中国之门户权。谁握此门户，即有此堂奥，有此宝藏，人方以我为争，我岂能付之不问乎？"① "海军为富强之基，彼英美人常谓，制海者，可制世界贸易，制世界贸易者，可制世界富源，制世界富源者，可制世界，即此故也。"②

3. 个人特殊经历：一生涉海

孙中山出生的地方——广东省香山县（今中山市）翠亨村，位于县东南，负山濒海，距离澳门只有 37 公里。1878 年孙中山先生 12 岁的时候，就随母亲杨太夫人搭乘英国邮轮"格兰诺曲"号，在太平洋上经过约 20 个昼夜的航行到达檀香山，并且在此生活了 5 年之久。后来孙先生回忆自己少年"负笈外洋"的往事时，颇多感慨："始见轮舟之奇，沧海之阔，自是有慕西学之心，穷天地之想。"③ 1895 年孙中山策划广州起义，结果流产失败。后经澳门、香港辗转到了日本，又开始了他在国外长达 16 年

---

① 《孙中山全集》第 5 卷，中华书局 1985 年版，第 119 页。
② 海军司令部：《近代中国海军》，海潮出版社 1994 年版，第 890 页。
③ 《孙中山全集》第 1 卷，中华书局 1981 年版，第 25、47 页。

的流亡生涯。孙中山先生在日本、东南亚、美国和欧洲各地积极从事革命宣传和组织活动。1911年12月25日，历经16年海外流亡生活的孙中山终于回到了上海，回到了阔别多年的祖国怀抱，开始了缔造中国历史上第一个民主共和国的新历程。

更为重要的是，在孙中山亲身经历的辛亥革命、二次革命、护国运动、护法运动等重大军事活动中，海军参加与否成为决定胜败的关键性因素。比如1922年6月16日陈炯明叛变革命，孙中山得益于"永丰"舰（即今天的中山舰）才幸运脱险。陈炯明叛乱是孙中山自革命以来遭受到的最严重的一次打击，在《就陈炯明叛变事件致海外同志书》中，他的心情无比沉重："文率同志为民国而奋斗垂三十年，中间出死入生，失败之数不可偻指，顾失败之残酷未有甚于此役者。盖历次失败虽原因不一，而其究竟则为失败于敌人。此役则敌人以为我屈，所代敌人而兴者，乃为十余年卵翼之陈炯明，且其阴毒凶狠，凡敌人不忍为者，皆为之无恤，此不但国之不幸，抑亦人心世道之忧也。"① 中山先生个人特殊的人生经历，使得他对海洋、海权和海军重要性的认识尤为透彻，可谓铭心刻骨。

（二）积极影响

1. 激活了国民海权意识与海防观念

由于明清时期曾经有相当长的一段时间实行海禁政策，凡是涉海渔业、贸易乃至海神信仰都被禁止，国民的海权意识与海防观念自然遭受到无形的打压与排斥，一度消退甚至沦丧。加之长期以来"重陆轻海、陆主海从"的思想根深蒂固，国民海权意识的落后就可想而知。近代中国与外国列强签订的上千个不平等条约中，大部分都与中国海权有关。孙中山认识到海权与国家的实力休戚相关："自世界大势变迁，国力之盛衰强弱，常在海而不在陆，其海上权力优胜者，其国力常占优胜。"② 孙中山曾经疾呼："国家之生存要素，为人民、土地、主权。"其海权"操之在我则存，操之在人则亡"。③ 正是认识到我国辽阔的海洋不仅没有保卫国家安

---

① 《就陈炯明叛变事件致海外同志书》（1922年9月18日），《孙中山选集》人民出版社1981年版，第518页。
② 《孙中山全集》第2卷，中华书局1982年版，第564页。
③ 《孙中山全集》第5卷，中华书局1985年版，第217页。

全、给百姓带来福祉,反而成为帝国主义列强入侵我国的便利通道,成为遏制国家发展的软肋与瓶颈。难怪在 1912 年 12 月中华民国首任海军总长黄钟瑛病逝后,孙中山在挽联中难掩悲愤之情:"尽力民国最多,缔造艰难,回首思南都俦侣;屈指将才有几,老成凋谢,伤心问东亚海权。"①

从某种意义上说,中国近代史就是帝国主义列强侵略中国的历史,而且是直接从海上入侵中国、攫夺并瓜分中国的战争史。历史应验了我国航海先驱郑和为说服明仁宗朱高炽保留宝船队时的一段话:"欲国家富强,不可置海洋于不顾。财富取之海洋,危险亦来自海上……一旦他国之君夺得南洋,华夏危矣。我国船队战无不胜,可用之扩大经商,制服异域,使其不敢觊觎南洋也……"基于中国当时的国情与严峻的现实,孙中山先生以战略家的智慧和政治家的目光洞察了我国屡遭外敌入侵的症结所在:海权缺失,有海无防。尤其是在 1922 年 6 月陈炯明叛变革命后,孙中山下定了决心要组建一所军校,亲自勘定黄埔长洲岛为校址。黄埔军校前身可追溯到清朝末年的广东陆军小学堂和广东水师学堂,民国以后改设为广东陆军学校和广东海军学校。可以说创办黄埔军校是孙中山戎马一生的重大抉择,也是他遭受多次军事打击和惨痛失败后的经验总结,承载着先生对革命事业的希望,是以特别重视:"如果没有革命军,中国的革命永远还是要失败。所以,今天在这地开这个军官学校,独一无二的希望,就是创造革命军,来挽救中国的危亡""革命军是救国救民的军人"。② 孙中山的海洋战略思想有效激活了国民潜藏在内心深处的海权意识与海权观念,对于唤醒中华民族振兴海军和建设海洋强国的意识发挥了重要的启蒙作用和积极影响。

2. 推动了振兴海军的前进步伐

中国近代史是从海上战争中拉开了半殖民地半封建社会的序幕,无论是鸦片战争还是甲午海战,中国海军不堪一击,丧失殆尽,让人深感有海无防的无奈与悲哀。孙中山从近代中国的历史教训和国家战略的高度出发,在《在福州欢迎会上的演说》中首次提出"海军建设应列为国防之

---

① 海军司令部:《近代中国海军》,海潮出版社 1994 年版,第 888 页。
② 《孙中山全集》第 10 卷,中华书局 1986 年版,第 292 页。

首要"。毋庸置疑，孙中山的振兴海军思想是来源于他对海权意识的深刻认识和高度觉醒："海军实为富强之基，彼英美人常谓，制海者，可制世界贸易，制世界贸易者，可制世界富源，制世界富源者，可制世界，即此故也。""向来革命之成败，视海军之向背"。① 无论是海洋意识觉醒，还是维护国家海洋权益，都必须有强大的海军作为坚强的后盾，否则一切都是纸上谈兵。孙中山深切地感受到近代中国海军的落后："中国之海军，合全国之大小军舰，不过百只，设不幸又外侮，则中国危矣。何也？我国之兵船，不如外国之坚利，枪炮不如外国之精锐也，兵工厂不如外国设备齐备也。"② 为此，先生呼吁："兴船政以扩海军，使民国海军与列强齐驱并驾，在世界为一等强国"。③

孙中山作为近代中国提出"振兴海军"的第一人，把海军建设与国家前途和民族命运紧密连在一起。"作为一个国家，要实现海防现代化，不冲破封建主义的藩篱是不可能的；作为一个民族，如果没有走向世界、搏击海洋大潮的恢宏气魄，也只能是望洋兴叹。"④ 先生提出以海兴国战略思想，强调国家要振兴海军，必须大力发展水运业、造船业和军港："水运是世界上最便宜的方法""西人于水，则轮船无所不通，五洋四海恍若户庭，万国九州伊同阛阓"，中国却是另一番景象，"凡属通商口岸，利益外溢，到处皆然。"⑤ 孙中山在《实业计划》中阐述了六大计划，其中就有三个计划是关于军港建设，他最早提出建设北方、东方和南方三个世界级大港，足以见证先生对海军港口建设的高度重视和深谋远虑。

历史已经并将继续证明：海军建设与发展同维护国家海洋权益、巩固国家海防以及国家的兴衰强弱息息相关。没有强大的海上武装力量，就不可能有国家海洋疆域的安全，海洋权益更是无从谈起。同样地，没有强烈的海洋意识、海权意识和海防观念，就不可能建设强大的海军，就无法抵

---

① 《孙中山全集》第6卷，中华书局1985年版，第219页。
② 《孙中山全集》第2卷，中华书局1982年版，第390页。
③ 《孙中山全集》第2卷，中华书局1982年版，第344页。
④ 张炜：《中国海防思想史》，海潮出版社1995年版，第267页。
⑤ 《孙中山全集》第9卷，中华书局1986年版，第405页；第2卷，中华书局1982年版，第403页。

御和抗击来自海上的危险与侵略,更谈不上维护国家海洋权益,建设海洋强国就无异于痴人说梦,空中楼阁。

3. 新中国高度重视海军建设

令人振奋的是,新中国成立以来,党和国家领导人一直高度重视人民海军建设。早在1949年,毛泽东与朱德在给起义的"重庆"号嘉勉电中就明确指出:"中国人民必须建设自己强大的国防,除了陆军,还必须建设自己的空军和海军,而你们就将是参加中国人民海军建设的先锋。"[①]1953年2月19日,毛泽东主席首次视察海军舰艇部队,在为"长江""洛阳""南昌""黄河""广州"等五舰题词时,接连五次都题写了同样的题词:"为了反对帝国主义的侵略,我们一定要建立强大的海军。"毛泽东同时表示:"帝国主义如此欺负我们,我们要争气,要认真对付。我们的海岸线这么长,一定要建设强大的海军。"[②]

四天内,同样的内容书写了五次。这在毛泽东一生中是绝无仅有的![③]

改革开放以来,邓小平、江泽民和胡锦涛都非常重视海军建设与发展。1979年8月2日,邓小平同志专程登上"济南"舰视察海防,亲笔题词:"建立一支强大的具有现代战斗能力的海军!"1990年2月5日,江泽民为海军题词:"建设祖国的海上长城。"1993年9月24日,江泽民视察了南海舰队,并为海军指战员作了"维护海洋权益 捍卫领土主权"的重要题词。2008年4月9日,胡锦涛在视察海军部队时强调指出,海军是一个战略性、综合性、国际性军种,在维护国家主权、安全、领土完整,维护国家海洋权益和发展利益中具有重要地位和作用,要建设一支与履行新世纪新阶段我军历史使命要求相适应的强大的人民海军。

2013年8月28日,中共中央总书记、国家主席、中央军委主席习近平专程来到大连,登上我国第一艘航空母舰——辽宁舰。在辽宁舰上,习近平总书记检阅了水兵仪仗队,仔细察看了舰载装备设施,详细询问了官兵后勤保障等有关情况。考察结束时,总书记叮嘱辽宁舰舰长和政委要牢记职责,不辱使命,早日形成战斗力和保障力,为建设强大的人民海军作

---

① 《人民日报》1949年3月24日。
② 吴殿卿:《毛泽东与人民海军发展》,《人民海军报》1998年6月11日。
③ 走向海洋节目组:《走向海洋》,海洋出版社2012年版,第172页。

贡献。

总之，新中国成立60多年以来，中国人民海军从无到有、从小到大、从弱到强，已发展成为一支由水面舰艇部队、潜艇部队、航空兵部队、岸防部队和陆战部队等五大兵种组成的水下、水面和水上的全方位立体防御性军种。人民海军成为一支能够有效捍卫国家主权和国防安全、维护我国海洋权益和领土完整，能够应对多种安全威胁、完成多样化军事任务的现代海上作战力量。

第三章　广东高校红色教育之经验启示

在新时期新世纪新形势下，广东高校红色教育对于把握和引领主流意识形态、占领社会主义舆论阵地给予了有力支持。广东区位优势明显，文化资源独特，作为改革开放的前沿地、试验田一直发挥着排头兵和领头羊的示范作用。广东高校红色教育借助各种方式方法，积极传播正能量，大力弘扬主旋律，增强社会主义意识形态的凝聚力、向心力和影响力，从而为全面建成小康社会提供精神动力和智力支持，为改革开放的深入推进和伟大复兴中国梦的顺利实现营造良好的舆论氛围和文化生态。他山之石，可以攻玉。广东高校红色教育的实践也为国内其他省市区的高校红色教育提供了许多有益的经验借鉴和启示。

第一节　红色教育的经验

广东高校红色教育始终坚持把"培养什么样的人"和"怎样培养人"作为事关全局性的根本性问题，以理想信念教育为核心，深入挖掘本地党史国史文化资源以及其他地方特色文化，融会贯通，引导青年大学生深刻领悟祖国好、共产党好和社会主义好的时代内涵，帮助他们树立正确的世界观、人生观和价值观，为实现"中国梦·我的梦"而不懈奋斗。

一、红色教育与南粤历史文化资源相结合

广东地方党史国史资源非常丰富，分布广泛。近现代以来，广东是民主革命策源地，是改革开放的前沿地，是我国最大的华侨之乡，也是我国名副其实的海洋大省，历来为海防要地。深入开发、挖掘和彰显当地历史文化资源的教育功能，本身就是广东高校红色教育教学的题中之义。

首先，大学生通过了解、把握广东作为民主革命策源地的光辉历史，聆听先生"振兴中华"的呐喊，感受中山先生"天下为公"的壮志未酬，学习以先生为代表的南粤先贤们伟大的爱国精神。"孙中山先生是伟大的民族英雄、伟大的爱国主义者、中国民主革命的伟大先驱。"① 一批又一批先进的中国人在爱国主义的旗帜下，为了中华民族的伟大复兴，甘洒热血，前赴后继。然而，中国近代以来直至1921年中国共产党成立的80多年，所有的农民运动、改良运动和革命起义都没有也不可能改变中国半殖民地半封建社会的性质，没有改变中国人民的悲惨命运。历史选择了马克思主义，选择了中国共产党，选择了社会主义。从此，在中国共产党的领导下，经过28年艰苦卓绝的斗争，中国人民站起来了，建立了新中国，开始了社会主义建设和改革开放的新时期。"历史是最好的教科书。"② 通过对党史国史的实实在在的学习和梳理，大学生"知党情、感党恩、跟党走"，可以说水到渠成，更加坚定在中国共产党的领导下，走中国特色社会主义道路的决心和信心，深刻理解记忆中"没有共产党，就没有新中国"这句歌词的真正内涵，倍加珍惜和珍视今天来之不易的幸福生活，自觉维护国家和社会的稳定。

其次，广东作为我国改革开放的前沿地，一直是我国改革开放的缩影和窗口。改革开放30多年来，在中国共产党的领导下，广东人不辱使命，敢为天下先，率先改革开放，勇于进取，开拓创新，努力探索发展中国特色社会主义，担当我国改革开放的排头兵，充当改革开放的试验田，为我

---

① 胡锦涛：《在纪念辛亥革命100周年大会上的讲话》，《人民日报》2011年10月10日。
② 李斌：《党面临的赶考远未结束——习近平总书记再访西柏坡侧记》，《人民日报》2013年7月14日。

国全面实施改革开放提供了许多有益的经验借鉴。今天,广东从一个偏僻落后的农业经济为主的边陲省份,一跃而成为我国经济最发达的省份之一,广东经济总量在1998年、2003年、2007年相继超过"四小龙"的新加坡、中国香港和"台湾"。2012年全省实现地区生产总值(GDP)达57067.92亿元,总量继续居全国首位;2012年广东人均GDP达到54095元,按平均汇率折算为8570美元,综合实力显著增强,人民生活水平和质量明显提高,物质文明、精神文明、政治文明和生态文明建设日趋完善,广东开创了思想大解放、社会大变革、经济大发展和民生大改善的大好局面。正如胡锦涛同志在党的十七大报告中所说:"改革开放是决定中国命运的关键抉择,是发展中国特色社会主义、实现中华民族伟大复兴的必由之路;只有社会主义才能救中国,只有改革开放才能发展中国、发展社会主义、发展马克思主义。"① 事实胜于雄辩。透过一组组不断变化的数据和一个个翔实的案例以及大量看得见、摸得着、感受到的巨大成就,青年大学生自然而然会感觉"改革开放好、社会主义好",高度认同中国共产党"始终代表中国先进生产力的发展要求、代表中国先进文化的前进方向、代表中国最广大人民的根本利益",在实践中积极践行"科学发展观",构筑中华民族伟大复兴"中国梦"。

再次,广东是我国历史上海外交往最早、对外贸易最为发达和海外华侨华人最多的省份,这也是广东独特的地方历史文化资源。我国四大侨乡中,广东占3/4;我国海外华侨华人、归侨侨眷,广东各占2/3,广东籍华侨华人分布在世界各地170多个国家和地区。在中国民主主义革命、社会主义建设和改革开放新时期,海外华侨华人可谓浓墨重彩地彰显了中华民族伟大的爱国主义精神,书写了华侨华人气吞山河的不朽诗篇。伟大的民主革命先行者孙中山先生曾经赞誉"华侨是革命之母。"② 寥寥数语,道出了海外华侨华人共赴国难的赤子情怀与报效祖国的忠肝义胆。

抗日战争时期,华侨华人身居海外,心系祖国,情牵桑梓。"国家兴亡,匹夫有责",海外华侨华人与祖国唇齿相依,他们联合抵制日货,捐

---

① 胡锦涛:《高举中国特色社会主义伟大旗帜 为夺取全面建设小康社会新胜利而奋斗》,《人民日报》2007年10月25日。

② 张永福:《南洋与创立民国·绪言》,中华书局1933年版,第1页。

款捐物，舍生忘死，回国参战，救亡图存，表现了高尚的爱国主义情操和无私无畏的革命英雄主义气概。70多岁高龄的美国致公堂侨领司徒美堂（广东开平籍）老人，抗战爆发后辞去一切职务，专门负责纽约筹饷总局的工作达5年之久，每天10时上班，深夜12时下班，每日工作长达十四五个小时。① 人老心红，爱国情深。不分男女，无论老少，华侨华人全球总动员，同祖国人民一起筑起了抗日战争的钢铁长城。诚如"南洋华侨筹赈祖国难民总会"宣言："愿我八百万同胞自今日起，充大精诚，固大团结，宏大力量，以为政府后盾。"② 抗日战争是近代以来中华民族抗击外来侵略第一次取得彻底胜利的持久战，以此为起点，中华民族开始了伟大的复兴之路。在纪念抗日战争胜利60周年大会上，胡锦涛同志对中华民族的抗战精神作出了高度概括和精辟阐述："在那场空前壮阔的伟大斗争中，中华民族进一步弘扬了以爱国主义为核心的伟大民族精神，并表现出许多鲜明的特点，这就是：坚持国家和民族利益至上、誓死不当亡国奴的民族自尊品格，万众一心、共赴国难的民族团结意识，不畏强暴、敢于同敌人血战到底的民族英雄气概，百折不挠、勇于依靠自己的力量战胜侵略者的民族自强信念，开拓创新、善于在危难中开辟发展新路的民族创造精神，坚持正义、自觉为人类和平进步事业贡献力量的民族奉献精神。"③

改革开放新时期，海外华侨华人是广东改革开放事业的拓荒者、启蒙者、推动者和奉献者。"广东的改革开放，可以说是源于侨，兴于侨，也成于侨……30年来，海外侨胞、港澳同胞累计在广东直接投资1200多亿美元，占全省实际吸收外资总量近七成；全省现有侨资企业（含港澳资企业）3.9万家，占全省外资企业总数的六成以上；累计向我省捐赠慈善公益事业超过400亿元，占全国侨胞捐赠总额的六成以上。可以说，广东的改革开放和现代化建设能取得今天的成绩，海外侨胞、港澳同胞功不可没。"④ 他们在祖国、在家乡投资兴业，热心公益，扶贫济困，捐赠社会，

---

① 陈民、任贵祥：《华侨史话》，社会科学文献出版社2000年版，第169页。
② 陈嘉庚：《南侨回忆录》，新加坡怡和轩1946年版，第58页。
③ 胡锦涛：《在纪念抗日战争胜利60周年大会上的讲话》，《人民日报》2005年9月3日。
④ 《铭记侨胞贡献 携手再创辉煌》，南方日报社、广东省人民政府侨务办公室《华侨华人与广东改革开放30周年》，第4页。

成为广东改革开放和现代化建设的重要力量,引进了大量资金、技术、人才以及先进的管理经验和发展理念,有力地促进了广东经济社会的发展和对外开放的展开,为广东与世界各地架起了一座座发展之桥、友谊之桥和希望之桥。

此情可待成追忆。海外华侨华人的爱国主义精神历久弥新,无论何时何地都是广东高校红色教育不可或缺的最好教育资源之一,是红色教育与地方特色文化相结合的典范教材之一,也是爱国主义教育的最佳范例之一。"在我国历史上,爱国主义从来就是动员和鼓舞人民团结奋斗的一面旗帜,是各族人民共同的精神支柱,在维护祖国统一和民族团结、抵御外来侵略和推动社会进步中,发挥了重大作用。在爱国主义精神激励下,我们的国家和民族自强不息,具有伟大的凝聚力和生命力。"①

最后,广东是我国第一海洋大省,同时也是海防大省。21 世纪是海洋的世纪。广东毗邻港澳,濒临南海,区位独特。南海占我国海洋国土面积三分之二以上,海洋资源极为丰富,战略地位尤为重要,是我国 21 世纪最重要的资源接替地、军事要地和战略高地。历史赋予了广东艰巨的海防任务。没有巩固的海防,就没有稳固的国防,就没有稳定的社会建设环境。广东人民素有抗击海上外敌入侵、保卫祖国海疆的悠久传统。据《广东海防史》记载,自秦汉以来,历代广东地方政府都十分重视海防的建设。宋朝时,从广东港出发的中国水军对南海诸岛海域进行了首次巡航。②

众所周知,揭开中国近代史大幕的第一次鸦片战争就是从广东海域入侵开始的,广东海防也由此进入抗击列强海上入侵、维护国家海洋权益和捍卫国家核心利益的非常时期。广东近现代海防史上发生的许多具有重大影响的人物、事件、海防炮台等虽然都已化作历史的印记,抑或遗址、遗迹,然而,正是这些珍贵的历史印记、遗址和遗迹潜在地蕴含着南粤悠久的海防传统,永远铭刻着广东人民大无畏的海防精神,从而演化为当今高校大学生海防教育、国防教育和爱国主义教育的"第二课堂"。国无防而不立。我国《宪法》规定:"保卫祖国,抵抗侵略,是中华人民共和国每

---

① 《江泽民文选》第 1 卷,人民出版社 2006 年版,第 121 页。
② 广东海防史编委会:《广东海防史》,中山大学出版社 2010 年版,第 19~20 页。

一个公民的神圣职责。依照法律服兵役和参加民兵组织是中华人民共和国公民的光荣义务。"另外,《中华人民共和国国防教育法》第二章《学校国防教育》第十三条对学校国防教育也有专条论述:"学校的国防教育是全民国防教育的基础,是实施素质教育的重要内容。教育行政部门应当将国防教育列入工作计划,加强对学校国防教育的组织、指导和监督,并对学校国防教育工作定期进行考核。"鉴往知来,党的十八大高屋建瓴,强调坚决维护国家海洋权益,建设海洋强国。所以,高校红色教育理应而且必须强化大学生的海洋意识、海权观念和海防战略思维,增强大学生投身海防、国防事业的使命感、责任感和自豪感。

遗憾的是,受"重陆轻海""陆权中心主义"和"黄土文明"等传统思想的影响,海权海防教育是广东高校乃至全国普遍比较薄弱的软肋(后文第四章第三节就此作专题论述)。目前,南海诸岛(主要是南沙群岛)实际上存在着包括中国内地、中国台湾、菲律宾、越南、马来西亚、印度尼西亚、文莱等国家和地区分割占领情况,主权争议形势复杂,将成为我国未来海防斗争的焦点地区。①

二、理论学习与广东改革开放实践相结合

我国高校是培养社会主义现代化建设人才的重要基地。大学生是民族的希望,国家的未来。大学生能否担当起历史赋予的重任,成为中国特色社会主义建设事业的合格建设者和可靠接班人,除了他们的专业素质、文化素质、心理素质和身体素质等必备条件之外,大学生的思想政治素质至关重要,关系到中国特色社会主义建设道路的方向与成败,关系到国家的前途和命运。胡锦涛同志在同青年代表座谈时就要求全国广大青年"要认真学习马克思列宁主义、毛泽东思想、邓小平理论和'三个代表'重要思想,认真学习科学发展观,深刻理解中国特色社会主义理论体系,努力用马克思主义中国化最新成果武装头脑,在人生的关键时期确立起正确的世

---

① 广东海防史编委会:《广东海防史》,中山大学出版社2010年版,第17页。

界观、人生观和价值观，立志为发展中国特色社会主义终身奋斗。"①

其一，理论学习是红色教育的主渠道。当今时代，信息交流日益广泛，知识更新速度加快。形势逼人自强、催人奋进。青年要跟上时代和社会前进的步伐，就必须学习、学习、再学习，打下坚实的知识功底。②"当代大学生是一个时代环境塑造的群体，需要引导发展的群体，需要推进自我教育的群体，更是一个需要加强理论教育的群体。"③清华大学高校德育研究中心刘书林教授也认为，不注重学习马克思主义基本理论，就不能把自己的思想水平提高到适应祖国发展的理性高度。④广东高校红色教育的开展和推进始终坚持把马克思主义、毛泽东思想和中国特色社会主义理论体系等重大理论的学习放在第一位，坚持用党的科学理论武装大学生的头脑。"没有哪一种哲学或理论，能在现代世界史上留下如此深重的影响有如马克思主义；它在俄国和中国占据统治地位已数十年，从根本上影响、决定和支配了十几亿人和好几代人的命运。"⑤"自从中国人学会了马克思列宁主义以后，中国人在精神上由被动转为主动。"⑥广东高校红色教育自始至终着重培育大学生坚定的共产主义理想和中国特色社会主义信念，终极目标就是要提升大学生的综合素质尤其是思想政治素质，培育四有新人，促进大学生德、智、体、美全面发展。所谓全面发展，就是根据人的本质，"以一种全面的方式，也就是说，作为一个完整的人，占有自己的全面的本质。"⑦

改革开放以来，党的领导集体基于对"什么是社会主义、怎样建设社会主义""建设什么样的党、怎样建设党"和"实现什么样的发展、怎样发展"等重大理论问题的思考，提出了一系列党的创新理论，形成了中国特色社会主义理论体系，不断推进马克思主义中国化、时代化、大众化。

---

① 胡锦涛：《在同团中央新一届领导班子成员和团十六大部分代表座谈时的讲话》，《求是》2008年第13期。
② 《江泽民文选》第3卷，人民出版社2006年版，第484页。
③ 田建国：《当代青年学生思想特点与成长教育规律》，《中国教育报》2009年11月16日。
④ 刘书林：《思想政治教育拓展实践性的基本途径》，《思想教育研究》2010年第9期。
⑤ 李泽厚：《中国思想史论》（下），安徽文艺出版社1999年版，第965页。
⑥ 《毛泽东选集》第4卷，人民出版社1991年版，第1516页。
⑦ 《马克思恩格斯全集》第42卷，人民出版社1979年版，第123页。

中国特色社会主义理论体系是马克思主义中国化最新成果,是中国共产党的政治财富和精神食粮,是广东高校大学生红色教育理论学习的必修课和重要内容。党的十八大以来,习近平总书记于2012年11月29日在国家博物馆参观大型展览《复兴之路》时,第一次对"中国梦"做了深情解读:"现在,大家都在讨论'中国梦',我认为,实现中华民族伟大复兴,就是中华民族近代以来最伟大的梦想。"[1] 目前,广东乃至全国高校普遍在开展"中国梦"主题教育活动,坚持不懈地对大学生进行爱国主义、集体主义、中国特色社会主义和社会主义核心价值体系教育。青年大学生通过对中国特色社会主义理论体系以及中国梦的理论学习,更加坚定理想信念,充分感受到共产党好、社会主义好、改革开放好、伟大祖国好、各族人民好,增强中国特色社会主义的道路自信、理论自信、制度自信和文化自信。

没有革命的理论,就不会有革命的运动。[2] 在大学生中加强红色教育理论学习,既是我国素质教育发展的必然要求,也是新时期积极应对西方文化思潮影响、多元化价值取向侵袭以及各种非主流意识形态冲击的有效举措。"我们学习理论,关键是要学会运用马克思主义的立场、观点和方法来观察和解决问题,提高辩证思维的能力,防止形而上学和片面性。"[3] 只有坚持学习学习再学习,才能透过现象发现本质,不被表面现象所迷惑,不被流言蜚语所蛊惑,不被苏东剧变所困惑。大量事实证明,思想文化阵地,马克思主义、无产阶级的思想不去占领,各种非马克思主义、非无产阶级的思想甚至反马克思主义的思想就会去占领。[4] 同样地,大学生思想领域这块舆论阵地,马克思主义理论不去占领,各种非马克思主义和反马克思主义必然会乘隙而入,其他非主流意识形态就会捷足先登,从而催发大学生可能产生政治信仰迷失、理想信念模糊或价值取向扭曲等消极现象。正如有学者指出:"因为,马克思主义世界观、人生观、价值观的

---

[1] 《习近平总书记深情阐述"中国梦"》,《人民日报》2012年11月30日。
[2] 《列宁全集》第2卷,人民出版社1984年版,第443页。
[3] 《江泽民文选》第2卷,人民出版社2006年版,第286页。
[4] 《江泽民文选》第3卷,人民出版社2006年版,第97页。

形成，思想政治素质的提高不可能在大学生中自发实现。"① 对于理论学习的重要性和必要性，习近平同志曾经就此特别强调："马克思主义经典著作是马克思主义理论的本源。学习马克思主义经典著作，有利于从源头上完整准确地理解马克思主义，系统掌握马克思主义科学真理，也有利于深化对中国特色社会主义理论体系的理解和运用。没有马克思主义的理论基础，就谈不上把马克思主义基本原理同中国具体实际相结合。"②

其二，社会实践是红色教育的重要平台。如果说广东高校红色教育理论学习是大学生不断"充电"的过程，那么社会实践就是大学生"输电、放电和验电"的过程。"德性和其他技术一样，是用了才有，不是有了才用。一切德性通过习惯而生成，通过习惯而毁灭。人们通过相应的现实活动，而具有某种品质，品质为现实活动所决定。"③ 我国高校普遍建立了校外社会实践基地、实习实训基地和爱国主义教育基地等大学生实践基地。2012 年年初，教育部、中宣部等 7 部门联合下发了《关于进一步加强高校实践育人工作的若干意见》（教思政〔2012〕1 号），着手立项建设 90 个国家级大学生校外社会实践教育基地。同时，教育部等 7 部门强调坚持教育与生产劳动和社会实践相结合，是党的教育方针的重要内容。坚持理论学习、创新思维与社会实践相统一，坚持向实践学习、向人民群众学习，是大学生成长成才的必由之路。

广东高校大学生社会实践活动内容丰富，形式多样，主要包括：教学实践、专业实习、军政训练、社会调查、生产劳动、志愿服务、公益活动、科技发明、勤工助学和参观访问等各种途径和形式。广东高校定期或不定期组织大学生到这些基地、工厂车间、城镇社区、乡村田野等基层一线进行参观、考察、服务和调研等实践活动。通过对革命历史文物、革命纪念馆和革命老区的实地参观和调研，大学生真真切切地感受波澜壮阔的党史国史熏陶；通过利用假期进行社会调查，开展暑期"三下乡"、志愿

---

① 王必胜：《思想政治理论课必须坚持必要的灌输》，《山西高等学校社会科学学报》2008 年第 12 期。

② 习近平：《做好新形势下干部教育培训工作》，《学习时报》2010 年 10 月 25 日。

③ ［古希腊］亚里士多德：《尼各马科伦理学》，苗力田译，中国社会科学出版社 1990 年版，第 25 页。

服务等实践活动,大学生在社会主义新农村、工厂车间、城镇社区感受改革开放新成就、新面貌,亲身体验祖国好、党的路线方针政策好、改革开放好和社会主义好,从而在心底里自发产生爱国爱党爱社会主义的认同感和归属感。大学生"亲身积极参与形成的观点,要比被动地从别人那里得到的观点容易接受得多,且不易改变"。①

在举世瞩目的2010年广州第16届亚运会、亚残运会上,广东高校20多万大学生志愿者尽情展示了南粤学子青春风采和精神面貌,既服务社会、展示自我,又增长才干、砥砺品行。在这些社会实践活动中,大学生进一步了解和认识国情、党情、民情,奉献社会,不但开阔了视野,增长了认识社会、认知自我、适应环境的能力,而且培养了运用马克思主义的立场、观点和方法去认识问题、分析问题和解决问题的思维和本领。因为"全部社会生活在本质上是实践的。凡是把理论引向神秘主义的神秘东西,都能在人的实践中以及对这个实践的理解中得到合理的解决"。②

当代大学生通过在历史与现实、理论与实践的学习和锻炼中,更加深刻理解马克思列宁主义、毛泽东思想和中国特色社会主义理论体系的时代内涵,有利于增强大学生服务国家、服务人民的社会责任感、历史使命感和光荣自豪感;有助于坚定大学生跟党走的决心和信心,增强中国特色社会主义的道路自信、理论自信、制度自信和文化自信,自觉养成中国特色社会主义合格建设者和可靠接班人。

其三,理论学习与社会实践相辅相成。理论来源于实践,理论也必须和实践相结合,指导实践;社会实践是检验理论学习、理论认识的唯一标准。社会实践是理论知识的源头活水,红色教育理论是涓涓细流。离开了社会实践,红色教育理论就成为无源之水、无本之木。"知识只有付诸实践,才能焕发出无穷的威力。"③"马克思主义如果脱离人民群众、远离社会实践,就只能停留在口头上、书本上,永远也不会发挥实际作用。"④同样地,没有红色教育理论指导的实践,只能是盲目的实践。"人民群众

---

① 邵培仁:《传播学》,高等教育出版社2007年版,第288页。
② 《马克思恩格斯选集》第1卷,人民出版社1995年版,第56页。
③ 《江泽民文选》第3卷,人民出版社2006年版,第484页。
④ 徐光春:《进一步丰富和发展马克思主义的重大课题》,《人民日报》2010年4月19日。

的社会实践,是知识常新和发展的源泉,是检验真理的试金石,也是青年锻炼成长的有效途径。"① 广东高校红色教育理论学习是一个理性认识的过程,需要在社会实践的感性认识过程中加以升华和巩固,由认识到实践,由认知到认同,循环往复,良性互动。归根结底,"人的正确思想,只能从社会实践中来。"②

大学生既是红色教育的受教者,也是红色教育的继承者、传播者和践行者。马克思强调:"人的思维是否具有客观的真理性,这不是一个理论的问题,而是一个实践的问题。"③ 一方面,大学生通过积极参加形式多样、主题鲜明的社会实践活动,广泛地深入社会、了解社会、服务社会,在基层一线亲身感知感悟感受新时期祖国好、社会主义好、改革开放好,知党情、感党恩、跟党走,达致对马克思列宁主义、毛泽东思想和中国特色社会主义理论体系的真懂、真信和真用,内化为自己的理想信念;另一方面,大学生在广东改革开放实践这个大课堂中充分发挥自身主观能动性,学以致用,知行合一,由受教者转型为宣讲者,以科学的理论武装人,以正确的舆论引导人,身体力行推动马克思主义大众化,马克思主义理论外化为自己的自觉行为方式,凸显大学生在社会实践活动中的主体性。青年大学生"要坚持学习书本知识与投身社会实践的统一",④ 早在1987年中共中央在《关于改进和加强高等学校思想政治工作的决定》中明确指出:"只有理论与实际相结合、脑力劳动与体力劳动相结合、知识分子与人民群众相结合,才是青年知识分子成长的唯一正确道路。"

三、学校与家庭、社会、网络教育相结合

每个人并非生而知之,从呱呱落地开始就在潜移默化地接受家庭教育的熏陶,之后还要持续不断地接受学校教育、社会教育乃至现在比较普及的网络教育。"一个人的一生,要接受家庭教育、学校教育、社会教育,

---

① 《江泽民文选》第2卷,人民出版社2006年版,第124页。
② 《毛泽东文集》第8卷,人民出版社1999年版,第320页。
③ 《马克思恩格斯选集》第1卷,人民出版社1995年版,第55页。
④ 《江泽民文选》第3卷,人民出版社2006年版,第483页。

这些教育都很重要，对于自己世界观、人生观、价值观的形成和巩固都会起重要作用。"① 广东高校红色教育一直在不遗余力地积极构建学校教育与家庭教育、社会教育、网络教育等四位一体的教育模式，形成教育合力，增强红色教育的实效性和针对性。

首先，学校教育是红色教育的主阵地。高校是培养社会主义现代化建设人才的摇篮，是国民教育的中坚力量和培养高层次人才的重要基地，培养什么人、如何培养人，是我国社会主义教育事业发展的中心问题。一直以来，广东高校红色教育始终坚持以马克思主义作为根本指导思想，以培养"有理想、有道德、有文化、有纪律"的社会主义合格建设者和可靠接班人为根本目标。广东高校在实施大学生素质教育的过程中，凸显思想道德素质的主导地位。"要说素质，思想道德素质是最重要的素质。不断增强学生和群众的爱国主义、集体主义、社会主义思想，是素质教育的灵魂。"② 广东高校红色教育坚持全程育人，全员育人，全面育人，从新生入学教育开始一直到毕业典礼，从辅导员到思想政治理论课教师，从学校领导到基层员工，充分发挥学校教书育人的主阵地、主渠道作用，旗帜鲜明地渗透、灌输和宣传社会主义核心价值体系，唱响爱国爱党爱社会主义的主旋律。

其次，家庭教育是学校教育的重要补充。著名教育家陶行知先生曾经说过："是生活就是教育，不是生活的就不是教育；是好生活就是好教育，是坏生活就是坏教育。"③ 从中可以看出生活世界是接受教育的重要舞台。家庭是每个人生活的栖息地，是生活的温馨港湾。对于大学生来说，每年的寒暑假及节假日，平时的书信往来（包括电子邮件）、电话交流和网络视频等都是自觉或不自觉地接受家庭教育。当代大学生大多是独生子女，家庭教育尤其是父母对他们的世界观、价值观和人生观的形成将产生深远影响。大学生的思想政治素质与家庭教育息息相关，有什么样的家庭教育，就会有什么样的价值观。"因此，家庭的主要成员，特别是父母，要努力提高自己的思想觉悟和文化水平，形成正确的人生观、价值观，为子

---

① 《江泽民文选》第 2 卷，人民出版社 2006 年版，第 302 页。
② 《江泽民文选》第 2 卷，人民出版社 2006 年版，第 332 页。
③ 董宝良：《陶行知教育论著选》，人民教育出版社 1991 年版，第 390、292 页。

女起到榜样的作用。"①

广东高校辅导员或班主任普遍都有学生的家庭联系电话和具体地址，时不时地与学生家长或直系亲属保持沟通，尤其是在大学生遇到困难或挫折的情绪低潮时期。例如在学校教育与家庭教育的结合上，广东外语外贸大学已经形成了一个惯例：精心布置和周密安排大学生最后一课——学位授予仪式，融入学校传统教育、家庭感恩奉献教育和大学生励志报国教育。在大学生毕业典礼暨学位授予仪式上，学校校长为每一名获得学位者颁授学位，与学生家长亲属或亲友共同见证这神圣而庄严的时刻，增强大学生的荣誉感和责任感，培养大学生崇尚礼仪之风，提升大学生综合素养。当然，受各种主客观条件的限制，高校大学生家庭教育与学校教育的配合、协调还有待继续深化和优化。"社会发展与家庭教育正越来越强地全方位影响着大学生，而目前的实际教育工作中，高校并没有建立开放的、社会化的大学生思想政治教育和谐机制，缺乏与社会和家庭的互动。"②

再次，社会教育是红色教育的生长点和作用点。马克思指出："人的本质不是单个人所固有的抽象物，在其现实性上，它是一切社会关系的总和。"③ "人们的观念、观点和概念，一句话，人们的意识，随着人们的生活条件、人们的社会关系、人们的社会存在的改变而改变。"④ 广东高校红色教育的对象主要是"90后"大学生群体，他们是有思想、有情感、有需求的开放的一代，不是封闭的、孤立的、抽象的囿于象牙塔的传统学子，而是生活、成长于新时期改革开放前沿阵地——广东这个特定的社会关系中，充满活力、充满朝气和充满希望的高素质群体，随时随地都在接受社会大课堂的教育和浸染。社会教育具有形式多样、鲜活生动、直观实在等特点，教育效果非常明显。《中共中央关于进一步加强和改进学校德

---

① 唐昆雄、郭蕊：《受众理论视角下的大学思想政治教育接受过程优化途径分析》，《毛泽东邓小平理论研究》2010年第8期。
② 陈万柏、张冬利：《高校思想政治教育资源配置现状及其对策思考》，《思想教育研究》2008年第10期。
③ 《马克思恩格斯选集》第1卷，人民出版社1995年版，第60页。
④ 《马克思恩格斯选集》第1卷，人民出版社1995年版，第62页。

育工作的若干意见》明确要求:"各级各类学校都要把组织学生适当参加一定的物质生产劳动作为一门必修课,列入教学计划,统筹安排,各级教育行政部门要进行具体督促检查。实验、实习课程也要进一步加强,在时间、内容、组织、条件上予以落实和保证。"①

最后,网络教育是红色教育的新载体。随着现代高新科技的飞速发展,网络已经成为对人类产生重大影响的"第五媒体"。网络作为一个"虚拟的现实时空",是社会教育领域的拓展与延伸,是广东高校红色教育的新载体。大学生是接触、使用网络最多最频繁的社会群体之一,上网已经成为大学生日常生活的重要组成部分。至 2011 年 7 月,中国互联网信息中心发布的最新统计数据显示,在所有网民中,学生网民达到约 1.45 亿人(29.9%)。其中,因具备电脑及时间等条件,大学生网民占学生网民的很大部分。②

广东高校网络教育以新兴的网络新媒体为平台,充分利用现代网络技术和传播手段,不断挖掘、开发和利用各种有益的、积极健康的信息资源开展思想政治理论教育,传递正能量,如红色主题网站、校园 BBS、QQ 群、MSN、Email、微博、微信等载体。网络教育不分时间、地域,交流即时、互动、双向,具有开放性、虚拟性、即时性、交互性等特点。广东高校形成了以"红色网站"尤其是学校团委网站为领航标杆,以校园门户网站为主体,以学术、新闻、服务类网站为补充,以手机短信、QQ 群、BBS、微博等即时互动工具为抓手的红色校园立体网络文化阵地,深入推进社会主义核心价值体系的信息化、数字化、网络化和声像化建设,实现"网络虚拟时空"与生活实践教育的双向互动,有效地拓展了高校红色教育的时空范畴。

---

① 教育部社会科学司:《普通高校思想政治理论课文献选编(1949—2006)》,中国人民大学出版社 2007 年版,第 154 页。
② 中国互联网络信息中心:[EB/OL]. 2011 - 11 - 12. http://www.cnnic.net.cn/html/Dir/2007/07/17/4722.html,中国互联网络发展状况统计报告。

第二节 红色教育的启示

广东具有丰厚的红色教育教学资源。广东高校红色教育通过理论学习、社会实践、红色社团和红色主题网站等各种形式与载体,深入挖掘、开发和利用广东地域党史国史文化资源,夯实大学校园文化红色主题建设,同时彰显大学生社会实践的育人功能,对大学生有效开展主流意识形态的灌输和渗透,推动马克思列宁主义、毛泽东思想和中国特色社会主义理论体系进教材、进课堂、进头脑,帮助大学生树立正确的世界观、价值观和人生观,自觉坚定爱国爱党爱社会主义的信心和决心。广东高校红色教育对于其他省市区的兄弟院校无疑具有一定的借鉴和启示意义。

一、激活党史国史文化资源

中华民族具有五千多年的悠久历史,在祖国大地到处沉淀着厚重的中华历史文化,包括有形的物质文化(如我国四大发明)和无形的精神文化(如以爱国主义为核心的中华民族精神)。"中国共产党从成立之日起,就既是中华优秀传统文化的忠实传承者和弘扬者,又是中国先进文化的积极倡导者和发展者。"[①] 党的历史是一部艰苦奋斗、艰难创业和艰辛探索的曲折发展史。在领导全国人民进行民主主义革命、社会主义革命、社会主义建设和改革开放的 90 多年奋斗历程中,中国共产党日渐形成了内涵丰富而又鲜活生动的宝贵的党史文化,广泛分布于祖国各地,存留有无数的历史印记。这些党史国史文化资源已经成为中国精神的宝贵财富,是中华民族生生不息、薪火相传的历史见证,"特别是近代以来的历史,更是见证了中华民族在危难中的觉醒、在逆境中的奋起,见证了历史和人民是怎么样选择了马克思主义、选择了中国共产党、选择了社会主义道路、选择了

---

① 《中共中央关于深化文化体制改革推动社会主义文化大发展大繁荣若干重大问题的决定》,人民出版社 2011 年版,第 2 页。

改革开放,从而打开中国发展进步的历史闸门。越是站在历史的高度,越能看清历史前进的方向,越能看清中国发展的大势,坚定对今天中国发展道路、发展方向的信念和信心。"①

高校红色教育必须激活、开发本地域及其周边党史国史文化资源,用好党史国史这本教科书,让大学生在学习党史国史中深刻理解坚持中国共产党的领导、走中国特色社会主义道路是历史的选择、人民的选择;深刻理解以爱国主义为核心的中华民族精神和以改革创新为核心的时代精神是实现中华民族伟大复兴的动力源泉;深刻理解我国人民在漫长历史进程中尤其是近现代以来革命史中所形成的宝贵经验、光荣传统和优良作风是弥足珍贵的精神财富;深刻理解改革开放以来所取得的辉煌成就和我们今天的幸福生活来之不易。

所以,党和国家领导人一再强调党史国史教育。毛泽东同志在《中国共产党在民族战争中的地位》中曾经指出:"学习我们的历史遗产,用马克思主义的方法给以批判的总结,是我们学习的另一任务。"② 邓小平也强调:"要懂得些中国历史,这是中国发展的一个精神动力。"③ 江泽民在《论加强和改进学习》一文中指出:"中华民族波澜壮阔的历史,是我们十分宝贵的财富。把握了历史,我们就可以更好地开辟未来。……不了解、不懂得祖国的历史文化,爱国主义观念和民族精神是很难自觉、牢固地树立起来的。这是大量事实已充分证明了的一条重要的社会经验和人生经验。"④ 胡锦涛同志在中央政治局集体学习时指出:"只有铭记历史,特别是铭记我们党领导人民创造的中国革命史,才能深刻了解过去、全面把握现在、正确创造未来。"⑤

2013年6月25日,在中国共产党成立92周年前夕,习近平总书记在中共中央政治局第七次集体学习时强调,历史是最好的教科书。学习党

---

① 刘云山:《在〈简明中国历史读本〉和〈中华史纲〉出版座谈会上的讲话》,《中国社会科学报》2012年8月6日。
② 《毛泽东选集》第2卷,人民出版社1991年版,第533页。
③ 《邓小平文选》第3卷,人民出版社1990年版,第358页。
④ 《江泽民文选》第2卷,人民出版社2006年版,第301~302页。
⑤ 胡锦涛:《坚持不懈地学习中国革命史 发扬光大党的光荣革命传统》,《人民日报》2006年7月26日。

史、国史，是坚持和发展中国特色社会主义、把党和国家各项事业继续推向前进的必修课。这门功课不仅必修，而且必须修好。要继续加强对党史、国史的学习，在对历史的深入思考中做好现实工作、更好走向未来，不断交出坚持和发展中国特色社会主义的合格答卷。①

同样地，美国现任总统奥巴马在充满激情的演讲中也强调历史知识的重要性："身为美国人，身为父母，在家里，在学校，向我们的孩子灌输历史知识是我们的神圣职责。"② 以史为鉴，可以知兴替。历史是一面镜子，是一个国家不可或缺的物质财富和精神食粮，能否正确对待历史是关系党和国家生死存亡的关键问题。晚清著名思想家龚自珍有句名言："灭人之门，必先去其史；隳人之枋，败人之纲纪，必先去其史；绝人之材，湮塞人之教，必先去其史；夷人之祖宗，必先去其史。"③ 世界上第一个社会主义国家苏联的解体或许是对这句名言的有力佐证。在1987年苏共中央一月全会上，戈尔巴乔夫正式提出，苏联社会发展遇到的所有困难，根源在于在斯大林时期开始形成的社会主义体制；必须对这一体制实行"真正革命的全面改造"。他还提出在苏联历史中"不应该有被遗忘的人物和空白点"。这是苏联解体前苏共主要领导人明确提出抛弃具有70年历史的"苏联社会主义"的标志，由此揭开了大规模批判、丑化、否定苏共领袖人物和党的历史的序幕。④ 从开始全盘否定斯大林，到全盘否定十月革命、否定列宁，苏联颠倒历史、割断历史、否定历史，最终导致解体，足以警示后人。

悠久的中国历史，凝结着中华民族的集体情感和共同记忆，记录着历代先贤的爱国之举、忧国之情，记录着各族人民的和睦共处、同舟共济，记录着中华儿女的革故鼎新、奋发图强，给我们提供了取之不尽、用之不竭的力量源泉。⑤ 在党中央高度重视马克思主义理论工程、党史国史教育

---

① 习近平：《在对历史的深入思考中更好走向未来 交出发展中国特色社会主义合格答卷》，《人民日报》2013年6月27日。
② 刘永生：《奥巴马演讲集》，辽海出版社2010年版，第57页。
③ 《龚自珍全集》上册，中华书局1959年版，第22页。
④ 吴恩远、李燕：《沉痛的历史教训》，《文献与研究》2010年第39期。
⑤ 刘云山：《在〈简明中国历史读本〉和〈中华史纲〉出版座谈会上的讲话》，《中国社会科学报》2012年8月6日。

和社会主义先进文化的大好环境氛围下,高等院校深入挖掘、开发和弘扬党史国史文化资源正当其时,红色教育大有可为。周恩来同志曾经说过:"历史对于一个国家、一个民族,就像记忆对于个人一样。一个人丧失了记忆,就会成为白痴。一个国家、一个民族如果忘记了历史,就会成为一个愚昧的民族。而一个愚昧的民族是不可能建设社会主义的。"① 近现代中国革命史已经并将继续证明,只有马克思主义才能救中国,只有中国共产党才能带领亿万人民走向中华民族伟大复兴的康庄大道,只有社会主义才能发展中国,只有爱国主义和社会主义相结合,才能实现民族独立、国家富强和人民幸福,才能确保"我们的红色江山永远不变色"。②

二、夯实大学校园文化建设

大学是人类历史文化传承、发展与创新的摇篮。党的十八大报告指出:"文化是民族的血脉,是人民的精神家园。"③ 大学校园文化是高校日积月累积淀而成的一种特殊文化,是高校自身发展历史文化的凝练,是学校校风、教风和学风的缩影,是社会主义先进文化的重要组成部分。健康积极、主流价值鲜明的校园文化能够潜移默化地熏陶、陶冶和提升大学生的思想政治素养和道德情操,于不知不觉间春风化雨,润物无声。"文化的核心是意识形态,主流文化的内核和灵魂是主流意识形态。社会主义核心价值体系是社会主义意识形态的本质体现。维护主流文化关键是要确立和旗帜鲜明地传播社会主义核心价值体系。"④ 大学校园文化建设决定着我国高校社会主义办学方向,是党的教育方针的具体体现,是高校开展红色教育的重要载体。夯实大学校园主流文化建设,就是要牢牢掌握社会主义大学主流意识形态的领导权和主导权,凸显红色文化主题,唱响新时期爱国爱党爱社会主义的主旋律,坚持以文化人、以文育人的建设方向,用

---

① 郭圣铭:《历史教育的重大意义》,《史学史研究》1985 年第 2 期。
② 新华社石家庄 7 月 12 日电:《使红色江山永远不变色》,《广州日报》2013 年 7 月 13 日。
③ 胡锦涛:《坚定不移沿着中国特色社会主义道路前进 为全面建成小康社会而奋斗》,《人民日报》2012 年 11 月 18 日。
④ 吴艳东:《论思想政治教育的文化价值》,《思想教育研究》2011 年第 9 期。

主流文化熏陶大学生、感染大学生、鼓舞大学生、激励大学生，引导大学生坚信坚守、自觉践行社会主义核心价值体系，树立正确的世界观、价值观和人生观。

（一）社会主义核心价值体系是大学校园文化建设的灵魂

大学校园文化是大学建设发展的重要内容之一。校园文化内容丰富，形式多样，包括学术科研、文艺体育、校报校刊、宿舍文化、学生社团、社会实践等各个方面。可以说，大学生无时无刻不浸润在校园文化之中，耳濡目染，潜移默化。大学校园文化以其特有的精神价值、环境氛围和文化魅力深深地影响着大学生的思想政治倾向、价值观念取向和未来发展走向。大学生是未来社会主义现代化建设的生力军，思想政治素质至关重要。胡锦涛同志曾经指出："大学生的思想政治状况、道德品质、科学文化素质如何，不仅直接关系现阶段中华民族的素质，而且直接关系未来中华民族的素质。特别是大学生思想政治素质如何，更是直接关系到党和国家的前途命运。"[1]

社会主义核心价值体系是兴国之魂，决定着中国特色社会主义发展方向。[2] 大学校园文化建设理应而且必须牢牢把握社会主义核心价值体系这个兴国之魂，营造以社会主义核心价值体系为中枢的环境氛围。在当前经济全球化、市场信息化、生活网络化、文化多元化的大潮下，大学校园文化建设必须唱响社会主义主旋律，坚持马克思主义指导地位，坚持中国特色社会主义共同理想，大力弘扬民族精神和时代精神，倡导社会主义荣辱观，让社会主义核心价值体系渗透到校园文化的方方面面，构筑大学校园主流文化的战略高地；反过来，社会主义核心价值体系只有渗透和融汇到校园文化建设之中，才能彰显其中枢地位和导向作用。大学生在校园文化活动的积极参与中经锻炼、长见识；受教育、明荣辱，从而将社会主义核心价值体系内化于心，外化于行。时任北大校长周其凤教授就曾经总结："北大学生在各类重大事件、活动和庆典中经受了考验，坚定了爱党爱国

---

[1] 《十六大以来重要文献选编》（中），中央文献出版社2006年版，第633页。
[2] 胡锦涛：《坚定不移沿着中国特色社会主义道路前进　为全面建成小康社会而奋斗》，《人民日报》2012年11月18日。

的理想信念,唱响了共产党好、社会主义好、改革开放好、伟大祖国好、各族人民好的主旋律,体现了心系民族命运、心系国家发展、心系人民福祉的责任感和使命感,树立了'个人成长听从党的号召、个人发展服务国家战略、个人事业奉献社会建设、个人成就服从人民利益'的成才观念。"①

(二) 红色文化是大学校园文化建设的主题

改革开放以来,伴随着网络技术的迅猛发展,西方文化思潮如新自由主义、后现代主义、消费主义、普世价值观等无孔不入,文化产品如美国奥斯卡电影、韩国电视剧、日本动漫等不断涌入,我国高等院校成为西方国家灌输西式"民主、自由、人权"观念的首要阵地,大学校园文化不可避免地受到冲击和影响,社会主义意识形态遭遇到前所未有的挑战。"对西方资产阶级思想文化的迷信盲从,将把年轻一代引入歧途。如果听任这种教条主义所鼓吹的那一套去占领课堂、讲坛及舆论阵地,许多年轻人就可能成为西方思想的俘虏。"② 据有关资料显示,2012 年以来,在广州大学城校园和周边非法传教活动较为活跃,其传教手法也呈多样化趋势。思想文化领域,先进文化不去占领,落后文化、腐朽文化就会去占领。③ 因此,大学校园文化这个思想舆论阵地,必须彰显红色文化主题,用红色文化熏陶、浸润、滋养大学生,"以科学的理论武装人、以正确的舆论引导人、以高尚的精神塑造人、以优秀的作品鼓舞人",④ 文化育人、以文化人,使大学生沿着社会主先进文化的前进方向发展、成长、成才。

红色文化是特指在中国共产党的领导下,全国各族人民在实现中华民族伟大复兴的历史进程中所创造、积淀起来的一种特殊的具有中国特色的先进文化,主要包括物质形态文化,如革命遗址和遗迹、纪念馆、纪念碑和烈士陵园等;精神形态文化如井冈山精神、长征精神、西柏坡精神以及许多文学著作等。有学者指出,红色文化作为一种经过特定历史和生活发

---

① 周其凤:《以重大事件、活动和庆典为契机加强和改进大学生思想政治教育工作》,《思想教育研究》2010 年第 6 期。
② 谢毅:《从迷信西方思想理论的教条主义束缚中解放出来》,《红旗文稿》2012 年第 14 期。
③ 吴潜涛:《坚决抵制腐朽思想文化的侵蚀》,《人民日报》2010 年 7 月 6 日。
④ 江泽民:《论党的建设》,中央文献出版社 2001 年版,第 125 页。

醇历练的文化形态,是推进社会主义核心价值体系建设的有效载体。我们可以利用红色文化进行爱国主义教育、理想信念教育、优良传统教育等。[①]

高校历来是境内外敌对势力争夺的重要阵地,西方敌对势力企图通过向我国大学生传播、渗透西方资产阶级的政治观点、价值观念、生活方式,从而和平演变中国的目的没有改变。对此我们必须始终保持清醒的头脑。[②] 大学校园文化建设可以充分利用思想政治理论课的相关课程开展革命历史文化教育;可以在校报校刊、校园文化长廊、校园广播电视等舆论主阵地开辟红色文化专栏或专题宣传;可以在学校文体活动、社团活动、重大节日纪念活动以及社会公益活动中倡导革命英雄主义精神、革命乐观主义精神和甘于奉献精神;可以寓教于乐,发挥大学校园周末文化的魅力,放映红色经典励志影视剧,如《恰同学少年》《建党伟业》《建国大业》等大学生喜闻乐见的精品,积极构建融思想性、文化性、知识性、教育性、时代性于一体的红色文化校园,占领高校主流文化的制高点,不断推进体现社会主义特点、时代特征和学校特色的校园文化建设。"要坚持以红色文化来充实先进文化建设,创造良好的红色文化氛围,以优秀的红色文化产品鼓舞人和引导人。"[③]

三、注重社会实践育人效果

南宋著名诗人陆游在《冬夜读书示子聿》中有两句脍炙人口的名句:"纸上得来终觉浅,绝知此事要躬行。"这里的"躬行"就是强调学习要通过社会实践来检验、修身、践行。改革开放以来,大学生社会实践是我国高校培养人才的重要内容,是高校开展红色教育的重要路径,已经列入高校教育教学大纲并成为大学生必修课程之一。随着改革开放的深入推进,社会实践育人功能日益凸显,大学生通过参加形式多样、生动鲜活的

---

① 韩玲:《红色文化的价值意蕴》,《人民日报》2013年8月1日。
② 李卫红:《以科学发展观为指导 深入推进高校思想政治教育的创新发展》,《思想教育研究》2009年第11期。
③ 李康平、李正兴:《红色资源开发与社会主义核心价值体系教育》,《道德与文明》2008年第1期。

社会实践活动，理论联系实际，经历实践锻炼，受教育、长才干、作贡献。"人的思维是否具有客观的真理性，这并不是一个理论问题，而是一个实践的问题。""全部社会生活在本质上是实践的。"① 中共中央国务院《关于进一步加强和改进大学生思想政治教育的意见》（中发〔2004〕16号）明确指出，社会实践是大学生思想政治教育的重要环节，对于促进大学生了解社会、了解国情，增长才干、奉献社会，锻炼毅力、培养品格，增强社会责任感具有不可替代的作用。"生产劳动同智育和体育相结合，它不仅是提高社会生产力的一种方法，而且是造就全面发展的人的唯一方法。"②

首先，大学生社会实践活动主题要与时俱进。大学生社会实践活动的主题、内容和形式都随着社会的发展变化而不断变化，已经逐步从单一化走向综合化，从形式化走向具体化，从学校个体化走向产学研用立体化发展。"教育同经济、科技、社会实践越来越紧密的结合，正在成为推动科技进步和经济、社会发展的重要力量。"③ 当代大学生社会实践活动无论是内容和形式都得到了一定的拓展和延伸。大学生在社会实践活动中的所有行为，无论是在课堂内外或者校园内外，无论是求知还是践行，无论是仿真性的训练还是实战型的练习，他们的实践活动都只能算作为工作方式、学习方式和生活方式在当下的提前演练或曰排练。④

在关注当代大学生社会实践活动实效性之前，必须注重社会实践活动本身的时效性，实践活动主题要具有鲜明的时代感。如近年来广东高校普遍开展的"文化、科技、卫生"三下乡活动、"立志、修身、博学、报国"主题系列教育活动、"粤志愿粤幸福"学雷锋志愿活动以及正在开展的"中国梦·我的梦"主题教育实践活动等，既契合了当今社会时代发展需求，又符合当代大学生展示自我、奉献社会、报效祖国的时代特点，受到媒体的广泛关注。根据中国新闻网资料，2013 年是广东大学生志愿服

---

① 《马克思恩格斯选集》第 1 卷，人民出版社 1995 年版，第 55～56 页。
② 《马克思恩格斯选集》第 3 卷，人民出版社 1995 年版，第 673 页。
③ 《江泽民论有中国特色社会主义》（专题摘编），中央文献出版社 2002 年版，第 266 页。
④ 胡树祥、吴满意等：《大学生社会实践教育理论与方法》，人民出版社 2010 年版，第 53～54 页。

务西部计划实施十周年、山区计划开展七周年。十年来,广东面向省内50多所高校选派了2097名大学生志愿者奔赴广西、贵州、四川、甘肃、新疆、西藏和新疆生产建设兵团等西部7个省区从事志愿服务。除此之外,这些志愿者还派往广东11个经济欠发达地区的100个乡镇从事1至3年的志愿服务。他们奋战在基础教育、农业科技、医疗卫生、基层青年工作、服务新疆、服务西藏、基层社会管理、抗震救灾等专项行动一线,累计为社会提供超过542.09万小时的服务。[1]

其次,提升大学生社会实践育人的质量和水平。改革开放以来中国特色社会主义伟大实践给当代大学生提供了展示才华、经受锻炼、成长成才的大舞台。"人民群众的社会实践,是知识常新和发展的源泉,是检验真理的试金石,也是青年锻炼成长的有效途径。"[2] 高校要积极创造主题鲜明、生动活泼、内涵丰富、形式多样的社会实践活动,鼓励大学生到社会大课堂中去接受教育、接受锻炼、接受检阅,充分了解国情、党情、民情和乡情,增强同人民群众的情感,增进对社会主义核心价值体系的感性认同,亲身体验改革开放以来社会主义建设取得的举世瞩目的伟大成就以及城市乡村所发生的翻天覆地的巨大变化,从情感上、心理上升华对中国共产党的领导和中国特色社会主义道路的信心、决心。"一个人的发展取决于他直接或间接进行交往的其他一切人的发展。"[3] 丰富多彩的社会实践活动为大学生的成长、成才和走向成熟提供了强有力的理论生长点和社会教育大课堂,为大学生躬身践行社会主义核心价值体系提供了生动鲜活的现实平台与场域。大学生在这些具体而现实的生活场景中,在改造客观世界的同时不断改造自己的主观世界,在接受社会教育的同时持续开展自我教育,既认知社会又认识自我,不断修正端正自己的世界观、价值观和人生观。正如马克思所说:"人们的观念、观点和概念,一句话,人们的意识,随着人们的生活条件、人们的社会关系、人们的社会存在的改变而改变。"[4]

---

[1] 《广东十年间选派超两千大学生志愿者奔赴西部》,中国新闻网2013年7月26日。
[2] 《江泽民文选》第2卷,人民出版社2006年版,第124页。
[3] 《马克思恩格斯全集》第3卷,人民出版社1960年版,第515页。
[4] 《马克思恩格斯选集》第1卷,人民出版社1995年版,第62页。

第三，注重形成大学生社会实践育人合力。中共中央国务院《关于进一步加强和改进大学生思想政治教育的意见》（中发〔2004〕16号）指出，要积极探索和建立社会实践与专业学习相结合、与服务社会相结合、与勤工助学相结合、与择业就业相结合、与创新创业相结合的管理体制，增强社会实践活动的效果。当代大学生社会实践活动是一个庞大而复杂的系统工程。首先，参与学生多。20世纪90年代高校合并和扩招以来，如今每个高校的大学生少则几千人，多则几万人，这么一个庞大的群体组织实施社会实践并非易事；其次，持续时间长。大学生社会实践主要包括有三大类：课程教学实践（如国防教育军训、案例教学、现场教学等）、校内活动实践（如学生社团活动、学术科技活动、党建团建活动等）和校外社会实践（如志愿者服务活动、文化科技卫生三下乡活动、毕业实习等）。几乎从大一入学军训开始直至毕业实习、答辩离校，社会实践与大学生相伴始终，持续时间纵贯大学生活；再次，大学生社会实践活动涉及面广。随着社会的发展和进步，大学生社会实践不再囿于象牙塔这个狭小的空间，而是走出书斋，走出校园，着重产学研用并举，一箭多雕。所以，社会实践除了涉及学校教学、教务以及学工等部门，还涉及校外社会实践单位、当地政府管理部门以及社会服务部门等多个行业，此外还受安全、交通等因素的制约；最后，社会影响大。大学生社会实践是高等教育的重要内容与人才培育途径，一方面高校非常重视，另一方面大学生积极参与。同时，大学生家长、社会实践单位以及新闻媒体也是格外关注。大学生的精神风貌与才学品格往往在社会实践过程中能够得到淋漓尽致的展现，成为社会实践场域中一道亮丽的风景。

鉴于上述四个特点，当代大学生社会实践必须精心组织，周密安排，相互协调，同心协力，进一步系统化、制度化和规范化，才能真正达到社会实践育人的效度和深度，浇灌出丰硕的社会实践之果，赢得普遍赞誉。这里略举一例，在2011年第26届世界大学生运动会中，深圳职业技术学院大学生的志愿服务活动就是对社会实践活动的最好注解。

2011年8月12日晚，深圳第26届世界大学生运动会开幕式在深圳湾体育场隆重开幕。第二天一早，一段记录开幕式互动志愿者的视频在微博和网络上疯传。在视频中，一位互动志愿者一直在努力调动身边观众的情绪，5个小时一刻也不停歇与观众互动，网友们亲切地称他为"互动哥"。这位来自深圳职业技术学院的"互动哥"陡然成了开幕式第二天至大运会结束期间最火最时髦的网络热词，《人民日报》、新华社等几十家媒体做了报道。新华社更是连发两篇评论，认为"开幕式'互动哥、互动姐'持之以恒的微笑和呐喊，是真诚的志愿精神在闪光。互联网时代的'90后'，天生带有更加开放和自我的心态，也曾被贴上'脑残''垮掉的一代'标签。但'互动哥'们的举动，有力反驳了一些偏见；他们的走红，也是舆论肯定的缩影。这些志愿者的态度和素质是对各国运动员和友人最好的欢迎，也将直接决定国际舆论对本届大运会的评价。""他们是最好的城市名片。"[1] 在深圳第26届世界大学生运动会闭幕式上，"互动哥"李栋作为大运会120多万志愿者唯一代表上台接受了教育部部长袁贵仁和国际大体联主席克劳德·加利安先生的献花。

事非经过不知难。在纪念五四运动90周年前夕，胡锦涛同志就曾经深情寄语当代大学生："希望同学们把深入实践作为成长成才的必由之路。古人讲，既要'读万卷书'，又要'行万里路'。这在一定程度上解释了人才成长的规律。古往今来凡成大事者，无不经过社会实践的历练和艰苦环境的考验。五四运动昭示的青年运动正确方向，就是在党的领导下，走与工农群众相结合、与中国革命实践相结合的道路。当代青年学生要健康成长、茁壮成才，仍然必须坚持这个正确方向、这条正确道路。"[2]

---

[1] 新华社记者李丽、王恒志、毛一竹：《5小时的声嘶力竭》，新华网广东频道2011年8月14日。

[2] 胡锦涛：《在同中国农业大学师生代表座谈时的讲话》，《人民日报》2009年5月3日。

第四章　广东高校红色教育之未来展望

在全面推进素质教育的时代背景下，整合互动高校红色教育教学资源是加强对大学生理想信念教育、爱国主义教育和革命传统教育的一项具有重大政治意义和现实意义的战略工程，是提升大学生精神风貌的重要途径，也是促进大学生综合素质发展完善的有效举措。2010 年 7 月 13 日，胡锦涛同志在全国教育工作会议上指出，坚持以人为本、全面实施素质教育是教育改革和发展的战略主题，是贯彻党的教育方针的时代要求，核心是解决好培养什么人、怎样培养人的重大问题，重点是面向全体学生、促进学生全面发展，着力提高学生服务国家服务人民的社会责任感、勇于探索的创新精神、善于解决问题的实践能力。

"掌握思想领导是掌握一切领导的第一位。"[①] 高校红色教育教学是指以社会主义核心价值体系为灵魂，以爱党爱国爱社会主义为主题，以思想政治理论课、辅导员和班主任日常工作以及爱国主义教育基地等各种教育教学渠道为平台，以中国共产党成立以来的正确理论、先进文化、重大历史事件、优良传统和时代精神等多种元素为主要内容，以军事训练、课堂教学、实习实训实践基地、革命教育基地和网络论坛等各种教育教学资源为载体，从而培养大学生确立马克思主义指导思想，掌握中国特色社会主义理论体系的基本理论，培育大学生高尚的道德素养、坚定正确的政治方向和深厚的中华民族情结。

---

① 《毛泽东文集》第 2 卷，人民出版社 1993 年版，第 435 页。

第一节 红色教育面临的危机与契机

当今世界正处在大发展大变革大调整时期,我国正处在经济体制大变革、社会结构大变动、利益格局大调整、思想观念大变化的发展转型期,思想文化多元多样多变,红色教育既面临难得的发展机遇,同时也要积极应对严峻的挑战。"在经济全球化发展的背景下,地球上各处的人们较从前更需要彼此了解,彼此了解的必经之路是文化的了解。世界各民族的历史文化遗产、自然遗产和当代文化不独属于该民族,也属于世界人民,是人类文明的共同财富。中国要了解世界文化,世界要了解中国文化"。[①] 高等学校挖掘、凝练红色历史文化资源中的精神特质,并科学地融入高校红色教育之中,是对大学生进行理想信念教育、革命传统教育和爱国主义教育的一种新途径。高校红色教育有必要认真研究红色资源的存在形式、特点,积极探索红色历史文化资源转化为教育教学资源的路径、方式和机制,结合时代特征深入挖掘和提炼红色历史文化资源蕴含的价值潜质,创新和开发适合当代大学生学习特点和发展的教育教学方式,将红色资源融入社会主义核心价值体系的构建和培育之中,努力提高红色教育的针对性和有效性,充分彰显红色资源的感染力和影响力,传递正能量,从而起到以史明理、资政育人、昭示未来的教育作用。

一、危机:多元文化的交流交融与交锋

在21世纪的今天,经济全球化、世界多极化、文化多元化、生活信息化趋势逐步加强,科技进步日新月异。世界各国综合国力的竞争日趋激烈,并且由传统的经济竞争、军事对抗正逐步转向文化软实力的博弈,各种文化思潮、价值观念相互激荡、碰撞与交锋,在思想文化领域展开了一场没有硝烟的战争。"当今综合国力竞争的一个显著特点是文化的地位和

---

① 赵启正:《向世界说明中国——赵启正演讲谈话录》,新世界出版社2009年版,第142页。

作用更加凸显,越来越多的国家把提高文化软实力作为发展战略的重要内容。从一定意义上说,谁占据了文化发展制高点,谁拥有了强大文化软实力,谁就能够在激烈的国际竞争中赢得主动。"① 随着改革开放的伟大实践取得了举世瞩目的巨大成就,"北京模式"成为全球关注的焦点,"中国威胁论"又喧嚣尘上,以美国为首的西方一度鼓噪。然而,交锋也好,鼓噪也罢,究其实质,就是意识形态之争,是资本主义意识形态与社会主义意识形态之争。人们生活在意识形态的包围圈之中。"结构主义马克思主义"的奠基人阿尔都塞认为,意识形态是一切社会总体的组成部分,"没有意识形态的种种表象体系,人类社会就不能生存下去。人类社会把意识形态作为自己呼吸的空气和历史生活的必要成分而分泌出来。"② 有学者不无担心地指出,如果大学生对资本主义的文化和价值观渗透丧失应有的警惕,缺乏强有力的应对措施,很容易落入西化和分化的意识形态陷阱,失去"主心骨"。③

(一) 意识形态之争

党的十七届六中全会通过的《中共中央关于深化文化体制改革 推动社会主义文化大发展大繁荣若干重大问题的决定》指出,当今世界正处在大发展大变革大调整时期,世界多极化、经济全球化深入发展,科学技术日新月异,各种思想文化交流交融交锋更加频繁,文化在综合国力竞争中的地位和作用更加凸显,维护国家文化安全任务更加艰巨,增强国家文化软实力、中华文化国际影响力要求更加紧迫。无论是维护国家文化安全,还是增强国家文化软实力和中华文化国际影响力,都内在地要求我们必须牢牢把握意识形态工作主导权,彰显社会主义意识形态主旋律。"意识形态领域历来是敌对势力同我们激烈争夺的重要阵地,如果这个阵地出了问题,就可能导致社会动乱甚至丧失政权。敌对势力要搞乱一个社会,颠覆

---

① 《中共中央关于深化文化体制改革推动社会主义文化大发展大繁荣若干重大问题的决定》,人民出版社 2011 年版,第 47 页。
② [法] 阿尔都塞:《保卫马克思》,商务印书馆 2010 年版,第 228 页。
③ 王易、宋友文:《新形势下大学生理想信念教育的问题与对策》,《思想理论教育导刊》2011 年第 4 期。

一个政权，总是先从意识形态领域打开缺口，先从搞乱人们的意识下手。"①

关于意识形态与文化之间的关系，中山大学叶启绩教授认为，意识形态与文化的关系，是以实践为核心和基础的对现实的不同程度、不同层次的认识结果之间的关系。文化与意识形态相比，边缘更宽泛、外延更开阔，在现实中两者也有交叉和背离的方面。从线性上讲，文化包含了意识形态；从非线性上讲，文化与意识形态相互交叉。② 在阶级社会中，没有离开意识形态的文化，也没有离开阶级性的意识形态，就是文化娱乐活动，也在潜移默化地传递着某种思想意识和价值观念。③ 例如，美国好莱坞电影，表面上给观众感觉好像纯粹是商业运作，是文化产品，是娱乐大片，往往忽视了这些大片背后蕴涵的西方意识形态倾向，大片不同程度地折射了西方文化思潮和价值观念。所以，每年获得美国奥斯卡奖的所谓大片一定是高度吻合美国的价值观念与主流意识形态，以美国为首的西方国家正是通过这种"文化载体"向世界尤其是向社会主义国家输出所谓的普世价值，从而建构美国在世界文化中不可撼动的霸主地位。"作为美国电影业精英，奥斯卡5000多名评委代表的无疑是美国主流价值观"。④

换句话说，文化娱乐活动"奥斯卡"实质上可谓美国文化传播的重要窗口，也是美国社会价值观念、意识形态与生活方式输出的有效载体。有学者对美国的意识形态作出这样的归纳："什么是美国的意识形态？考察美国的历史，可以发现美国的意识形态表现出这样的内容和特色：①对自由、民主、人权的执著。②强烈的选民意识和同样强烈的天命意识。……这种意识形态，决定了美国建国以后对外政策的主调，它使得美国人自建国以来就在周围世界推销自由民主制度，然后随着美国的实力和影响的扩张，逐步开始在全世界充当民主、自由和人权的保护人。以后，又加上了

---

① 《十六大以来重要文献选编》（中），中央文献出版社2006年版，第318页。
② 叶启绩等：《当代中国社会主义意识形态与文化和谐发展研究》，人民出版社2010年版，第11页。
③ 李春华：《文化的"化人"与思政的"育人"》，《马克思主义研究》2012年第9期。
④ 赵婷：《奥斯卡是美国价值观的发布会》，《北京日报》2010年3月12日。

推行人权保障体系。"① 西方国家利用它在经济科技方面的优势，打造出了以好莱坞文化为代表的文化软实力。他们凭借梦幻般的故事、炫目的技巧、宏大的叙事、动人的情感，把其所谓自由民主博爱的价值观渗透其中。在人们欣赏变幻多端故事的同时，就自觉不自觉地接受了其价值观念。②

事实上，从国际大背景来看，自从1917年苏联建立世界上第一个社会主义国家以来，意识形态就开始成为影响国际关系的重要砝码之一。今天，世界已经成为一个"地球村"，各国之间的综合国力尤其是文化软实力竞争逐步加剧。美国成为世界唯一超级大国，苏联解体后社会主义中国成为社会主义阵营中的头号大国，两种不同社会制度之间的较量与斗争由传统的有形战场转向无形的思想文化领域，社会主义意识形态与资本主义意识形态的碰撞与冲突更加频繁和隐蔽。"出于意识形态偏见天性，每当中国被卷入国际争端，西方的政客和舆论领袖总是不分青红皂白指责中国。很少有哪个国家像中国这样受到多重标准的苛求。"③ 以美国为首的西方国家凭借经济、科技以及传媒优势，以自由、民主、人权为幌子，充分利用文化、宗教和民族等各种方式不遗余力地向社会主义国家渗透和灌输西方价值观、意识形态和生活方式，"使那里的人们在麦当劳的美味、美国大片的视觉盛宴、摇滚的疯狂和迷乱中，不知不觉、潜移默化地认同和接受了资本主义意识形态"，④ 妄图实施丑化、西化和分化的图谋，最后达到不战而胜的目标。著名的"反共斗士"、美国前总统尼克松就曾经一语道破天机："我们与苏联的竞争是军事、经济和政治的竞争，但是美苏对抗的根本原因是意识形态的。苏联要扩大共产主义的范围，破坏自由，而美国要阻止共产主义的扩张，扩大自由的范围。如果我们在意识形态领域的斗争中失利，我们所有的武器、条约、贸易、外援和文化交流将

---

① 于歌：《美国的本质》，当代中国出版社2012年版，第65～69页。
② 中国社科院中国特色社会主义理论体系研究中心：《西方"民主人权输出"的背后》，《红旗文稿》2012年第10期。
③ 国纪平：《用发展的力量守护国际关系道义准则》，《人民日报》2012年8月29日。
④ 聂立清：《我国当代主流意识形态认同研究》，人民出版社2010年版，第122页。

毫无意义。"①

从国内环境氛围看，随着我国对外开放的全面深入和社会主义市场经济的继续推进，参与全球化进程的广度和深度不断拓展，国内社会思想意识越来越多元、多样、多变，封建主义没落思想文化垂而不死、资本主义腐朽思想文化滋长蔓延，交融混杂，马克思主义与非马克思主义思想并存，人们的思想观念良莠不齐，鱼龙混杂。在社会发生深刻变革的时期，人们思想活动的独立性、选择性、多变性、差异性明显增强，正确的思想与错误的思想相互交织，进步的观念与落后的观念也相互影响。各种历史的文化垃圾往往会在这个时期以回归传统的面目出现，各种陈腐的思想也往往打着继承遗产的旗号死灰复燃。②

30多年来，中国的经济社会发展不断上新台阶，中国的思想理论和意识形态也不断发展完善，从邓小平理论到"三个代表"重要思想，再到科学发展观，形成了中国特色社会主义理论体系。这成为当今中国意识形态的核心内容。③ 与此同时，近年来一些比较具有代表性的文化思潮在我国大行其道，对社会主义意识形态产生了较大的冲击和影响：

新自由主义鼓吹"市场化""自由化""私有化"和"全球化"，追求利润最大化，只注重"看不见的手"，无视"看得见的手"，反对任何形式的政府宏观调控，导致贫富两极分化严重，其实质就是否定社会主义。诚如厦门大学高和荣教授所言，新自由主义最初总是以"纯粹经济"的面孔进入其他国家中去，打着拯救这些国家的经济，帮助这些国家脱贫致富的旗号。其实，自从它踏进这些国家领土的那一刻起就不再是什么纯粹的经济理论，而是成为发达国家推行自身价值观、推行和平演变的有力工具，从而成为把其他国家引向资本主义道路的意识形态理论。④ 据统计，在新自由主义盛行的1973年到2000年间，最富有国家与最贫穷国家的人

---

① ［美］理查德·尼克松：《1999：不战而胜》，谭朝洁等译，中国人民公安大学出版社1988年版，第114页。
② 中央党校中国特色社会主义理论体系研究中心：《加强意识形态工作的一个重大问题》，《光明日报》2010年6月3日。
③ 南振声：《中国发展的意识形态底蕴》，《求是》2011年第7期。
④ 高和荣：《揭开新自由主义的意识形态面纱》，《政治学研究》2011年第3期。

均收入差距,从 44∶1 扩大到 227∶1。这足以证明,新自由主义主张的"自由化"并不是人们期望的公平规则下的自由。①

意识形态终结论随着苏联解体、东欧剧变而再度风生水起。意识形态终结论叫嚣,以苏东剧变为标志的冷战结束之日,也就是共产主义作为一种意识形态寿终正寝之时。苏东剧变被认为是资本主义及其意识形态对社会主义及其意识形态的胜利,是西方文化价值观的彻底胜利。西方国家自由民主制度的历史,是人类意识形态发展的终点,也是人类最后一种统治形式,在自由民主阶段,人类获得了平等的认可,历史也就终结了。意识形态终结论并非意识形态的终结,而是所有的意识形态都统一到西方文化价值观主导的思想领域,其实质是西方"意识形态统一论",其本身就是意识形态终结论的自我嘲讽。比较典型的代表有弗朗西斯·福山的《历史的终结》、塞缪尔·亨廷顿的《文明的冲突与世界秩序的重建》、约瑟夫·奈的《注定领导世界:美国权利性质的变迁》以及布热津斯基的《大失败——20 世纪共产主义的兴亡》等。"自由民主制度作为一个政体在全世界涌现的合法性","也许是'人类意识形态发展的终点'和'人类最后一种统治形式',并由此构成'历史的终结。'"② "在所有的文明之中,唯独西方文明对其他文明产生过重大的、有时是压倒一切的影响。……共产主义的崩溃使西方人更加相信其民主自由主义思想取得了全球性胜利,因而它是普遍适用的"。③ 其实伴随中国的发展,国外有"中国崩溃论"和"中国威胁论"的观点,冷静观察后,可以看出,国外这些观点的立场是建立在意识形态分歧之上的,不可否认的是,我们在处理中美关系时,一直在强调共同利益而弱化分歧,分歧中最根本的就是意识形态的对立。④

此外,历史虚无主义歪曲、否定中国革命历史和我们党的奋斗历史,结果只能走向民族虚无主义和文化虚无主义,最终达到否定中国共产党的

---

① 教育部中国特色社会主义理论体系研究中心:《西方新自由主义不是"灵丹妙药"》,《红旗文稿》2012 年第 14 期。

② [美] 弗朗西斯·福山:《历史的终结及最后之人》,黄胜强等译,中国社会科学出版社 2003 年版,代序第 1 页。

③ [美] 塞缪尔·亨廷顿:《文明的冲突与世界秩序的重建》,周琪、刘绯等译,新华出版社 2011 年版,第 161 页。

④ 宫秀川:《意识形态与"韬光养晦"》,《学习时报》2011 年 11 月 7 日。

领导、否定社会主义制度的不可告人的目的。"历史虚无主义是一种极端倾向,采取极端消极或极端激进的方式,通过割断历史与现实、传统与现代的联系来消解主流意识形态。……历史虚无主义完全认同物化逻辑,并以追逐商业利益为本,迎合种种后现代时尚及大众文化趣味,进而表现为种种消极、颓废以及享乐主义的精神生活方式与文化形式。"① 普世价值论则竭力鼓吹西方自由主义和民主社会主义,打着"普世"的旗号宣扬西方文化价值观所谓的"自由、民主、平等、博爱、人权"等主流意识形态,其意图就是要普及西方主流意识形态,否定以马克思主义为指导的社会主义核心价值体系。

马克思主义认为,民主是具体的、历史的,世界上不存在抽象的民主以及所谓具有"普世价值"的民主(其实质是美式民主、西式民主)。普遍适用于一切历史时代、一切国度、一切阶级、一切政党、一切群众的民主制度是不存在的。"橘生淮南则为橘,生于淮北则为枳",离开了具体土壤、具体的环境、具体的条件、具体的过程,橘就不是橘,而为枳了。② "西方把他们的民主、自由、人权等美化成所谓普世价值,使许多人上当,并成为策动一些国家颜色革命和一些地区动乱的思想武器,成为西方干涉别国内政、实现自己战略图谋的工具。"③ 一言以蔽之,自从世界上第一个社会主义国家诞生以后,以美国为首的西方国家从来没有停止过对社会主义国家进行意识形态的渗透,"其惯用手法主要是,利用大众传媒诋毁和丑化社会主义搞攻心战,利用文化交流、经济活动和人员往来进行思想渗透,利用宗教、资产阶级价值观等意识形态削弱和对抗马克思主义,打着民主、自由、人权等旗号干涉别国内政并扶植政治反动派,利用经济往来对社会主义国家诱压兼施,其目的就是想迫使这些国家按照他们的意图行事。"④

---

① 封铭:《金戈铁马铭正义 激浊扬清瞩未来》,《中国社会科学报》2010年8月3日。
② 王伟光:《论民主与社会主义民主》,《红旗文稿》2012年第12期。
③ 中共中央宣传部理论局:《六个"为什么"——对几个重大问题的回答》,学习出版社2009年版,第19页。
④ 汪亭友:《克里姆林宫的红旗因何坠地:苏联演变的根源探究》,当代世界出版社2004年版,第15页。

一定的思想文化是一定的经济基础在观念形态上的集中反映。只要民族利益存在，国家没有最后消亡，意识形态之争就永远不会停止、不会终结、不会消失。正在走向中华民族伟大复兴的社会主义中国，必须彰显自己的主流意识形态，塑造自己的文化形象，推动中国特色社会主义文化大发展大繁荣，才能在世界各种思想文化的相互激荡中、在意识形态的较量中居高临下，稳操胜券。"不管在任何国家、任何社会，也不管一国经济结构和社会思想多么复杂多样，都必须有一个根本指导思想，这个根本指导思想就是统治阶级的思想。……我国是社会主义国家，经济上坚持公有制为主体，政治上实行人民当家作主，这就决定了在意识形态领域只能坚持以工人阶级和广大劳动人民的思想武器即马克思主义为根本指导思想。"①

　　百花齐放，百家争鸣。一个社会的文化可以也应该是多样共存，求同存异，异中求同，和谐共生，但是引领和主导这个社会发展方向的主流意识形态应该而且必须是一元的。"在当前的社会思潮中，坚持马克思主义主导意识形态的引领作用，增强马克思主义的凝聚力和吸引力，疏导兼容非对抗性的非主流社会思潮，抵御对抗性的非主流社会思潮。"② 在改革开放新的历史条件下，对于封建主义腐朽思想文化的沉渣泛起和资本主义腐朽思想文化的滋长蔓延及所带来的影响，我们绝不能低估。这些腐朽思想文化，不仅摧残着人们的心灵，污染着人们的精神世界，还将会引发各种危害社会的行为，影响中国特色社会主义伟大事业的健康发展。对此，我们绝不能掉以轻心。③ 只有坚持马克思主义指导，建设好社会主义的主流意识形态，中国特色社会主义才能健康发展。对此，我们任重道远！④

（二）新媒体的双刃剑效应

　　所谓新媒体，是相对于传统的书籍、杂志、报纸、广播、电视等媒体而言，"利用数字技术、网络技术和移动通信技术，通过互联网、宽度局

---

　　① 国防大学中国特色社会主义理论体系研究中心：《发展中国特色社会主义的首要认识问题》，《人民日报》2010年1月23日。
　　② 王秀阁：《论社会主义核心价值体系引领机制的建构》，《马克思主义研究》2010年第1期。
　　③ 中央党校中国特色社会主义理论体系研究中心：《加强意识形态工作的一个重大问题》，《光明日报》2010年6月3日。
　　④ 靳辉明：《自觉划清马克思主义同反马克思主义的界限》，《光明日报》2010年6月6日。

域网、无限通讯网和卫星等渠道，以电视、电脑和手机为主要输出端，向用户提供视频、音频、语音数据服务、连线游戏、远程教育等集成信息和娱乐服务的所有新的传播手段或传播形式的总称，不仅包括以网络媒体、手机媒体和（互动性）电视媒体为代表的新兴媒体，还包括以户外新媒体、楼宇电视和车载移动电视等为代表的新型媒体。"① 随着新媒体的普及与发展，世界变得越来越小，成为一个名副其实的地球村，1400 多年前唐代著名诗人王勃惜别友人时的梦想"天涯若比邻"已经成为现实。近年来，以互联网为核心的新媒体突飞猛进，网络、手机以及电脑等为代表的新媒体已经成为国人尤其是青年大学生日常生活、工作和学习的一个重要组成部分。根据 2013 年 7 月 17 日中国互联网络信息中心（CNNIC）在京发布的第 32 次《中国互联网络发展状况统计报告》显示：截至 2013 年 6 月底，我国网民规模达 5.91 亿，较 2012 年底增加 2656 万人。互联网普及率为 44.1%，较 2012 年底提升了 2.0 个百分点。我国手机网民规模达 4.64 亿，较 2012 年底增加 4379 万人，网民中使用手机上网的人群占比提升至 78.5%。我国域名总数为 1470 万个，其中".CN"域名总数为 781 万，相比 2012 年底增长了 4.0 个百分点，占中国域名总数比例达到 53.1%；".中国"域名总数达到 27 万。中国网站总数升至 294 万个。其中，20—29 岁年龄段网民人数最多，占 29.5%，学生是网民中规模最大的职业群体，占 26.8%（如图 4-1、4-2 所示）。②

然而，任何事物都具有两面性，新媒体也不例外。以互联网、手机、微博等为代表的新媒体犹如一把"双刃剑"，一方面给大学生的学习、生活带来全新的视阈与感受，打破了传统媒体单调封闭的疆域界限，延伸了高校红色教育的时空范围和路径选择；另一方面，新媒体加速了社会各种文化思潮、价值观念的多元多样多变态势，加速了各种非主流、非理性声音的肆意传播，对高校社会主义核心价值体系的主导和引领地位产生了一定的冲击，进而影响大学生的人生观、世界观和价值观。因此，对新媒体必须因势利导，扬长避短，为我所用。

---

① 宫承波：《新媒体概论》，中国广播电视出版社 2009 年版，第 3～4 页。
② 中国互联网络信息中心：《中国互联网络发展状况统计报告》，2013 年 7 月。

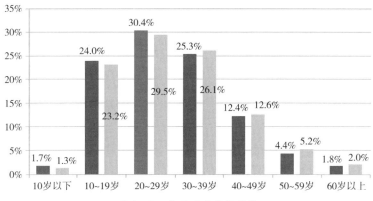

图 4-1 中国网民年龄结构

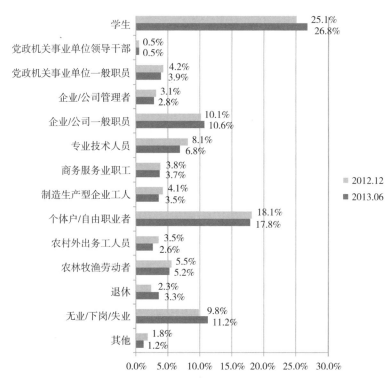

图 4-2 中国网民职业结构

（资料来源：中国互联网络信息中心：《中国互联网络发展状况统计报告》2013年7月版，第16～17页。）

1. 新媒体的正效应

新媒体以其方便、快捷、即时、互动等特色优势，集文字、图像、声音、影像符号等为一体带给"你"全新的"视听盛宴"，赢得了传统媒体无可比拟的"市场和人气"。通过新媒体，特别是 Email、MSN、QQ 群、BBS、微博、微信、博客、视频聊天等各种信息交流方式，人人成为主体、你我都是中心、大家皆为上帝，可以跨越时空、地域、身份、性别、种族等有形限制，自由学习，自在交流，自我展示。无怪乎 2006 年美国著名的杂志《时代》周刊封面将"You"评为 2006 年度人物，既出人意料，又在情理之中：Yes, you. You control the Information Age. Welcome to your world.（是的，你是今年的年度人物。你控制着信息时代，欢迎来到你的世界。）言外之意就是普通网民与英雄人物一样正在走向前台，成为改变世界的主体。美国杰出的未来学家托夫勒（Alvin Toffler）预言，任何国家都竭力维持政权，谁掌握了信息，控制了网络，谁就将拥有整个世界。① 现在，高新技术特别是现代通信技术突飞猛进，互联网、手机等快速普及，越来越成为覆盖广泛、影响巨大、方便高效的新兴大众传媒，为开展理论大众化工作提供了更广阔的空间。②

由于网络资源的共享性、即时性和开放性的特点，使得大学生在获取知识方面又增添了一个比课堂更为广阔的领域。③ 在新媒体的发展和支撑下，大学生获取信息、学习知识的渠道和途径越来越多，社会主义核心价值观在高校的培育和传播范围越来越广泛，有效创新了当代大学生思想教育接受方式、文化观念表达方式、价值理念选择方式以及社会实践行为方式等各个方面。例如，在迎接中国共产党成立 90 周年前夕，从 2011 年 5 月起，中宣部、教育部等六部委联合部署，教育部思政司策划发起了"永远跟党走——庆祝中国共产党建党 90 周年网上系列主题活动"，主要内容包括九大块："追寻党的足迹"爱国主义教育基地学习实践活动网上展示；网上党史知识竞赛；"对党说句心里话"主题微博展评；"同声歌唱党"

---

① ［美］阿尔温·托夫勒：《权力变移》，周敦仁等译，四川人民出版社 1991 年版，第 342 页。
② 刘云山：《架起科学理论与人民大众的桥梁　用马克思主义中国化最新成果掌握群众》，《人民日报》2010 年 3 月 29 日。
③ 吴晓云：《网络文化对大学生影响的现状及对策》，《嘉兴学院学报》2002 年第 50 期。

网上红歌作品展评；网上红色短视频展评；网上红色征文展评；网上红色摄影展评；网上红色书画展评；网上红色动漫展评。实践证明，这些网上主题活动充分发挥了新媒体的积极影响，大大拓展了高校爱国爱党爱社会主义的宣传教育时空范围，增强了高校红色教育的实效性和针对性。与此同时，中宣部、团中央、中国文明网、中国网络电视台等部门还共同组织了"寻访革命足迹，弘扬民族精神"网上红色旅游活动，"适应了人类进入 21 世纪后现代化、信息化、网络化的新特点，把过去历史文献、资料、著作中的党史和现实的红色旅游以及群众的日常休闲很好地结合起来，创造了一种用当代历史结合网络文化、网络信息进行爱国主义革命传统教育的崭新形式。"[①] 诸如此类的中国文明网、人民网等主流网站以及网络红色主题活动有效地彰显了社会主义核心价值体系的主流价值导向功能，宣传了科学理论，传播了先进文化，传递了正能量，巩固了我国主流思想文化阵地。在 2012 年中国十大流行语中，"正能量"一词位居榜首。这个词的流行源于英国心理学家理查德·怀斯曼的《正能量》一书。在当今中国，"正能量"被赋予了更多的内涵，所有积极的、健康的、催人奋进的、给人力量的、充满希望、充满爱心的人和事，都是"正能量"。正能量就是要给人向上的信心和希望，鼓励大家爱国家、爱社会、爱生活，追求一切美好的事物。[②]

2. 新媒体的负效应

其一，新媒体涉及国家安全。任何事物都具有两面性，新媒体在给我们带来全新感受、展示利好的同时，潜藏着不可低估的负面影响，甚至可能危及国家安全。新媒体已经成为社会主义和资本主义两种意识形态相互激荡的新战场，成为社会公众利益诉求、情感宣泄的新通道，成为各种文化思潮交流交融交锋的新阵地。以美国为首的西方发达国家利用互联网等新媒体加紧向全世界尤其是向社会主义国家推行美式意识形态、社会制度和生活方式，大肆传播所谓的"自由、民主、人权"信息动态，幕后煽动形形色色的"颜色革命"，悄无声息地利用新媒体这张无形之网企图达到

[①] 白瀛：《15 万余网友参与"网上红色旅游"》，《光明日报》2011 年 7 月 6 日。
[②] 鲁炜：《网络空间的自由与秩序——在第五届中英互联网圆桌会议上的主旨演讲》，新华国际 2013 年 9 月 9 日。

和平演变的图谋。作为信息时代的重要标志,互联网以其"无国界性"和"超领土"的虚拟存在,已全面渗透到现实世界中的政治、社会、经济、军事、科技和文化等领域,以至于许多国家都开始把网络当作继领土、领海、领空之后的第四空间。同时由于第四空间对现实空间起着越来越直接的制约作用,网络的战略重要性甚至超越了领土、领海和领空,成为国家安全的"无形疆域"。近年来各种情况说明,对国家安全来说,网络已经成为一个没有硝烟的新战场,它关系到一个民族、一个国家在互联网时代的兴亡。[1] 除此以外,西方还有一些专门进行意识形态战争,以颠覆他国政权为己任的官办媒体,经费主要靠政府拨款,如美国的美国之音、自由欧洲电台、自由亚洲电台,德国的德国之声,英国的BBC等,其宗旨都是促进和加强"自由民主事业"。应该说,东欧剧变、中亚的"颜色革命",他们都有功劳。这些媒体本来就是西方大国进行意识形态战争的工具。[2]

作为超越媒体的"政治软力量",网络信息传播一旦被用作对一国实施政治攻击的工具,对内可以直接威胁到该国政权和政治制度的稳定,对外则可以恶化其政治外交环境,进而严重危及国家安全。[3] 随着全球信息化技术的不断发展,互联网不仅成为人们生活中获取资讯、沟通联络的一个重要平台,同时也成为境内境外敌对势力从事捣乱破坏和窃取国家机密的新途径,新媒体被异化成为某些利益集团的政治工具。2010年年底从突尼斯开始,之后在北非、中东蔓延的所谓"茉莉花"革命也被西方媒体称为"推特"革命,就在于在这场所谓的民主化革命中以Twitter、Facebook、Google等为代表的新媒体功不可没,于无形之中发挥了煽风点火和推波助澜的作用。

其二,新媒体影响大学生的学习生活、思维方式、行为习惯和价值观念。随着新媒体的广泛应用以及在高校的普遍化、大众化,大学生不再是传统意义上的知识、信息被动接受者,通过网络、手机、微博等载体拥有更大的话语权和自主权,成为信息的阅读者、编制者、发布者和传播者,

---

[1] 黄永垠:《互联网与国家安全》,《中国党政干部论坛》2012年第2期。
[2] 方祥生:《在欧洲感受西方"新闻自由"》,《光明日报》2012年7月26日。
[3] 黄永垠:《互联网与国家安全》,《中国党政干部论坛》2012年第2期。

日益凸显大学生在新媒体时代的主体性。因此，大学生编制、发布和传播信息舆论的主流方向引导就成为一个不可回避的现实问题。"在网络时代，每个人都可能成为信息渠道，都可能成为意见表达的主体。有个形象的比喻，就是每个人面前都有一个麦克风。"① 特别值得注意的是，近年来，包括网络在内的现代传媒，对于社会思潮和社会风尚的引导，起着空前巨大的作用。一些传媒缺乏社会责任感，倾心眼球经济，着眼经济效益，热衷炒作，不惜制造奇谈怪论，不惜宣传错误价值观念，可以说，近年来拜金主义、享乐主义和极端个人主义的流行，某些传媒难辞其咎。②

新媒体以其无可比拟的优势力量消解了传统意义上的世界各国之间的边界，化解了各行各业之间的屏障，大学生可以在新媒体的无限信息容量中任意游弋。互联网的发展突破了传统思维上的"国门"，大学生只要轻轻点击鼠标，就可以自由漫游世界，手机的全球自动漫游感觉随时随地你都在我身边。然而，由于新媒体的虚拟性、隐匿性和开放性特点，无论是新闻资讯、视频、BBS，还是电子邮件、QQ群、博客、微博、微信，这些海量信息难免泥沙俱下、鱼龙混杂，既有马克思主义，又有非马克思主义和反马克思主义；既有社会主义先进文化，又有封建主义和资本主义腐朽文化；既有正面的信息，又有反面的信息，不一而足。"对于涉世不深、世界观尚未成熟、追求自由的大学生而言，如此多元的价值导向、模糊的价值目标、自由的价值主体，很容易弱化他们的判断力和选择性，使其在不知不觉中或者信仰模糊、迷失自我，或者盲目跟从、不知所终，甚至出现价值观的偏差和扭曲。"③ 更为严重的是，以美国为首的西方国家凭借其网络技术优势，联合境内外敌对势力利用新媒体对社会主义国家展开渗透、窃密和颠覆破坏活动，大张旗鼓地渲染"新闻自由""言论自由""网络自由""信息自由流通"，对当代大学生的理想信念、政治信仰和价值观念产生了不可估量的消极影响。美国是迄今世界上最强力鼓吹"互联网自由"的国家。美国"互联网自由"战略的出台是"二战"后冷战思

---

① 《人民日报》2009年6月24日。
② 李宗桂：《增强理论自觉自信　警惕殖民文化现象》，《红旗文稿》2012年第11期。
③ 陈宁、周翔：《新媒体视阈下大学生思想政治教育话语权的重塑》，《北京教育》（德育版）2011年第10期。

维的延续，其核心就是网络连接自由，其本质就是"美国式"民主自由价值观在信息时代网络空间的自然延伸，其目的就是实现美国的国家利益和战略意图。它标志着美国政府对互联网应用的定位已经超越技术层面，使之成为在网络空间推广美国民主、进行政治渗透的工具与平台。① 高校对此决不能等闲视之，坐以待毙，必须积极应对，采取有效措施进行规避和消除这些负面影响，彰显新媒体的正效应。

事实上，任何"新闻自由"都是法律框架范围内的"自由"，都要为国家最高利益服务，都要受行业行为规范的约束，西方也不例外。② "同其他国家一样，美国也有一套严格的网络管理制度。根据美国国会在'9·11事件'后颁布的《爱国者法案》，美国安全部门有权查看互联网通信内容，监控并打击互联网恐怖信息。……美国决不容许利用互联网宣扬恐怖主义、侵犯知识产权、向未成年人传播色情以及从事其他违反美国法律的活动"。③

二、契机：党史国史是必修课

以史为鉴，可以知兴替。历史记录着过去，连接着现在，昭示着未来。2013年6月25日，在中国共产党成立92周年前夕，习近平总书记在中共中央政治局第七次集体学习时强调，历史是最好的教科书。学习党史、国史，是坚持和发展中国特色社会主义、把党和国家各项事业继续推向前进的必修课。这门功课不仅必修，而且必须修好。要继续加强对党史、国史的学习，在对历史的深入思考中做好现实工作、更好走向未来，不断交出坚持和发展中国特色社会主义的合格答卷。④

---

① 余丽：《美互联网战略对我政治文化安全的严峻挑战》，《世界社会主义研究动态》2011年第59期。
② 方祥生：《在欧洲感受西方"新闻自由"》，《光明日报》2012年7月26日。
③ 李云龙：《网络管理与言论自由》，《人民日报》（海外版）2010年2月27日。
④ 习近平：《在对历史的深入思考中更好走向未来 交出发展中国特色社会主义合格答卷》，《人民日报》2013年6月27日。

（一）中国革命历史是最好的营养剂①

清末启蒙思想家龚自珍有一句名言："欲知大道，必先为史"。中华民族有着5000多年的悠久文明，拥有自己独特的历史文化基因，形成了以爱国主义为核心的中华民族精神和以改革创新为核心的时代精神，发生了许许多多感天动地的历史故事，涌现了无数可歌可泣的先进历史人物。"1840年鸦片战争以来中国170多年的历史，概括地说就是，我们伟大的祖国经历了刻骨铭心的磨难，我们伟大的民族进行了感天动地的奋斗，我们伟大的人民创造了彪炳史册的伟业。"② 中国共产党成立90多年来，在领导全国人民实现民族独立、人民解放、国家富强和人民幸福的艰苦卓绝的革命斗争历程中，用生命与鲜血孕育形成了井冈山精神、长征精神、延安精神、西柏坡精神、两弹一星精神、抗洪抢险精神、抗击"非典"精神、抗震救灾精神等一系列伟大民族精神，留存了丰富的红色历史文化资源。"从1921年到1949年，中国共产党领导的革命，有名可查的烈士就达370万人。在世界政党史上，有哪一个政党像中国共产党这样，为了践行和坚守自己的信仰，付出了如此巨大而惨烈的牺牲？"③

红色历史是一本特别的记录，又是一缕难忘的怀念，也是一份有益的启迪，更是一笔珍贵的营养。红色历史文化资源彰显了党的性质和宗旨，集中反映了中华民族精神和时代精神，蕴含着党的优良作风和光荣革命传统，是党的宝贵精神财富和巨大政治优势，也是新时期高等学校红色教育、红色文化研究得以开展的源头活水。离开了丰厚的红色历史文化资源，高校红色教育就成为无源之水、无本之木。没有了生存发展的土壤，高校红色教育就成了空中楼阁。"历史是一部生动的教科书。……一个民族的发展壮大，贵在不忘本来。我们学习历史，就是要以礼敬自豪的态度对待历史文化，十分珍视先辈们创造的优良传统，深切感悟仁人志士、革命先烈的爱国情怀和奋斗精神，不断增强对祖国对人民的责任担当，增强

---

① 李斌：《党面临的赶考远未结束——习近平总书记再访西柏坡侧记》，《人民日报》2013年7月14日。
② 胡锦涛：《在庆祝中国共产党成立90周年大会上的讲话》，人民出版社2011年版，第2页。
③ 《信仰——我们的故事》（历史文献纪录片），《光明日报》2012年9月14日。

民族自尊心自豪感，凝聚起推动国家进步、民族振兴的强大精神力量。"①

令人振奋的是，2013年7月25日，教育部与中共中央党史研究室联合设立的"高等学校中国共产党革命精神与文化资源研究中心"在北京召开建设工作会议，标志着高校红色教育协同创新研究的开始，首批纳入教育部高等学校人文社会科学重点研究基地建设计划的研究中心有八个：复旦大学中国共产党革命精神与文化资源研究中心、嘉兴学院中国共产党革命精神与文化资源研究中心、湘潭大学中国共产党革命精神与文化资源研究中心、井冈山大学中国共产党革命精神与文化资源研究中心、赣南师范学院中国共产党革命精神与文化资源研究中心、遵义师范学院中国共产党革命精神与文化资源研究中心、延安大学中国共产党革命精神与文化资源研究中心、河北师范大学中国共产党革命精神与文化资源研究中心等。"我们党在长期斗争中所培育的革命精神，所形成的优良传统，所积累的丰富经验，所创造的红色文化资源，是一个伟大的宝库。深入研究和弘扬这种革命精神和优良传统，科学总结和运用这些经验，充分开发和利用这类红色文化资源，对于教育广大党员、干部和年轻一代，对于搞好高校思想政治理论课的教学、促进哲学社会科学的繁荣发展，对于以史鉴政、推进社会主义的建设事业，都将起到重要的积极作用。"② 广东红色教育资源丰富，高校红色教育具有南粤鲜明的特色与主题，还有待继续深入挖掘，努力争取入选第二批教育部与中共中央党史研究室联合设立的"高等学校中国共产党革命精神与文化资源研究中心"，以更好地光大和弘扬广东红色文化，促进广东高校红色教育持续健康发展。

长期以来，我们党一贯有着重视学习和研究历史，从历史中总结经验，汲取营养、智慧和力量，为高等学校开展红色教育营造了良好的舆论氛围和理论指导。毛泽东同志一生热衷于学习历史，特别是中国史，强调看前途一定要看历史，看历史就会看到前途。邓小平同志指出总结历史是为了开辟未来，了解和懂得历史是中国发展的一个精神动力。江泽民同志反复强调学习历史的重要性，指出一个民族的历史深刻影响着一个民族的

---

① 刘云山：《在〈简明中国历史读本〉和〈中华史纲〉出版座谈会上的讲话》，《中国社会科学报》2012年8月6日。
② 沙健孙：《挖掘红色文化资源宝库》，《光明日报》2013年7月29日。

现实和未来，每一个党员干部都要认真地读一点历史。胡锦涛同志强调，只有铭记历史，才能深刻了解过去、全面把握现在、正确创造未来，提高治国理政的才干。① 习近平总书记最近在西柏坡考察调研时再次指出："历史是最好的教科书。对我们共产党人来说，中国革命历史是最好的营养剂。多重温这些伟大历史，心中就会增加很多正能量。"② 新时期高等学校红色教育就是要在十七届六中全会《中共中央关于深化文化体制改革推动社会主义文化大发展大繁荣若干重大问题的决定》以及党的十八大精神指导下，充分发挥中国革命历史资政育人、以史正人、凝神聚气的作用，引导大学生学习党史国史，在把握中国革命历史中感受中华儿女的崇高品格和精神气质，明辨是与非、鉴定真与假、甄别善与恶、领悟荣与辱，增强对马克思主义的指导地位、对中国共产党的领导、对中国特色社会主义道路以及对改革开放的认知与认同，扎实推进红色教育进教材、进课堂、进头脑，帮助大学生树立正确的世界观、人生观和价值观，为建设社会主义文化强国添砖加瓦。"大学生学习党史，可以感受到中国共产党人创业之艰辛、奋斗之艰难、使命之艰巨，感悟其中的苦难与辉煌，获得精神鼓舞，激发创造热情，做到勤于学习，善于创造，甘于奉献，自觉肩负起实现中华民族伟大复兴的历史重任。"③

（二）改革开放的伟大实践是最好的红色教育载体

在庆祝中国共产党成立90周年大会上，胡锦涛同志指出："90年来，我们党团结带领人民在中国这片古老的土地上，书写了人类发展史上惊天地、泣鬼神的壮丽史诗，集中体现为完成和推进了三件大事。……第三件大事，我们党紧紧依靠人民进行了改革开放新的伟大革命，开创、坚持、发展了中国特色社会主义。"④ 党的十一届三中全会以来，我国的经济、

---

① 刘云山：《在〈简明中国历史读本〉和〈中华史纲〉出版座谈会上的讲话》，《中国社会科学报》2012年8月6日。

② 李斌：《党面临的赶考远未结束——习近平总书记再访西柏坡侧记》，《人民日报》2013年7月14日。

③ 李卫红：《弘扬党史文化 进一步加强大学生思想政治教育》，《中共党史研究》2012年第10期。

④ 胡锦涛：《在庆祝中国共产党成立90周年大会上的讲话》，人民出版社2011年版，第3、4页。

政治、文化和社会等各个领域都取得了举世瞩目的巨大成就，获得了长足的发展。以经济建设为例，改革开放以来，中国经济以惊人的速度发展起来。在1978—2011年的33年间，中国经济的年均增长率接近10%，持续时间之长、速度之高，打破了"二战"后"日本奇迹"的纪录：日本在1950—1973年的23年间年均经济增长率达到9.3%。在同一时期，中国经济平均增速比世界经济平均增速高了两倍多。……2011年，中国人均国内生产总值约5500美元，达到世界中等偏上收入国家水平。①

2012年11月15日，在党的十八届中央政治局常委与中外记者见面会上，习近平总书记强调"打铁还需自身硬"。国外一些开明的政治家、专家学者对我国改革开放30多年来所取得的"硬成绩"也给予了正面评价与肯定。日本庆应义塾大学法学部教授加茂具树指出，自20世纪80年代以来，人民代表大会的功能得到了改善和加强，活动日益活跃，权威性得到了提高，全国人大改变了被人称为"橡皮图章"和"党委挥手、政府动手、人大举手"的尴尬角色，在中国政治中的作用不断得到加强，如今已经成为中国政治权利的中心之一。……美国著名未来学家约翰·奈斯比特提出，中国在创造一个崭新的社会、经济和政治体制，它的新型经济模式已经把中国提升到了世界经济的领导地位，而其政治模式也许可以证明资本主义所谓的"历史的终结"，只不过是人类历史道路的一个阶段而已。②

事实胜于雄辩。正是改革开放以来取得的辉煌成就，给大学生造就了优越舒适的生活条件、形式多样的学习机会和丰富多彩的社会实践活动。当代大学生基本都是"90后"甚至"95后"，生长、成长于改革开放的新时期，享受着改革开放带来的丰硕成果，对改革开放所带来的好处有着切身的体会。大学生在参与社会实践活动的过程中，耳濡目染、亲身感受祖国发生的历史巨变，真正了解国情党情、社情民意，切实把握中国经济的快速发展、人民生活水平的不断提高，高度认同社会主义制度的优越性

---

① 任理轩：《中国奇迹的一大法宝——论新形势下增强理论自觉和理论自信》，《人民日报》2012年6月29日。

② 钟连：《中国走出了一条符合国情的道路——国际社会积极评价中国共产党与中国道路》，《参考消息》2012年6月25日。

和改革开放的必要性，更加坚定了中国特色社会主义道路的信心和决心。大学生在社会实践活动中找到了学校思想政治理论知识的现实依据和理论生长点，加深了对书本知识的理解，使得理论教育更有说服力；改革开放的伟大实践唯有在中国共产党的正确领导下才能顺利推进，中国特色社会主义道路是中华民族复兴之路、国家富强之路和人民幸福之路，也是实现中国梦的必由之路，改革开放是强国之路。毛泽东同志曾经说过："我们的任务是过河，但是没有桥或没有船就不能过。不解决桥或船的问题，过河就是一句空话。不解决方法问题，任务也只能是瞎说一顿"。① 历史与现实已经并将继续证明，改革开放30多年来的伟大实践本身就是我们过河的"桥"或"船"，就是高校红色教育的最好例证、生动说明和教育载体。结合改革开放的伟大实践创造的许多"春天的故事"，给青年大学生讲述中国奇迹，传播中国声音，辐射中国精神，传递中国正能量，如此鲜活生动的高校红色教育应该是大有可为，也必定是大有作为。

不仅如此，通过深入实践，大学生还能发现目前改革开放和社会发展过程中存在的问题与不足。应当承认，作为世界上人口最多的发展中国家，没有问题是不现实的，关键是要拿出解决问题的办法。实践出真知，唯有如此，大学生才能真正领悟改革开放的长期性、艰巨性和复杂性，居安思危，明白只有一如既往地继续坚持改革开放才是解决我们所面临的各种矛盾和问题的钥匙，自觉增强政治意识、责任意识和大局意识，从而形成对祖国、对中国共产党、对社会主义制度和改革开放的高度认同。"事实充分证明，在近代以来中国社会发展进步的壮阔进程中，历史和人民选择了中国共产党，选择了马克思主义，选择了社会主义道路，选择了改革开放。"②

第二节　整合高校红色教育教学资源

红色资源是具有独特教育品质的资源，这种教育特质将深刻地影响红

---

① 《毛泽东文集》第1卷，人民出版社1991年版，第139页。
② 胡锦涛：《在庆祝中国共产党成立90周年大会上的讲话》，人民出版社2011年版，第5页。

色资源教育教学全过程。① 广东高校充分开发红色教育教学资源的特质，开展了一系列教育活动，取得了一定的成效。未来高校红色教育教学的发展，还需要进一步整合高校红色教育教学资源，形成高校红色教育合力。②

一、红色教育教学资源整合的必要性

中共中央、国务院《关于进一步加强和改进大学生思想政治教育的意见》指出："加强和改进大学生思想政治教育必须以理想信念教育为核心，深入开展党的基本理论、基本路线、基本纲领和基本经验教育，开展中国革命、建设和改革开放的历史教育。"一般来说，红色资源是指中国共产党领导下的革命斗争和社会主义建设的历史遗存、革命精神和优良传统，是中国共产党和中国人民宝贵的精神财富和独特的政治优势，是以爱国主义为核心的民族精神的凝结，是中国先进文化的载体，是马克思主义中国化的历史见证，是社会主义核心价值体系的重要精神源泉。红色资源具有独特的育人功能，需要大力开发和运用。新形势下，在社会多样化、思想多元化情况下，如何实现历史与现实的对接与融合，让红色资源永放光芒，值得探究。在信息社会，现代化传媒技术广泛运用，高校对大学生群体，如何发挥红色资源的教育作用，怎样把红色资源转化为教育教学资源，有待于进一步挖掘。广东高校红色教育教学资源十分丰富，途径方式多种多样，主要包括思想政治理论课课堂教学、辅导员和班主任的日常辅导与管理、党团建设、教学实践基地、爱国主义教育基地和一些红色旅游区等多种载体。

传统红色教育教学大多形式单一，比较分散，实效性不强。广东高校必须加强这些红色教育教学资源的整合互动，在学校党委的统一部署和协调下，拓宽大学生思想政治教育的内容、渠道和途径，将高校红色教育教学资源连成线、形成片、结成网，以最大限度地发挥"红色效应"，加强当代大学生革命传统教育和理想信念教育，增强他们的爱国情感，对于弘

---

① 张泰城：《建构红色资源教育教学理论体系的思考》，《井冈山大学学报》（社会科学版）2012年第6期。

② 占毅：《高校红色教育教学资源整合探究》，《思想教育研究》2011年第7期。

扬和培育民族精神、爱国主义情操都具有重要的现实意义和深远的历史意义。同时，高校还应结合自身发展历史特点与专业特色品牌，加强与学校当地及周边其他资源的整合互动，不断丰富红色教育教学资源的内容，以促进红色教育教学资源的持续、健康、有序发展。

二、红色教育教学资源整合的可能性

（一）把握"大学第一课——军训"，弘扬红色革命传统教育

根据我国现行高等教育的教学安排，大学新生进入高校报到后的大学第一课就是军事训练（简称军训）。军训时间多则半年，少则一个月。大学生军训是根据《中华人民共和国兵役法》和《中共中央关于教育体制改革的决定》要求进行的，既是高等院校红色教育教学的基本内容之一，又是大学生接受国防教育的基本形式；既是培养"四有"人才的一项重要措施，又是培养和储备我军后备兵员及预备役军官、壮大国防力量的有效手段。军事训练作为高等教育的重要组成部分和特殊的社会活动领域，具有其他学科和教育方式无法替代的综合素质培养和教育功能：（1）军事技能训练，接受军事化管理，经受紧张而有规律的军营生活，艰苦而又严格的技能训练，使大学生既锤炼了体能，增强了体质，又磨炼了意志，砥砺了品格；（2）通过接受严格的军事训练教育，在耳濡目染和切身体验中，自觉接受人民军队的革命英雄主义、集体主义、不怕困难、勇于吃苦和敢于担当的传统教育；（3）在军训教官率先垂范、言传身教的影响下，使学生在政治素质、思想作风、身心素质诸方面均有显著提高，有利于广大学生树立积极健康的人生观、乐于奉献的价值观，是当代大学生加强思想政治素养的新课堂；（4）通过军训能够使学生以健康的体能、旺盛的精力投入到科学文化学习中去，促进智育水平的提高，德智体美全面发展。

从总体上看，一方面，爱国主义教育是贯穿于整个大学生军训全过程的主旋律，是军训中红色教育教学的主题。通过严格的军事训练大学生较好地掌握基本军事知识和技能，磨炼了意志品质，同时又能够提高大学生的政治觉悟，激发爱国热情。大学生的国防观念在军训这个特殊的氛围中得到锤炼和升华。另一方面，培养了大学生的集体主义和团队协作精神。

军训是集中、统一、紧张而严格的集体活动，要求整齐划一。在这些集体活动中，大学生的角色转换成了普通士兵，过军营式生活，接受教官统一指令，并同时接受军纪校纪约束，有利于发扬革命英雄主义精神，培养艰苦奋斗的作风、坚韧不拔的意志和集体主义精神，为紧接而来的大学四年综合素质教育尤其是红色教育教学奠定良好基础，也有利于促进良好班风校风学风建设。可以说在整个高校红色教育教学资源整合互动的过程中，大学生第一课——军训的地位和作用举足轻重。

（二）强化思想政治理论课在红色教育教学中的主导作用

百年大计，教育为本；教育大计，教师为本。思想政治理论课是高校红色教育教学的主渠道、主阵地、主战场和主课堂，教育教学的效果如何直接关系到大学生的成长与成才。随着改革开放的发展，高校思想政治理论课一些传统的方法显得不太适应和有效了，高校思想政治教育越来越注重适应改革开放的新形势和现代信息技术的新发展，着力探索运用现代大众传播媒介和表现方式进行高校思想政治教育，创新高校思想政治教育的方式、方法和手段，提高教育的实效性。[①] 首先，充分发挥思想政治理论课教师在红色教育教学中的主导作用。思想政治理论课教师应该而且必须是马克思主义基础理论和党的路线、方针、政策的宣讲员，也是社会主义物质文明、精神文明、政治文明和生态文明等意识形态的传播者，同时也是中国化马克思主义理论成果的实践者。2006年，中共广东省委教育工作委员会、广东省教育厅联合发布《关于实施高等学校思想政治理论课新课程设置方案工作的通知》（粤教工委思〔2006〕4号）指出：新进入思想政治理论课教师应是中共党员，应具有思想政治教育或其他相关专业硕士以上学位，经培训合格后再上岗。

其次，注重思想政治理论课在红色教育教学中的实效性。思想政治理论课教育教学要开创民主和谐的教育环境，教师与学生不再是"教师教、学生学"的简单叠加，而是师生平等交流对话、共同参与教学过程，教学相长，形成一个真正的学习共同体。在思想政治理论课教育教学中不但要

---

① 骆郁廷：《改革开放30年来高校思想政治教育的历史发展》，《思想理论教育》2008年第19期。

发挥教师的主导作用，更要强调学生的主体性参与，发挥个体的自主性、能动性和创造性。同时，还要注重主体间性的作用，强调师生间的合作关系，实现教师与学生在教学生活中共生共长。①

第三，激发大学生在思想政治理论课中接受红色教育教学的主体性和积极性。由于思想政治理论课自身的思想性、政治性、教育性和特殊性，高校必须改进课堂教育教学方法，通过启发式、讨论式和专题式等多种方式，充分利用多媒体等现代教学辅助设备，激活典型的红色历史文化资源或选择鲜活的现实案例教学并制作PPT，图文并茂，深层解读。通过这种形式多样、内容丰富的红色教育教学，大学生既增长了知识、开阔了视野、活跃了课堂氛围，又增进了教学效果、激发了大学生接受红色教育教学的兴趣。例如，在2016年巴西里约奥运会女排总决赛中，中国女排对阵塞尔维亚女排，尽管在小组赛中国女排0∶3输给了塞尔维亚女排，尽管在总决赛中中国女排19∶25先输一局，但是，中国女排没有气馁，决不放弃，顽强拼搏，最终以3∶1完成超级逆转，击败塞尔维亚女排，时隔12年再登奥运之巅峰夺冠。在随后升国旗、奏国歌的颁奖仪式中，中国女排姑娘们面带微笑、眼含热泪唱起国歌，中华人民共和国国歌——《义勇军进行曲》顿时响彻整个体育馆。思想政治理论课教师就会发现这不仅仅是一场精彩的体育竞技比赛，更是一个非常经典的关于集体主义和爱国主义教育的教学案例。中国女排姑娘的体育精神自不待言，更可贵的是女排姑娘们和观众的爱国之情足以感化和同化每一位年轻的大学生，红色教育教学效果可以说是潜移默化，水到渠成。

（三）拓宽高校红色教育教学的时空领域

高校红色教育教学除了依托思想政治理论课这个主阵地，还要努力构建大学生宿舍、班级、校园、网络四位一体的全方位、多途径、宽平台式立体红色教育教学网，积极探索教育引导大学生的新思路、新途径、新方法。随着网络在大学生群体中的不断普及，红色教育教学要充分利用博客、QQ群、MSN、E-mail、微博、视频等新兴信息载体，定期或者不定期地和大学生进行思想交流与对话，积极推进红色教育进课堂、进网络、进

---

① 姜美珍：《思政课教学设计应回归生活》，《中国教育报》2009年9月21日。

头脑,润物细无声,融汇在大学生的思想意识之中。比如,大学生宿舍是他们学习生活的重要场所,学工处可以定期组织、评选出一批学习好、卫生好、精神风貌好的"三好"宿舍并挂上流动小红旗;在大学生宿舍、高校社团、校园宣传栏等场域开辟红色教育教学专题图片展或专栏,大大拓展了红色教育资源范畴。通过红色教育教学这个纽带,广泛宣传,循序前进,红色教育教学空间越做越大,红色教育教学机制越来越完善,让红色教育教学资源互动发展,在高校逐步形成规模,形成传统,形成体系,形成品牌。

与此同时,高校应充分挖掘红色教育的内化潜能。校团委、辅导员或班主任可以利用周末晚上的休闲时间,组织大学生学习观看《恰同学少年》《建国大业》《建党伟业》《江姐》等经典红色影视剧,并撰写观后感或者心得体会;在一些重大革命历史纪念日开展红色教育主题活动,组织红歌演唱会、红色诗歌朗诵和红色一日游等活动将红色教育教学向纵深推进,高举红色旗帜不动摇,永葆红色本质不褪色。大学生对此反响热烈,红色教育教学效果明显。这些活动不仅拓展了大学生的视野,增长了见识,而且提高了大学生的文化品位,促进了和谐文明校园建设,有利于引导当代大学生继承和发扬光荣传统、唱响红色主旋律。在全面建成小康社会的新时期,大学生广泛传唱经典红歌、观看红色影视剧,无疑是净化心灵、传承民族精神、构建社会主义核心价值体系的强大精神动力。他山之石,可以攻玉。2008年11月26日晚,由中共江西省委、江西省人民政府主办的"中国红歌会"在北京人民大会堂隆重举行,包括中央领导在内的首都各界万余名观众现场欣赏,充分证明了红色教育的魅力和影响。正如李长春同志在井冈山考察时指出:红歌体现了先进文化的方向,推动唱红歌是进行革命传统教育的好办法。[①]

(四) 彰显高校本土及周边区域红色教育基地的辐射功能

红色区域资源是革命先烈与英雄人物用鲜血与汗水在探索国家独立人民解放、国家富强、人民富裕的过程中所凝聚而成,鲜活感人的事实很容

[①] 傅云等:《永远的精神家园——李长春在井冈山参观考察纪实》,《江西日报》2007年10月29日。

易激发大学生们的青春激情与人生抱负,很自然地增强他们民族自尊、自信、自立、自主等民族主体精神和忧患意识,激发他们振兴中华的责任感、使命感。① 高校党委、学工处、团委和思想政治理论课教学部等职能部门要主动挖掘本土及周边区域红色教育教学资源,与本土及周边红色革命教育基地挂钩签约,确立双方互动共建关系,把这些红色教育基地作为高校开展红色教育教学的实践基地。通过讲革命故事、唱革命歌曲、诵革命诗歌、听先进事迹、重温入团入党誓词等大学生喜闻乐见的形式来缅怀革命先烈,寓教于乐,将坚定理想信念与提升学生素质相结合,红色基地教育与课堂教育教学、红色网站教育、红色文化传承相结合,红色专题教育与自我教育相结合,定期开展红色教育主题活动,搭建课堂内外、校园内外红色基地资源教育平台,创建高校"开放教育式—亲身感受式—共同研讨式"红色教育教学新模式。

目前,国家级的爱国主义教育基地就有 200 个,还有省级、市级、县级的爱国主义教育基地,加上各地的纪念馆、展览馆、烈士陵园等革命遗迹,"红色资源"遍布全国。它是中国先进文化的代表,是党和人民取之不尽、用之不竭的宝贵的教育财富。遍布全国各地的"红色资源"都蕴含着丰富的革命精神和厚重的历史文化内涵,每一处革命遗迹、每一件珍贵文物都折射出革命先辈的崇高理想、坚定信念、爱国情感和高尚品质。②

三、着力红色教育的实效与时效

首先,要坚持育人为本,注重实效。"红色资源"是思想政治教育中不可或缺、不可替代、不可再生的一种极其珍贵的教育资源,一定要从培养和造就千千万万具有高尚思想品质和良好道德修养的接班人,确保几代人为之奋斗的伟大事业薪火相传、生生不息,确保中国特色社会主义事业后继有人、兴旺发达的战略高度来认识开发"红色资源"的重要现实意义和深远历史意义。目前广东高校在"红色资源"开发、利用上存在着不平

---

① 周锦涛:《红色区域资源与高校思政工作途径的拓展》,《新视野》2009 年第 4 期。
② 赖华林、曹开华:《"红色资源"开发与未成年人思想道德建设》,《光明日报》2004 年 9 月 22 日。

衡现象：城市红色资源开发利用多，边远地区红色资源开发利用少；高校所在地红色资源开发利用多，周边红色资源开发利用少；国家级及省级红色资源开发利用多，市县级红色资源开发利用少。高校对"红色资源"的开发利用一定要通盘考虑，合理布局，统一规划，分步实施，要有大视野、大手笔，在开发利用中要把历史和现实结合起来，把优良传统和时代精神结合起来，把传统展示与现代科技结合起来。既要在丰富红色教育主题上下功夫，又要在挖掘红色精神内涵上下功夫，还要在拓展红色教育功能上下功夫，增强红色教育的生命力和受教育主体的感受力，使"红色资源"真正开发成为对当代大学生进行爱国爱党爱社会主义教育的重要课堂，成为培养中国精神的重要阵地，成为陶冶情操的重要载体。

其次，要整合资源，与时俱进。一方面，对红色历史文化资源本身进行整合，有的可以联成片，有的可以连成线，相互补充，相得益彰，增强资源自身的吸引力和时代感，发挥整体效应；另一方面，融汇最新教育理念和开发思路，游中学，学中游，让红色历史文化与青山绿水交相辉映，相互促进，提升文化力。高校把红色资源开发与大学生寒暑假社会实践结合起来，是新的历史条件下整合红色资源的一条重要途径。它不仅能更好地发挥红色文化资源的育人作用，还能有效地带动老、少、边、穷地区的经济发展。随着越来越多"红色景点"的开发，红色历史文化资源已经成为传播先进文化、弘扬革命精神、塑造美好心灵的教育圣地。

第三，要寓教于乐，创新形式。对当代大学生进行红色教育一定要考虑青年的特点和时代特色，加强针对性。在红色资源开发中除了进一步挖掘其主题外，还要不断创新其形式，各方配合，形成合力，努力构建内容丰富、形式活泼、独具地方特色的红色教育体系，营造红色历史文化资源育人、化人的浓厚氛围，创新红色教育机制，在潜移默化中接受革命传统教育和爱国爱党爱社会主义的熏陶。在网络已经成为第四媒体、成为大学生思想道德教育全新阵地的新形势下，在大学生红色教育体系中，主动抢占网络制高点，利用大学生对革命传统喜爱和崇敬的有利条件，建立红色教育网站，开发设计既具有鲜明时代特点，又有感染力和吸引力的红色历史文化类动漫、视频等，构建红色资源网络文化，占领网络阵地，进行网上网下红色教育，用格调高雅、健康向上的红色文化抵制、替代那些封建主义和资本主义腐朽文化,不断创新红色历史文化教育的内容与形式。

在 2010 年全国教育工作会议上胡锦涛同志强调,当今世界的综合国力竞争,说到底是民族素质竞争。教育对提高人民思想道德素质和科学文化素质、发展科学技术、培养人才具有基础性作用。广东高校红色教育教学资源是对大学生进行思想道德素质与政治素质教育的重要平台,必须在学校党委的统一部署下开展协同创新,深度挖掘红色教育教学资源的精神内涵和文化底蕴,坚持以红色教育教学为引领,将高校思想政治理论课、军事训练、辅导员和班主任的日常工作、社会实践和网络教育等相关资源进行整合互动,优势互补。结合当前高校"中国梦·我的梦"主题教育活动,全方位、多层次、高品位地塑造培育大学生科学的人生观、世界观和价值观,大力弘扬积极健康向上的红色精神,唱响代表时代发展方向、体现社会进步要求的社会主义主旋律,促进大学生素质教育全面提升,开创高校红色教育教学的新局面。

第三节　推进高校海权海防教育

海运兴,国运兴。人类数千年的历史证明,一个没有海洋战略意识的民族,注定是一个没有希望的民族!① 翻开近代史,欧美强国无一不是从海上崛起。我国遭受的安全威胁和外来侵略也主要来自海上,第一次鸦片战争以来我国先后遭到海上入侵 470 余次,一部中国近代史就是帝国主义从海上入侵的屈辱史。历史与现实以无可辩驳的事实说明,中华民族要建设海洋强国、经略海洋,必须激活国人海洋意识的回归、海权意识的觉醒与强化,必须着力培育和提升国人尤其是青年大学生的海洋意识、海权观念和海防思维。②

---

① 走向海洋节目组:《走向海洋》,海洋出版社 2012 年版,第 281 页。
② 占毅:《高校海权教育:建设海洋强国的基石》,《思想教育研究》2013 年第 10 期。

一、海洋世纪催化高校海权海防教育

（一）海洋世纪催化高校海权海防教育

海洋是人类赖以生存和发展的摇篮和重要基础，是人类资源的宝库，是联系世界各国交通的大动脉，大约占地球表面积的71%。早在2001年联合国就将21世纪定义为"海洋世纪"。海洋世纪是人类全方位认识和把握海洋、全面开发和利用海洋、世界各国共同保护和管理海洋的新世纪。海洋文化、海洋科技、海洋经济等"蓝色风暴"在世界各地风起云涌，海洋已经并将继续成为一个国家、一个民族赖以生存和发展的新空间。重视海洋资源，发展海洋事业已成为世界各国共识，尤其是世界各沿海国家纷纷加大海洋开发与管理的力度，一场向海洋要资源、要空间、要发展的"蓝色革命"正在席卷全球。17世纪西方政治家英国雷莱爵士直言不讳：谁控制了海洋，谁就控制了世界贸易；谁控制了世界贸易，谁就控制了世界的财富，因而就控制了全世界。

海洋世纪不仅仅是要依靠海洋科技、海洋经济和海洋产业等硬实力，更要依赖于海洋文化、海权意识和海防战略思维等软实力。高校海权海防教育必须面对海洋世纪所带来的机遇与挑战，以建设文化强国和海洋强国为契机，帮助大学生全方位认知海洋，更新传统海洋观念，强化海洋意识，树立海权观念，建立海洋战略思维，建构科学海洋观。在这世纪之交，一个国家、民族的海洋观念和开发海洋的能力，将会决定国家的盛衰强弱。当历史上一个一个国家依靠海洋而强盛时，中国因漠视海洋而沦落为半殖民地，这是中华民族最深刻的历史教训。[①]

（二）海洋强国战略呼唤海洋人才

党的十八大报告提出坚决维护国家海洋权益、建设海洋强国，从国家发展全局的战略高度考量海洋问题，实现我国由海洋大国向未来海洋强国的历史性转变，对于我国高等教育的发展具有重要的指导意义。在当今知识经济时代，开发和利用海洋、发展海洋经济和建设海洋强国无疑是一个

---

① 陆儒德：《海洋·国家·海权》，海潮出版社2000年版，第7页。

庞大的系统工程,需要复杂而又交叉的海洋文化、海洋理论和海洋技术等多学科支撑,由此可以推断这个系统工程需要大量高素质的各级各类海洋人才。高等教育是培养人才的重要基地和渠道,担负着培养高层次海洋科技人才、推进海洋科技创新、服务海洋资源开发与利用的历史使命,理应为建设海洋强国提供更多的智力支撑和人才保障。然而,我国国民的海洋意识和海洋观念远不适应新世纪的需要,相当多的大学生属现代"海盲",还不知道有《联合国海洋法公约》和我国拥有的蓝色海洋国土。所以,高等教育亟须加强海洋文化知识的学习与宣传,增强大学生海洋意识,尤其是要强化海权海防教育,为建设海洋强国输送与时代要求相匹配的具有海洋战略思维的高素质海洋人才。

(三)维护国家海洋权益,高校责无旁贷

随着世界各国对海洋资源的日益重视,近年来我国与周边国家如日本、韩国、越南、菲律宾、马来西亚等在海洋和岛屿主权权益等方面的争端时有发生。特别是美国出于自身国家利益干预亚太海洋争端,使得原本就不太平的东海、南海局势变得更加错综复杂,我国蓝色国土资源和海洋权益受到了严峻挑战,我国海上安全和海防力量亟须加强。2012年我国沿海海域就发生了一系列海洋争端,东海钓鱼岛主权问题、南海黄岩岛归属问题等至今悬而未决。面对日趋复杂的国际形势和亚太局势,维护国家海洋权益,建设强大海防力量在我国国防、海洋和外交等领域的重要性、长期性和艰巨性日益凸显。大学生是国家的未来和民族的希望,肩负着建设祖国的重任,担负着保卫祖国的光荣义务,是我国国防建设的强大后备军。未来的海上战争,既是军事实力的较量,更是高科技人才的竞争。大学生通过高校海权海防教育,接受系统的专业知识、国防知识和形势与政策教育,能够激发大学生的爱国之情、报国之心和卫国之志,增强大学生建设海洋强国、投身国家海防的政治责任感、历史使命感和神圣自豪感。

二、当前高校海权海防教育的困境

(一)大学生海洋国土意识淡薄,海权海防观念落后

我国是一个陆地大国,拥有960万平方公里陆地国土面积,同时我国

又是一个海洋大国,拥有 300 万平方公里蓝色海洋国土面积和 1.8 万公里长海岸线。然而,由于我国长期的黄土文明和大陆思维方式的影响,我国公众的海洋意识相当淡薄,海权和海防教育非常薄弱,海洋战略思维严重缺乏,与走向海洋强国的发展模式存在着深刻矛盾和冲突。

这里列举几个比较典型的案例。

北京的中华世纪坛是为了迎接新千年、新世纪而修建的标志性纪念建筑,体现了我国传统文化与现代艺术的交融,既是集园林、建筑、雕塑、壁画等多种艺术形式于一体的大型人文景观,又是首都大型科技、文化交流中心和爱国主义教育基地。然而,中华世纪坛南面入口是低于地面 1 米的圣火广场,广场用 960 块花岗岩铺砌而成,象征祖国幅员辽阔的 960 万平方公里中华大地,根本没有体现出我们国家辽阔的蓝色海洋国土,这不能不说是一个遗憾,由此也可管窥国民海洋意识淡薄之一斑。

受"重陆轻海"的传统观念影响,在较长时期内,我国大学生的海洋国土意识同样堪忧:20 世纪 90 年代末,共青团中央对上海大学生进行的抽样调查结果显示,90% 以上的大学生竟然认为我国的版图只有陆域国土。2006 年的一项报道披露,即使在经济和教育发达的北京和上海,一些大学生对事关国家战略安全和民族长远发展的重大海洋问题也没有太多兴趣。①

2009 年 3 月,美国侦测船"无暇"号到中国南海侦测军事情报被曝光后,国内一些媒体对国民的海权意识进行了一次联合调查。结果表明:80.6% 的人不知道黄岩岛的正确位置;96.8% 的人没读过在西方被奉为经典的《海权论》;57.1% 的人不知道中国海监的真实身份。也很少有人知道,中国还有被九段线拱卫着的约 300 万平方公里的主张管辖海域。②

(二)海洋或者海事类高等教育相对匮乏,海权海防教育滞后

从教育部网站不难发现,我国海洋或者海事类公办高等本科院校主要集中在大陆沿海几个省、市,如大连、青岛、上海、浙江、厦门、广东等

---

① 胡乐乐:《学校教育须强化国土内容》,《光明日报》2012 年 9 月 17 日。
② 走向海洋节目组:《走向海洋》,海洋出版社 2012 年版,第 261 页。

几个地方，海洋或者海事类院校总数约为10所左右，而大陆内地除了挂靠在二级学院的几个涉海专业，几乎没有海洋或者海事类本科院校。这些单薄的数字同一个拥有13亿人口的海洋大国显然是极端的不匹配、不协调，离海洋强国建设更是相去甚远，我国高等海洋或海事教育的滞后与匮乏无形中削弱了我国海洋企事业乃至海防力量的发展与壮大。中华民族要建设海洋强国，教育是根本，海洋意识的提升与海洋文化的普及是基础。海洋出版社社长石青峰曾经不无忧虑地指出："在我们社会的普通公众心目中，包括中学生甚至大学生，在他们心目中，我们中国的疆域面积，往往是指960万平方公里的陆地国土，忽视了我们还有300万平方公里的主张管辖海域。"①

值得借鉴的是，只有3亿人口的美国却有170多所大学在讲授海洋课程，有20多所海洋综合性大学，海洋始终是热门专业，我国只有几所海洋高等院校，在招考研究生时还受到冷遇，我们感到震惊和忧虑。中华民族过去在海洋上失去太多，今天在海洋上面临的挑战太大，将来我们对海洋的依赖会更大，而我们真正理解和关注海洋的人太少了。②

（三）海员海事职业的艰苦性，部分大学生望洋兴叹

我国自古就是一个陆权国家，长期不重视海洋地位，重陆轻海、陆主海从。虽然在明代曾经有郑和七下西洋的壮举，在浩瀚的历史长河中，郑和是把海洋与国家富强、国家安危紧密联系起来的第一人，是我国伟大的航海家、外交家和伟大的海洋战略思想家。遗憾的是，长期以来整个国家、民族和社会公众对海洋的重要性和战略性并没有真正认识和深刻理解，我国明清时期甚至曾经一度推行海禁政策。新中国成立以来特别是改革开放30多年来，这种局面已经有所改观，但是根深蒂固的黄土文明影响在短时期内难以消除。高校在校大学生大多是90年代前后出生，自幼接受了这种陆权文化的熏陶，加上中小学教育体系中有关海洋、海权和海防教育的缺失和错位，直接导致了大学生海洋意识和海权观念的淡薄与缺失。

---

① 走向海洋节目组：《走向海洋》，海洋出版社2012年版，第262页。
② 陆儒德：《海洋·国家·海权》，海潮出版社2000年版《序》，第7页。

我国自古有句话：世上三行苦，行船打铁磨豆腐。海员海事职业主要是在沿海或者海上作业，工作条件相对艰苦。虽然随着社会不断发展，船舶装备越来越先进，但是现代海员的实际工作、生活环境还是相对特殊和艰苦，尤其是远洋海员长年累月生活在大海这个特殊的自然环境和船舶这个相对狭小的空间之中。海上的颠簸与摇晃、机器的噪音与振动以及恶劣的气候条件都对海员的身体和心理素质有着严格的要求。除此之外，由于海盗事件的频发和海上作业的不确定性，海员海事职业的风险性相对较高，如果没有强健的体魄和良好的心理素养，部分大学生只能是望洋兴叹，心有余而力不足。

三、加强高校海权海防教育的对策

（一）提升海洋文化软实力，强化大学生海洋意识

海洋文化是海洋意识的重要载体，海洋意识是海洋文化的重要元素。建设海洋强国首先必须从海洋文化建设着手，提升海洋文化软实力。何谓海洋文化？目前学界尚没有一个统一的定义，大多见仁见智。中国海洋大学海洋文化研究所所长曲金良教授认为：海洋文化，就是有关海洋的文化；就是人类缘于海洋而生成的精神的、行为的、社会的和物质的文明化生活内涵。海洋文化的本质，就是人类与海洋的互动关系及其产物。海洋文化的基本特征具有：涉海性；异域异质文化之间的跨海联动性和互动性；商业性和慕利性；开放性和拓展性；社会组织的行业性；政治形态的民主性和法治性；生命的本然性和壮美性等。[①]

在大学生中普遍开设海洋文化、海洋政治、海洋经济、海洋科技、海洋国防和海洋环境等必修或选修课程，让大学生了解海洋、亲近海洋、关注海洋和爱护海洋，激活和培育他们的海洋意识。在高度重视海洋资源和海洋文化的大背景下，高校海权海防教育可以结合实际，在大学学报、校报以及学校宣传专栏开辟"我爱蓝色海洋"等特色校园文化专题，普及海洋文化知识，对大学生进行中华民族悠久海洋文明、海洋企事业和海洋经

---

① 曲金良：《海洋文化与社会》，中国海洋大学出版社2003年版，第26～32页。

济建设成就以及我国基本国情和海洋战略、祖国统一方针和睦邻友好政策、爱国主义和中华民族精神等为主要内容的海洋文化教育，培养大学生的蓝色海洋情怀，增强他们从事涉海职业的自豪感、责任感和使命感，并结合时代精神和社会发展要求，不断拓展高校校园文化活动的内涵，激励大学生自觉投身于海洋强国建设。

在海洋意识薄弱的整体环境下，高校既要在海洋意识的教育和海洋文化的普及上下功夫，又要建立海洋人才和专家培养机制。海洋意识培育和海洋文化建设亟须从海权海防教育入手，以重大海洋或海事节日纪念为切入点，打破重陆轻海的观念束缚。为进一步增强全民族海洋意识，我国国家海洋局从 2008 年开始已经启动全国"海洋宣传日"活动。同年 12 月，联合国大会通过决议决定自 2009 年起将每年的 6 月 8 日定为"世界海洋日"。此后，我国将每年的 6 月 8 日命名为世界海洋日暨全国海洋宣传日。还有，在我国伟大航海家郑和下西洋 600 周年之际，国家确定每年 7 月 11 日为中国"航海日"；国际海事组织确定的"世界海事日"（9 月的最后一周）等。高校海权海防教育可以充分挖掘这些海洋主题活动的内涵，开展海洋日纪念或海权海防教育专题活动，尤其是要突出弘扬中华悠久海洋文明，这样既有利于在大学生中营造关注海洋、热爱海洋、保护海洋的良好氛围，又有利于提升青年大学生的海洋意识，彰显海洋文化的蓝色魅力，强化大学生的海权海防观念，自觉维护国家海洋权益。

（二）以史为鉴，培育大学生海洋战略思维

法国学者朗索瓦·德勃雷在《海外华人》一书中记载了郑和为说服明仁宗朱高炽保留宝船队时的一段话："欲国家富强，不可置海洋于不顾。财富取之海洋，危险亦来自海上……一旦他国之君夺得南洋，华夏危矣。我国船队战无不胜，可用之扩大经商，制服异域，使其不敢觊觎南洋也……"这是中国已见到的最早的海权论述，比美国马汉的海权论要早 460 多年。郑和精辟地指出了一个国家的海洋资源、海权观念和海防力量同国家政治、军事、外交以及经济等诸多方面的紧密联系。尤其值得一提的是，郑和以战略家的视域和史学家的智慧特别强调了海洋开放意识、海权意识和海防思维，其海权海防思想是对中华民族"兴渔盐之利，行舟楫之便"的传统海洋观的重大变革与创新。然而，由于国人重陆轻海的思想根深蒂固，郑和的海权论没有引起当权者重视。相反，马汉的海权论被西方国家捧为圣典，达到了顶礼膜拜的程度，成为美国等西方国家发展战略的主心骨，纷纷以海军开道，争夺海洋，称霸世界。马汉的海权论推动了资本主义的发展，并促使建国近百余年的美国能够超越了所有历史悠久的国家，跃居为世界上唯一的超级大国。[1]弱国无外交，历史印证了郑和的预言。中华民族的屈辱史就是1840年英国海军"东方远征军"从广东沿海入侵并发动鸦片战争开始，一步步沦为半殖民半封建社会，近代史上第一个丧权辱国的不平等条约——中英《南京条约》就是在英国的战舰"康华利"上被迫签订的。鸦片战争彻底改写了我国近代历史，此后470多次的外敌从海上入侵，直接原因正是当时的清政府有海无防，海上力量薄弱，海权观念落后。近代民主革命先行者孙中山先生认识到清政府的腐败与无为，曾经大声疾呼："惟今后太平洋问题，则实关我中华民族生存中华国家之命运者也，盖太平洋之重心，即中国也，争太平洋之海权，即争中国之门户权耳。"[2] "海军为富强之基，彼英美人常谓，制海者，可制世界贸易，制世界贸易者，可制世界富源，制世界富源者，可制世界，即此故也。"[3]

"落后就要挨打"是历史留给我们的沉痛教训。

历史无法重演，但足以警醒后人。根据中宣部和教育部"05"方案，目前我国高校大学生普遍开设了四门思想政治理论课：《思想道德修养与法律基础》《中国近现代史纲要》《毛泽东思想和中国特色社会主义理论体系概论》《马克思主义基本原理概论》。高校海权海防教育可以紧密结合这些思想政治理论课程的有关章节如"爱国主义教育""中国近现代史教育""世情国情党情教育""文化建设""国防建设"以及形势与政策等内容对大学生进行海权海防理论灌输，渗透海权和海防教育，彰显高校思政课关于大学生海权海防教育的主渠道功能；同时，积极组织、引导大学生到爱国主义教育基地、海洋博物馆、海事博物馆和船政文化主题公园等场馆开展社会实践活动，增强大学生关于海防和海权的感性认识，提升大

---

[1] 陆儒德：《海洋·国家·海权》，海潮出版社2000年版，第6页。
[2] 《孙中山全集》第5卷，中华书局1985年版，第119页。
[3] 海军司令部：《近代中国海军》，海潮出版社1994年版，第890页。

学生的海洋战略思维。例如，2015 年 7 月 24 日，北京大学、清华大学 100 余名国防生和师生代表奔赴青岛，在北海舰队某水警区天柱山舰上开展为期 7 天的航海实习。本次航海实习活动进一步拓展了北京大学与海军的合作模式，是贯彻落实军民融合发展战略合作协议精神的一项重要举措。通过参与此次航海实习活动，北大师生体验了海军舰艇生活，对中国海军建设有了更加深入的了解，对海权海防有了更加深刻的认识。航海实习活动已经成为增强当代大学生海洋海权意识、开展爱国主义教育、加强军地交流、贯彻军民融合发展战略的重要平台，对于 21 世纪加强我国海防建设、走向"深蓝"具有积极的推动作用。[①]

（三）构建大学生科学海洋观

进入新世纪以来，随着陆地资源的日渐减少和不可持续，人类面临的资源、环境和人口问题不断加剧，世界各国纷纷将目光投向了海洋，海洋的资源价值、军事价值和战略价值日益凸显。海洋成为人类生存发展的新空间、新领域，以海洋权益为核心、以海洋资源和环境为载体、以海上防卫力量为引擎的"蓝色圈地运动"正在全球蔓延。"自世界大势变迁，国力之盛衰强弱，常在海而不在陆，其海上权力优胜者，其国力常占优势。"[②] "国家之生存要素，为人民、土地、主权。"其海权"操之在我则存，操之在人则亡"。[③]

我国要建设海洋强国，亟须培植以海兴国教育基础工程，在高校普遍增设海洋文化、海权海防教育等相关基础课程，以海兴国，以海强国，构建大学生科学海洋观：海洋是我们的蓝色国土，也是我们的资源宝库，海防关乎中华民族的兴亡，海权关乎我们国家的强盛与衰败；走向海洋、关心海洋、认识海洋、经略海洋就是走向世界；以海兴国，以海强国，建设海洋强国是中华民族实现伟大复兴中国梦的基石与后盾。高校必须积极回应党的十八大提出建设海洋强国战略的呼唤，坚持用海洋文化熏陶大学生，以海洋文化教育中的民族精神和时代精神鼓舞大学生建设海洋强国的

---

① 《北京大学、清华大学与海军联合开展师生航海实习活动》，北京大学网站，2015 年 8 月 5 日。
② 《孙中山全集》第 2 卷，中华书局 1982 年版，第 564 页。
③ 《孙中山全集》第 5 卷，中华书局 1985 年版，第 217 页。

自豪感和自信心。

　　自古以来中华民族一直是以龙为图腾的伟大民族，蛟龙入海方有用武之地，焕发其生命力。"向海则兴，背海则衰"，早已成为濒海国家生存和发展壮大的基本规律。高校海权海防教育在建设海洋强国的时代主旋律中迎来了难得的发展机遇，加强大学生海洋、海权和海防教育是建设海洋强国的基础工程，也是提升海洋文化软实力的基石。很难想象一个海权海防教育缺失、海洋意识淡薄、海权观念落后、海防力量薄弱的国家能够在海洋世纪屹立于世界民族之林。21世纪是海洋的世纪，我国要真正实现从海洋大国到海洋强国的质变与转型，还有很长的路要走，需要全社会的共同关注和参与。

第四节　融汇广东精神　共筑中国梦

　　广东高校红色教育在深入挖掘历史文化资源的同时，必须与时俱进，既要唱响改革开放时代社会主义建设的主旋律，又要融汇岭南特色文化、精神特质，在红色教育中将历史与现实有机地糅合到一起，形成合力，继往开来。这样，当代大学生不但在红色历史文化中汲取智慧、获得营养、激发动力，而且可以在触摸时代发展的现实教育中感受力量、砥砺品质、塑造自我。

　　2012年11月29日，习近平总书记和其他中央领导同志来到国家博物馆，参观大型展览《复兴之路》并深情阐述"中国梦"："每个人都有理想和追求，都有自己的梦想。现在，大家都在讨论中国梦，我以为，实现中华民族伟大复兴，就是中华民族近代以来最伟大的梦想。这个梦想，凝聚了几代中国人的夙愿，体现了中华民族和中国人民的整体利益，是每一个中华儿女的共同期盼。历史告诉我们，每个人的前途命运都与国家和民族的前途命运紧密相连。国家好，民族好，大家才会好。实现中华民族伟大复兴是一项光荣而艰巨的事业，需要一代又一代中国人共同为之努力。我坚信，到中国共产党成立100年时全面建成小康社会的目标一定能实现，到新中国成立100年时建成富强民主文明和谐的社会主义现代化国家的目标一定能实现,中华民族伟大复兴的梦想一定能实现。"① 在广东省第十一次党代会上,时任广东省委书记汪洋提出新时期广东精神:"大力弘扬岭南优秀文化,发挥优秀传统文化在民众生活和社会治理中的积极作用,大力宣传和实践'厚于德、诚于信、敏于行'的新时期广东精神。着力提升全民思想道德和科学文化素质,提高全面参与建设幸福广东的意识和能力。"② 结合广东高校来说,当下最重要的就是在大学生中开展"中国梦·我的梦"主题教育活动,践行新时期广东精神"厚于德、诚于信、敏于行"。

一、融汇广东精神　助推红色教育

2012年5月9日,广东省第十一次党代会报告首次提出,要大力宣传和实践"厚于德、诚于信、敏于行"的新时期"广东精神"。新时期广东精神不但是改革开放新时期广东从实际出发加强社会主义核心价值体系建设的重大战略举措,也表达了新时期广东人的价值判断取向和精神文化追求,是中国精神的具体化,丰富了中国精神的时代内涵。其中,厚于德出自《周易》:"天行健,君子以自强不息;地势坤,君子以厚德载物",既是对中华传统美德的高度浓缩,也是新时期广东人的文化追求和价值标准;诚于信出自《逸周书》:"成年不尝,信诚匡助,以辅殖财",既是我国秉承的伦理风尚和优良传统,也是新时期建设幸福广东、和谐广东的基石;敏于行出自《论语·里仁》:"君子欲讷于言而敏于行",既概括了中国历史传统风范和广东注重实践、不尚空谈的务实特质,又体现了广东人敢为天下先、敢饮"头啖汤"的岭南文化特色。"厚德、诚信、敏行,既是对中国优秀传统文化和岭南文化优秀传统的继承和弘扬,更是立足当代广东的现实、着眼文化建设层面的转型升级、建设幸福广东的现实需求,并且是瞻望未来发展前景、引领社会进步的价值理想。"③ 正如广东省第

---

① 《习近平总书记深情阐述"中国梦"》,《人民日报》2012年11月30日。
② 汪洋:《广东省第十一次党代会:十届省委工作报告》,《南方日报》(网络版)2012年5月16日。
③ 中共广东省委宣传部:《"广东精神"名家谈》,广东教育出版社2012年版,第9页。

十一次党代会上发放的《关于省第十一次党代会报告中有关名词术语的说明》这样解释新时期广东精神："'厚于德'侧重于对优秀文化的传承和弘扬,是广东精神的来源和基础;'诚于信'侧重于对以诚信为主要内容的现代市场经济伦理的融合和坚守,是广东精神的时代要求;'敏于行'侧重于对敏行、敢为、实干的当代广东鲜明特色精神的彰显,是广东精神不断发展并永葆生机的内在动力。归纳和提出'厚于德、诚于信、敏于行'的广东精神,标志着广东推进科学发展进入一个新的文化自觉阶段。从广东精神的特征看,厚于德、诚于信、敏于行,三者都体现了民族性、时代性、地域性的统一,同时又有各自不同的侧重点。'厚于德'突出体现了中华民族的优良传统……'诚于信'突出体现了改革开放的时代精神……'敏于行'突出体现了岭南文化的特质。"①

理论来源于实践,理论也必须用来指导实践。广东高校红色教育的出发点和归宿最终都要呼应时代要求,回归到现实生活,落实到践行,为大学生的所思、所想、所言、所行导航,培育"有理想、有道德、有文化、有纪律"的四有新人、合格的社会主义建设者和可靠接班人。任何脱离现实生活的教育理论都只能是空洞的说教,缺乏说服力、感染力和亲和力。目前,广东高校红色教育有必要借力新时期广东精神:"厚于德、诚于信、敏于行",给高校红色教育源源不断地注入新鲜血液,充实红色教育内容,拓展红色教育平台与载体,凸显广东精神特质,在大学生践行新时期广东精神的过程中实现红色教育的教育功能和价值目标。如前文所述,广东是近现代中国民主革命的策源地,帝国主义最先从广东打开了中国的大门,揭开了近代中国的屈辱史、悲壮史和奋斗史。一代又一代广东人为了振兴中华、寻找救国救民的道路,始终站在反帝反封建斗争的最前列,用鲜血和生命诠释了爱国主义,用鲜活的实践铸就了广东精神。"从某种角度看,岭南文化更代表了一种先进和活力,近代以降的中国的历次大变革,几乎都是在南海之滨发轫兴起的。"②

太平天国农民起义、维新变法运动、辛亥革命等重大历史事件都留下

---

① 田丰:《广东精神的主要特征》,《南方日报》2012年5月21日。
② 陈寅:《先导——影响中国近现代化的岭南著名人物》(上)前言,深圳报业集团出版社2008年版。

了广东人浓墨重彩的辉煌印记。"苟利国家生死以、岂因祸福避趋之",福建人林则徐在广东成就了"近代中国睁眼看世界的第一人";珠海人容闳成为中国历史上留美学生"第一人",也是开创中国留学生事业的第一人。2006年4月时任国家主席胡锦涛同志访问美国,在耶鲁大学发表演讲时就曾经深情追思容闳;此外还有,三元里抗英——民众自发抵抗侵略第一战、黄埔军校——中国革命第一军校、海陆丰苏维埃人民政府——中国第一个红色政权等等,影响中国的广东人物、历史事件不胜枚举。毛泽东就曾经把洪秀全、康有为、严复、孙中山四人并称为"向西方寻找真理的一派人物"。纵览这些成就于广东的历史人物抑或发生在广东的历史事件,爱国主义精神自始至终犹如一根红线贯穿其中,成为激励广东人披荆斩棘、执著前行的精神动力,成为广东人民"厚德、诚信、敏行"的生动写照。新中国成立以来尤其是改革开放30多年来,广东秉承先辈的革命精神,发扬爱国主义的优良传统,铁定紧跟中国共产党的必胜信念,坚定中国特色社会主义的道路自信、理论自信、制度自信和文化自信,破浪前进,不断开拓进取,沿着哲人先贤当初杀开的"血路",继续开全国风气之先,引领历史发展潮流,大书特书"广东精神"。新时期广东精神为广东高校大学生思想文化建设树立了价值坐标和言行导航。大学生作为未来广东改革开放科学发展、建设文化强省和幸福广东的生力军,应该积极学习新时期广东精神,主动传承广东宝贵的精神财富,在自己的学习、生活、实践等过程中融入广东精神、践行广东精神,把广东精神转化为内在的前进动力,发挥自己的智慧与才干,最大程度地实现自我价值和社会价值。

近几年来,南粤大地踊跃践行广东精神,引领真、善、美时代潮流的好人好事遍地开花,构成了广东精神文明建设一道道靓丽的风景。2010年广州亚运会期间公共汽车站、地铁站、火车站等地的志愿服务"大拇指一代",大多是青年大学生,他们在服务社会、帮助他人的过程中成就自我、超越自我,实现人生价值。"虽然广州亚运会、亚残会已经落幕,但以'大拇指一代'为代表的志愿者所表现出的快乐担当的奉献精神、引领时尚的创新精神、追求卓越的进取精神、共创精彩的团队精神,已经沉淀到城市的文明进步中。这一新的时代风尚,成为广东宝贵的精神财富,丰富着新时期'广东精神'的内涵"。① 2011年夏，时年22岁的广州赴美留学生彭斯，获悉母亲患肝炎晚期急需进行肝移植手术，立即放下学业回国，毅然割下自己60%的肝脏移植给母亲，挽救了母亲的生命。这位"80后"大学生回国"割肝救母"的反哺孝心行为通过微博的传播与辐射感动了无数网友，一位网友这样写道："以前有偏见地认为，新一代年轻人普遍比较自私。但是在彭斯身上，我们看到了'80后'、'90后'孝老爱亲的美德。希望孝道能够在更多的年轻人身上得到体现。"② 此外还有来自深圳的"最美支教钉子户"、2011年第三届全国道德模范获奖者孙影；深圳义工、2005年感动中国人物、100位新中国成立以来感动中国人物之一、爱心大使丛飞；南方医科大学附属南方医院肾内科主任侯凡凡院士，"侯凡凡从一个养猪女兵起步，40岁读博士，45岁留学哈佛，再到如今的中科院院士，这种传奇式的跨越，使人们在敬佩她敢闯敢干和务实拼搏精神的同时，也不得不赞叹成就她事业的广东大地"。③ 总之，这些凡人善举、无疆大爱在南粤大地屡见不鲜，是广东精神的真实写照，传递了正能量，为当代大学生发挥了榜样就在身边的良好示范作用，有效地引导大学生择善而从、见贤思齐，领悟送人玫瑰、手有余香的真谛，自觉从我做起，从身边小事做起，从现在开始做起，逐步形成"树先进、学先进、赶先进"的良好环境氛围，在和谐的社会主义祖国大家庭中感受温暖，从而深化对国家、对党的路线方针政策、对中国特色社会主义道路的理解和认同。

二、传播正能量　共筑中国梦

自从党的十八大后习近平同志带领新一届中央领导集体参观国家博物馆《复兴之路》展览时发表重要讲话以来，"中国梦"一直成为网络、报刊等媒体最热的词汇之一，也是引发当代大学生热议和关注的重要话题。2013年3月17日，在第十二届全国人大第一次会议闭幕会上，习近平同

---

① 广东省社会科学院：《"广东精神"在身边》，广东教育出版社2012年版，第33页。
② 广东省社会科学院：《"广东精神"在身边》，广东教育出版社2012年版，第35页。
③ 广东省社会科学院：《"广东精神"在身边》，广东教育出版社2012年版，第151页。

志再次阐述了中国梦,提出实现中国梦必须走中国道路、弘扬中国精神、凝聚中国力量。党的十八大以来,习近平总书记的一系列重要讲话诠释了中国梦的科学内涵,给广东高校红色教育的未来发展指明了方向,给青年大学生发出了"追梦圆梦"的动员令。从本质上说,无论是追梦还是圆梦,与红色教育的价值指向是相通的、一致的,都是传递中国正能量,共筑中华民族伟大复兴中国梦。"中国梦是我们的,更是你们青年一代的。中华民族伟大复兴终将在广大青年的接力奋斗中变为现实。""距离实现中华民族伟大复兴的目标越近,我们越不能懈怠,越要加倍努力,越要动员广大青年为之奋斗。""广大青年要勇敢肩负起时代赋予的重任,志存高远,脚踏实地,努力在实现中华民族伟大复兴的中国梦的生动实践中放飞青春梦想。"①

首先,中国梦是国家的梦,民族的梦,也是每个中国人的梦。"历史告诉我们,每个人的前途命运都与国家和民族的前途命运紧密相连。国家好,民族好,大家才会好。"② 我国是一个统一的多民族国家,有56个民族,统称为中华民族。近现代以来,帝国主义用鸦片打开中国的大门,中华民族遭受了西方列强疯狂、野蛮而残酷的侵略与蹂躏,中华儿女从此生活在水深火热之中,老百姓生灵涂炭:经济上,丧失了独立性,成为西方大国的附庸,几近崩溃;政治上,国家主权遭到帝国主义赤裸裸的侵犯与践踏,甚至是操纵了我国的内政与外交,腐朽没落的清政府蜕变成"洋人的朝廷",中国人民的人权就更是无从谈起,正所谓"皮之不存,毛将焉附?"文化上,西方列强一方面对我国实施武装侵略、经济掠夺、政治操控,另一方面加紧文化渗透,推行西方价值观、殖民主义乃至宗教思想,从心灵上奴化、麻醉中国人民,达到不战而胜的目的。放眼世界,文化渗透不只是发生在中国,"现在,菲律宾与韩国一样,成为东方少有的基督教国家,确实融入了美国的理念和怀抱……实际上,美国自门户开放政策开始,在与中国的交往中一直试图让中国接受美国式的价值体系,让古老

---

① 卢新宁、李斌:《中国有梦 青春无悔——习近平五四青年节参加主题团日活动侧记》,新华网2013年5月6日。

② 《习近平总书记深情阐述"中国梦"》,《人民日报》2012年11月30日。

的具有代表性的东方文明纳入美国的基督教文明怀抱。"①

国家积贫积弱,国民就要挨打挨饿挨骂。有国才有家,没有国哪有家?这已经是被历史证明了的颠扑不破的真理。国家繁荣昌盛,民族兴旺发达,国民生活得才有尊严、才有归属感。"国家兴亡,匹夫有责",正是在爱国主义精神的激励和感召下,无数仁人志士、哲人先贤为了实现中华民族的独立、国家的富强、人民的解放和共同富裕前赴后继、矢志不移,进行了艰苦卓绝的不懈奋斗与探索,努力追逐中华民族伟大复兴的"中国梦"。"中华民族对梦想的执著坚持,展示的是中华儿女的爱国主义情怀,是我们民族生生不息的伟大精神。"②"实现中国梦必须弘扬中国精神。这就是以爱国主义为核心的民族精神,以改革创新为核心的时代精神。这种精神是凝心聚力的兴国之魂、强国之魂。爱国主义始终是把中华民族坚强团结在一起的精神力量,改革创新始终是鞭策我们在改革开放中与时俱进的精神力量。"③

其次,中国共产党是"中国梦之队"。中国共产党成立90多年来,团结并带领全国各族人民,在实现国家富强、民族复兴和人民幸福的征程中,前仆后继、艰苦奋斗、开拓创新,取得了举世瞩目的辉煌成就,谱写了实现中国梦的壮丽篇章。今天的中国比历史上任何时期都更接近中华民族伟大复兴的梦想。从历史和现实的视角来看,中国共产党是当之无愧的"中国梦之队"。④

回顾中国近现代历史,透过中国共产党经历的深重苦难与壮丽辉煌,或许能更好地理解"中国梦之队"。1840年鸦片战争以来,中华儿女为了挽救国家的危亡、民族的兴衰,始终不懈地同帝国主义、封建主义和官僚资本主义势力进行了艰苦卓绝的长期斗争,有效地抗击了外国侵略者,沉重地打击了封建反动统治。然而,由于缺乏先进思想的指导,又没有先进

---

① 于歌:《美国的本质》,当代中国出版社2012年版,第71~72页。
② 人民日报评论员:《勿忘昨天 无愧今天 不负明天——复兴之路启示一》,《人民日报》2012年12月1日。
③ 习近平:《在第十二届全国人民代表大会第一次会议上的讲话》,《人民日报》2013年3月18日。
④ 张远新:《锻造堪当重任的"中国梦之队"》,《学习时报》2013年5月27日。

阶级的坚强领导，太平天国农民运动、义和团反帝爱国运动以及资产阶级改良派的维新变法运动都先后避免不了失败的结局。孙中山领导的辛亥革命，虽然赶跑了皇帝，结束了两千多年的封建帝制，建立了资产阶级民主共和国，但是辛亥革命的胜利也只是昙花一现，没能改变中国半殖民地半封建的社会性质和中国人民的悲惨命运，中山先生最后亦是抱憾而终，壮志未酬，革命尚未成功，同志仍须努力。近代中国革命的历史已经证明，农民阶级和资产阶级都不能领导中国革命取得最后的胜利。新的革命政党呼之欲出，中国革命需要新的领导阶级。

1921年在十月革命的影响和共产国际的帮助下，中国共产党应运而生。"中国产生了共产党，这是开天辟地的大事变"。① 中国共产党从一开始就是中国工人阶级的先锋队，同时是中国人民和中华民族的先锋队。中国共产党的成立，标志着我国无产阶级从此有了自己的坚强领导核心，标志着中国人民和中华民族从此有了自己可以信赖的领导者和带头人。"自从有了中国共产党，中国革命的面目就焕然一新了。"② "中国共产党的诞生，是近现代中国历史发展的必然产物，是中国人民在救亡图存斗争中顽强求索的必然产物。从此，中国革命有了正确前进方向，中国人民有了强大精神力量，中国命运有了光明发展前景。"③

从新中国成立我们"站起来"，到新时期改革开放我们"富起来"，再到新世纪的今天我们"强起来"，在中国共产党的坚强领导下，中华儿女实现了从贫穷到温饱、再到全面小康的历史性跨越，中华大地发生了翻天覆地的沧桑巨变，举世瞩目。中国共产党成立90多年来的历史与现实充分证明，中国共产党不但有能力砸碎一个旧世界，而且有能力建设一个新世界。随着"两个一百年"的中国梦逐步演变为活生生的现实，中华民族伟大复兴的中国梦离我们也越来越近，中国共产党的感召力、凝聚力和影响力也必将越来越强势、越来越广泛。

---

① 《唯心历史观的破产》（1949年9月16日），《毛泽东选集》第4卷，人民出版社1991年版，第1514页。

② 《全世界革命力量团结起来，反对帝国主义的侵略》（1948年11月），《毛泽东选集》第4卷，人民出版社1991年版，第1357页。

③ 胡锦涛：《在庆祝中国共产党成立90周年大会上的讲话》，人民出版社2011年版，第3页。

第三，实现中国梦必须走中国道路。这就是中国特色社会主义道路。这条道路来之不易，它是在改革开放 30 多年的伟大实践中走出来的，是在中华人民共和国成立 60 多年的持续探索中走出来的，是在对近代以来 170 多年中华民族发展历程的深刻总结中走出来的，是在对中华民族 5000 多年悠久文明的传承中走出来的，具有深厚的历史渊源和广泛的现实基础。[①] 党的十八大以来，"中国梦"以其丰厚的意蕴、美好的愿景为中华民族描绘了一幅幅看得见、摸得到、盼得着的美丽图画。在当下中国，通往这些美丽图画的道路有且只有唯一的一条康庄大道，那就是中国特色社会主义道路，而不是任何别的道路。从 1917 年世界上第一个社会主义国家诞生以来，社会主义从无到有、从小到大，可谓筚路蓝缕。20 世纪 80 年代末 90 年代初，苏联解体、东欧剧变，世界社会主义运动陷入前所未有的低谷，那些所谓"历史的终结"只不过是西方政客对社会主义制度的诋毁和鼓噪，最后结果被历史终结的反而是终结论自身。"社会主义作为人类历史上的伟大探索，经历了从理论到实践的跨越、从蓬勃发展到遭受挫折又以异军突起的峰回路转，展现出辉煌而又悲壮的波澜壮阔、跌宕起伏的曲折过程……然而，挫折对于真正的共产党人来说也许未必全是坏事，它迫使我们从反面思考，通过什么不是社会主义的一系列'证伪'，进而得出什么才是真正意义上的社会主义的充分'证实'，走出了一条中国特色社会主义道路。"[②]

当前，中国特色社会主义道路正焕发出勃勃生机，创造了一系列中国奇迹，迸发了一揽子中国正能量，展示了一连串中国梦想，赢得了世人的赞叹和思考：中国模式抑或是北京模式已经成为当今世界社会主义的标志性示范工程。美国著名未来学家约翰·奈斯比特提出，中国在创造一个崭新的社会、经济和政治体制，它的新型经济模式已经把中国提升到了世界经济的领导地位，而其政治模式也许可以证明资本主义所谓的"历史的终结"，只不过是人类历史道路的一个阶段而已……在未来几十年中，中国

---

① 习近平：《在第十二届全国人民代表大会第一次会议上的讲话》，《人民日报》2013 年 3 月 18 日。

② 何平：《把"老祖宗"的话讲对，把"新话"讲好——对中国特色社会主义科学性和真理性的认识与思考》，《学习时报》2013 年 7 月 15 日。

不仅将改变全球经济，也将以其自身模式挑战西方的民主政治。①

综上所述，无论是新时期广东精神，还是美丽中国梦，它们的目标指向和价值意蕴同当下如火如荼的红色教育是相互一致的，本质上是彼此贯通的。广东高校红色教育，就是为了传承优秀革命传统，弘扬主旋律，传播正能量，助推实现中华民族伟大复兴中国梦；"主旋律反映了当代中国发展进步的主流价值追求，正能量体现了积极向上、乐观健康的社会精神力量。弘扬主旋律，社会思想就有了主心骨；传播正能量，社会发展就有了动力源。"② 大学生践行新时期广东精神，就是红色教育的显现与外化，就是追梦圆梦的动态过程；青年学子共同构筑美丽中国梦，就是践行广东精神和开展红色教育的动力之源、希望之光。因为有梦，才有希望，才有动力。一部中国近现代史，说到底，就是一部中华民族孜孜以求、不断追梦圆梦的"逐梦史"。"现在，我们比历史上任何时期都更接近中华民族伟大复兴的目标，比历史上任何时期都更有信心、有能力实现这个目标。"③ "它是站在海岸遥望海中已经看得见桅杆尖头了的一只航船，它是立于高山之巅远看东方已见光芒四射喷薄欲出的一轮朝日，它是躁动于母腹中的快要成熟了的一个婴儿。"④

---

① 钟连：《中国走出了一条符合中国国情的道路——国际社会积极评价中国共产党与中国道路》，《参考消息》2012年6月25日。

② 任仲文：《学习贯彻习近平总书记8·19重要讲话精神 人民日报重要言论汇编》，人民日报出版社2013年版，第18页。

③ 习近平在参观《复兴之路》展览时强调：《承前启后 继往开来 继续朝着中华民族伟大复兴目标奋勇前进》，《人民日报》2012年11月30日。

④ 《星星之火，可以燎原》（1930年1月5日），《毛泽东选集》第1卷，人民出版社1991年版，第106页。

结　　语

　　红色教育以其自身特有的历史性、文化性、教育性和思想性一直受到我国思想政治教育理论和实践工作者的高度重视和特别青睐，在全国有很多高校的红色教育主题活动开展得有声有色，主流报刊媒体对此做了大量相关报道。以《光明日报》为例，诸如"首届大学生红色运动会"（《光明日报》2012年3月16日）、"临沂大学：将红色文化列入必修课"（《光明日报》2011年5月10日）、"'红色火车头'跑起来！——江南大学坚持营造红色校园文化纪实"（《光明日报》2011年11月13日）、江西于都：红色资源成为教育"大课堂"（《光明日报》2005年11月26日）、湖北红色文化研究中心在华中师大成立（《光明日报》2005年6月20日）等有关红色教育主题报道屡屡见诸报端。尤其令人欣慰的是，最近由教育部、中共中央党史研究室联合牵头设立的首批八个"高等学校中国共产党革命精神与文化资源研究中心"正式成立：复旦大学、嘉兴学院、湘潭大学、井冈山大学、赣南师范学院、遵义师范学院、延安大学、河北师范大学等，《光明日报》对此特别关注并做了详细报道（《弘扬革命精神　开发利用红色文化资源》，《光明日报》2013年7月29日）。高等学校作为培养社会主义建设者和可靠接班人的人才摇篮和重要基地，立足于"育人为本、德育为先"的教育原则，充分挖掘、彰显当地及周边红色历史文化资源的教育功能，通过理论学习、社会实践等各种途径对当代大学生开展了一系列以爱国爱党爱社会主义为主要内容的红色教育主题活动，取得了比较好的教育效果，得到了社会的普遍认可和一致赞誉。

在红色教育百花园的众多鲜花之中,笔者撷取了一朵土生土长于南国的美丽小红花——广东高校红色教育,原因有三:一是"红色"一直被认为是"中华人民共和国与生俱来的'胎记'",红色"是中华民族浴火重生、脱胎换骨的精神图腾"![1] 红色国旗、红色党旗、红色军旗等都是典型的中国标志性旗帜,"红色"被赋予了庄严而神圣的中国色彩!二是笔者自幼生长、生活、成长在革命老区,接受红色历史文化的熏陶与教育,对红色历史文化资源有着特殊的情结,对红色教育有着非同一般的眷恋;三是广东地理位置独特,是我国南方一片特殊的红土地,在我国近现代史上的地位举足轻重,本身就蕴含着非常丰富的红色教育资源。根据《广东革命史迹通览》一书(中共广东省委党史研究室:《广东革命史迹通览》,广东人民出版社2008年版)介绍,目前广东全省范围共有1522处革命史迹,广泛分布于全省各地。作为一名广东高校思想政治理论课专任教师和教育部高校思想政治理论课教师专项博士,对广东高校红色教育开展研究,既是专业需要,又是责任和义务,更是难得的机缘。"作为灵魂工程师,应当高举马克思主义的、社会主义的旗帜,用自己的文章、教学、作品、讲演、表演,教育和引导人们正确地对待历史,认识现实,坚信社会主义和党的领导,鼓舞人民奋发努力,积极向上,真正做到有理想、有道德、有文化、守纪律,为伟大壮丽的社会主义现代化建设事业而英勇奋斗。"[2]

当然,还有一个更为重要的考量,就是红色教育本身就带有旗帜鲜明的意识形态性,协同于我国主流意识形态的学习、宣传与引导,红色教育应该是而且必须是高校培育人才的题中之义。"任何一个国家的统治阶级,为了巩固其政治统治,都要极力维护和发展其占统治地位的社会意识形态。"[3] 习近平总书记在2013年8月召开的全国宣传思想工作会议上特别强调,意识形态工作极端重要,事关党的前途命运,事关国家长治久安,事关民族凝聚力和向心力。在新时期新世纪新形势下,国际形势风云变幻,国内环境日趋复杂,利益多元、文化多样、观念多变、传媒高度发

---

[1] 樊金荣:《镌刻在心灵深处的红色》,《江西日报》大江网2007年9月3日。
[2] 《邓小平文选》第3卷,人民出版社1993年版,第40页。
[3] 《江泽民文选》第3卷,人民出版社2006年版,第86页。

达，意识形态领域阵地面临的挑战比以往任何时候都要严峻，确实是亟须高度关注的重大理论和现实课题。

正是基于上述理论和现实的思考，笔者心怀忐忑，摸着石头过河，经过几年来对广东高校红色教育的实地调研、品读、梳理与琢磨，在一边工作、一边照看我家小崽的同时，挤出时间，日积月累，终于写下了这些文字。受个人水平与能力所限，本书一定还有很多不尽人意之处，在文章的深度、高度和厚度方面还有升华的空间，这也是笔者日后继续努力深化的研究方向。然而，今虽不能至，心却向往之，拙作或可以作为一块引玉之砖，引起专家、学者、教师同行和青年学生对广东高校红色教育的关注与厚爱，从而一起分享南粤及周边区域厚重的红色历史文化所带来的心灵震撼和身心洗礼，践行新时期广东精神，共同推进广东文化强省、海洋强省建设，打造南方红色教育发展高地，共同构筑中华民族伟大复兴"中国梦"，诚如2013年习近平总书记重访西柏坡时所强调："使红色江山永远不变色。"①

---

① 新华社石家庄7月12日电：《使红色江山永远不变色》，《广州日报》2013年7月13日。

参 考 文 献

一、国内著作文献

[1] 马克思恩格斯文集(第1—10卷)[M]. 北京：人民出版社，2009.

[2] 马克思恩格斯选集(第1—4卷)[M]. 北京：人民出版社，1995.

[3] 列宁选集(第1—4卷)[M]. 北京：人民出版社，1995.

[4] 孙中山全集(第1—11卷)[M]. 北京：中华书局，1981—1986.

[5] 孙中山选集[M]. 北京：人民出版社，1981.

[6] 孙中山文粹(上、下卷)[M]. 广州：广东人民出版社，1996.

[7] 毛泽东选集(第1—4卷)[M]. 北京：人民出版社，1991.

[8] 毛泽东文集(第1—8卷)[M]. 北京：人民出版社，1993，1996，1999.

[9] 邓小平文选(第1—3卷)[M]. 北京：人民出版社，2006.

[10] 江泽民文选(第1—3卷)[M]. 北京：人民出版社，2006.

[11] 胡锦涛.在庆祝中国共产党成立90周年大会上的讲话[M]. 北京：人民出版社，2011.

[12] 胡锦涛.在纪念辛亥革命100周年大会上的讲话[M]. 北京：人民出版社，2011.

[13] 习近平.干在实处　走在前列[M]. 北京：中共中央党校出版社，2013.

[14] 习近平.之江新语[M]. 杭州：浙江出版联合集团，浙江人民出版社，2007.

［15］中共中央文献研究室.习近平关于实现中华民族伟大复兴的中国梦论述摘编［M］.北京：中央文献出版社，2013.

［16］人民日报社理论部.深入领会习近平总书记重要讲话精神［M］.北京：人民出版社，2014.

［17］上海市孙中山宋庆龄文物管理委员会.孙中山［M］.上海：上海教育出版社，2010.

［18］林家有.孙中山研究（第一、第二辑）［M］.广州：中山大学出版社，2008，2009.

［19］张磊.孙中山：愈挫愈奋的伟大先行者［M］.广州：广东人民出版社，1996.

［20］林家有.孙中山振兴中华思想研究［M］.广州：广东人民出版社，1996.

［21］中共中央党史研究室.中国共产党历史，第一卷（1921—1949）上、下册［M］.北京：中共党史出版社，2011.

［22］中共中央党史研究室.中国共产党历史，第二卷（1949—1978）上、下册［M］.北京：中共党史出版社，2011.

［23］中共广东省委党史研究室.广东革命史迹通览［M］.广州：广东人民出版社，2008.

［24］红色精神［M］.长沙：湖南教育出版社，2011.

［25］李水弟.红色文化与传承［M］.南昌：江西人民出版社，2009.

［26］徐仁立.中国红色旅游研究［M］.北京：中国金融出版社，2010.

［27］王国梁，谢东江.广东红色之旅［M］.广州：广东人民出版社，2011.

［28］曾锋，骆田茵.南粤红色逸闻［M］.广州：广东人民出版社，2011.

［29］梁照堂，卜绍基.红画往事［M］.广州：广东人民出版社，2011.

［30］胡国胜.红色符号［M］.广州：广东人民出版社，2011.

［31］孙东升.红色书简［M］.广州：广东人民出版社，2011.

［32］中共中央关于深化文化体制改革　推动社会主义文化大发展大繁荣若干重大问题的决定［M］.北京：人民出版社，2011.

［33］十八大报告学习辅导百问［M］.北京：学习出版社，党建读物

出版社，2012.

[34] 中共中央宣传部.毛泽东邓小平江泽民论思想政治工作[M].北京：学习出版社，2000.

[35] 中国共产党思想政治工作大事记（1921—1999）[M].北京：学习出版社，2000.

[36] 张磊,张苹.民主革命的先行者——孙中山[M].广州：广东人民出版社，2005.

[37] 中共广东省委党史研究室.中国共产党广东地方党史（第一卷）[M].广州：广东人民出版社，1999.

[38] 中共广东省委党史研究室.中共名人在广东[M].广州：广东人民出版社，2011.

[39] 共青团中央,共青团广东省委,共青团广州市委等.旗展东园——中国社会主义青年团第一次全国代表大会图志[M].广州：南方日报出版社，2012.

[40] 杨万秀.中外历史的探索借鉴[M].广州：广州出版社，1997.

[41] 广东省档案馆,中共广东省委党史研究委员会办公室.广东区党、团研究史料[M].广州：广东人民出版社，1983.

[42] 蒋祖缘,方志钦.简明广东史[M].广州：广东人民出版社，1987.

[43] 广东省人民武装斗争史编纂委员会.广东人民武装斗争理论研讨会论文集[M].广州：广东人民出版社，1996.

[44] 中共广东省委党史研究室.广东党史研究文集（第一册）[M].北京：中共党史出版社，1991.

[45] 广东省人民武装斗争史编纂委员会.广东人民武装斗争史（第1—5卷）[M].广州：广东人民出版社，1994，1995.

[46] 中共广东省委党史研究委员会,广东中共党史学会等.广州起义研究[M].广州：广东人民出版社，1987.

[47] 甄炳昌.广州——中国民主革命策源地[M].香港：中国评论学术出版社，2007.

[48] 中国人民政治协商会议全国委员会文史资料研究委员会.第一次国共合作时期的黄埔军校[M].北京：文史资料出版社，1984.

［49］王建吾.黄埔军校史论稿［M］.郑州：河南人民出版社，1990.

［50］陈建华.黄埔军校研究［M］.广州：广东人民出版社，2006.

［51］李明.黄埔军校［M］.广州：广东人民出版社，2005.

［52］广东省中共党史学会.广东抗战史研究［M］.广州：广东人民出版社，1987.

［53］顾秀莲.20世纪中国妇女运动史（上卷）［M］.北京：中国妇女出版社，2008.

［54］中华全国妇女联合会.中国妇女运动史［M］.北京：春秋出版社，1989.

［55］广东省妇女联合会，广东省档案馆.广东妇女运动历史资料（1—8，内容资料）.

［56］广东妇女运动历史资料编纂委员会.抗日战胜时期的广东妇女运动［M］.广州：广东人民出版社，1985.

［57］中共广东省委党史研究室.中共广东历史简明读本［M］.广州：广东人民出版社，2011.

［58］江铁军.广东革命历史博物馆论丛［M］.广州：中山大学出版社，2002.

［59］殷国明，汤奇云.影响中国的100个广东第一［M］.广州：广东教育出版社，2009.

［60］林雄.经典广东［M］.广州：广东教育出版社，2009.

［61］刘权.念祖爱乡：海外广东人的情结［M］.广州：广东人民出版社，2005.

［62］刘权.广东华侨华人史［M］.广州：广东人民出版社，2002.

［63］广东海防史［M］.广州：中山大学出版社，2010.

［64］中共广东省委宣传部.科学发展观与广东全面建设小康社会［M］.广州：南方日报出版社，2004.

［65］张耀灿，郑永廷，吴潜涛，骆郁廷，等.现代思想政治教育学［M］.北京：人民出版社，2007.

［66］郝翔.国防教育概论［M］.北京：高等教育出版社，2005.

［67］魏新华.大学生思想政治教育读本——国防教育理论［M］.北

京：光明日报出版社，2008.

[68] 朱桂莲.爱国主义教育研究[M].北京：中国社会科学出版社，2008.

[69] 刘卓红.广东"三个文明"协调发展战略[M].广州：广东人民出版社，2006.

[70] 陈金龙.改革开放与民族精神[M].广州：广东教育出版社，2008.

[71] 尹树广.国家批判理论：意识形态批判理论，工具论，结构主义和生活世界理论[M].哈尔滨：黑龙江人民出版社，2002.

[72] 王宏维,郑永廷.大学生思想政治教育与管理比较研究[M].北京：高等教育出版社，2010.

[73] 唐晋.大国崛起[M].北京：人民出版社，2011.

[74] 走向海洋[M].北京：海洋出版社，2012.

[75] 石家铸.海权与中国[M].上海：上海三联书店，2008.

[76] 陆儒德.海洋·国家·海权[M].北京：海潮出版社，2000.

[77] 史滇生.中国海军史概要[M].北京：海潮出版社，2006.

[78] 秦天,霍小勇.中华海权史论[M].北京：国防大学出版社，2000.

[79] 王生荣.海权对大国兴衰的历史影响[M].北京：海潮出版社，2009.

[80] 王朝彬.中国海疆炮台图志[M].济南：山东画报出版社，2008.

[81] 司徒尚纪.中国南海海洋文化[M].广州：中山大学出版社，2009.

[82] 钟晓毅,雷铎,吴爱萍,等.敢为天下先——海洋文化广东创新三十年[M].广州：暨南大学出版社，2008.

[83] 陈寅.先导——影响中国近现代化的岭南著名人物（上、中、下）[M].深圳：深圳报业集团出版社，2008.

[84] 潘利红,张冰.农民运动大王——彭湃[M].广州：广东人民出版社，2008.

[85] 卢权,禤倩红.中国工人运动领袖苏兆征[M].珠海：珠海出版社，2006.

[86] 当代广东研究会.岭南纪事[M].广州：广东人民出版社，2005.

[87] 广东改革开放纪事1978—2008（上）、（下）[M]．广州：南方日报出版社，2008．

[88] 广东省统计局，国家统计局广东调查总队．数说广东改革开放三十年（内部资料）．

[89] 谢鹏飞．广东发展之路——以改革开放30年为视角[M]．广州：广东人民出版社，2009．

[90] 舒元，等．广东发展模式——广东经济发展30年[M]．广州：广东人民出版社，2008．

[91] 肖滨，等．为中国政治转型探路——广东政治发展30年[M]．广州：广东人民出版社，2008．

[92] 李宗桂，等．文化精神烛照下的广东——广东文化发展30年[M]．广州：广东人民出版社，2008．

[93] 王宁，等．社会巨变——广东社会发展30年[M]．广州：广东人民出版社，2008．

[94] 中共广东省委宣传部．腾飞之路——广东改革开放30年辉煌成就[M]．广州：广东人民出版社，2008．

[95] 广东省档案馆．图说广东改革开放30年[M]．广州：广东人民出版社，2008．

[96] 风起南方——邓小平南方谈话20周年名人谈[M]．广州：广东教育出版社，2012．

[97] 林雄．文明足迹——广东精神文明建设纪事[M]．广州：南方日报出版社，2009．

[98] 俞吾金．意识形态论[M]．北京：人民出版社，2009．

[99] 童世骏．意识形态新论[M]．上海：上海人民出版社，2006．

[100] 刘明君，郑来春，陈少岚．多元文化冲突与主流意识形态建构[M]．北京：中国社会科学出版社，2008．

[101] 叶启绩，等．当代中国社会主义意识形态与文化和谐发展研究[M]．北京：人民出版社，2010．

[102] 聂立清．我国当代主流意识形态认同研究[M]．北京：人民出版社，2010．

[103] 彭继红.中国共产党意识形态工作研究（1949—2009）[M]. 长沙：湖南大学出版社，2011.

[104] 杨立英,曾盛聪. 全球化、网络化境遇与社会主义意识形态建设研究[M]. 北京：人民出版社，2007.

[105] 于歌.美国的本质——基督新教支配的国家和外交[M]. 北京：当代中国出版社，2012.

[106] 王英梅,王晋京. "中国梦"学习读本[M]. 北京：国家行政学院出版社，2013.

[107] 南方日报社,广东省人民政府侨务办公室. 华侨华人与广东改革开放30周年（内部资料）. 2008.

[108] 马至融,姜清波,裴艳,等. 海潮回流：海外华侨与广东改革开放[M]. 广州：暨南大学出版社，2008.

[109] 苏启林,等. 华资企业在广东1978—2008[M]. 广州：暨南大学出版社，2008.

[110] 钟汉波,张应龙. 广东侨史论丛（第一辑）[M]. 香港：香港荣誉出版有限公司，1999.

[111] 蔡北华.海外华侨华人发展简史[M]. 上海：上海社会科学院出版社，1992.

[112] 冯子平.海外春秋[M]. 北京：商务印书馆，1993.

[113] 陈民,任贵祥. 华侨史话[M]. 北京：社会科学文献出版社，2000.

[114] 郎国华.发现侨乡：广东侨乡文化调查[M]. 广州：广东人民出版社，2013.

[115] 徐建军.大学生网络思想政治教育理论与方法[M]. 北京：人民出版社，2010.

[116] 胡树祥,吴满意,等. 大学生社会实践教育理论与方法[M]. 北京：人民出版社，2010.

二、国外著作文献

[1] [古希腊] 亚里士多德. 尼各马科伦理学[M]. 苗力田,译. 北

京：中国社会科学出版社，1999.

　　［2］［美］理查德·尼克松. 1999：不战而胜［M］. 谭朝洁，等，译. 北京：中国人民公安大学出版社，1988.

　　［3］［美］弗朗西斯·福山. 历史的终结及最后的人［M］. 黄胜强，译. 北京：中国社会科学出版社，2003.

　　［4］［美］塞缪尔·亨廷顿. 文明的冲突与世界秩序的重建（修订版）［M］. 北京：新华出版社，2011.

　　［5］［美］塞缪尔·亨廷顿，劳伦斯·哈里森. 文化的重要作用——价值观如何影响人类进步［M］. 北京：新华出版社，2012.

　　［6］［美］露丝·本尼狄克特. 菊与刀［M］. 北塔，译. 上海：上海三联书店，2012.

　　［7］［美］马汉. 海权论［M］. 一兵，译. 北京：同心出版社，2012.

　　［8］［美］阿尔弗雷德·塞耶·马汉. 大国海权［M］. 熊显华，编译. 南昌：江西人民出版社，2011.

　　［9］［美］马尔库塞. 单向度的人：发达工业社会意识形态研究［M］. 刘继，译. 上海：上海译文出版社，2008.

　　［10］［法］路易·阿尔都塞. 保卫马克思［M］. 顾良，译. 北京：商务印书馆，2006.

　　［11］［斯洛文尼亚］齐泽克. 图绘意识形态［M］. 方杰，译. 南京：南京大学出版社，2002.

　　［12］［英］戴维·麦克莱伦. 马克思以后的马克思主义［M］. 李智，译. 北京：中国人民大学出版社，2004.

　　［13］［英］乔治·拉雷恩. 意识形态与文化身份：现代性与第三世界的在场［M］. 戴从容，译. 上海：上海教育出版社，2005.

　　［14］［美］约翰·杜威. 我的教育信条：杜威论教育［M］. 彭正梅，译. 上海：上海人民出版社，2013.

　　［15］［加拿大］查尔斯·泰勒. 自我的根源：现代认同的形成［M］. 韩震，等，译. 北京：译林出版社，2001.

　　［16］L. Althusser. *For Marx*［M］. London：NLB，1977.

　　［17］L. Althusser. *Essays on Idelogy*［M］. London：Verso，1984.

[18] K. Misra. *From Post-Maoism To Post-Marxism* [M]. New York：Routledge，1998.

[19] S. Malesevic etc. edited. *Ideology After Post-structuralism* [M]. London：Pluto Press，2002.

[20] L. Donskis. *The End of Ideology & Utopia?* [M]. New York：Peterlag，2000.

[21] David M. Ricci. *Good Citizenship in America* [M]. United Kingdom：Cambridge University Press，2004.

[22] Sue. Goss. *Making Local Governance Work：Networks，Relationships and the Management of Change* [M]. New York：Pal Grave，2001.

三、期刊论文

[1] 李长春.在中国思想政治工作研究会第九次会员代表大会上的讲话[J].思想政治工作研究，2010（1）.

[2] 李卫红.弘扬党史文化，进一步加强大学生思想政治教育[J].中共党史研究，2012（10）.

[3] 张泰城.红色资源是优质教育资源[J].井冈山大学学报：社会科学版，2010（1）.

[4] 张泰城.建构红色资源教育教学理论体系的思考[J].井冈山大学学报：社会科学版，2012（6）.

[5] 郑永廷,朱白薇.改革开放30年思想政治教育理论的丰富与发展[J].思想理论教育导刊，2008（10）.

[6] 骆郁廷.改革开放30年来高校思想政治教育的历史发展[J].思想理论教育，2008（19）.

[7] 刘书林.思想政治教育拓展实践性的基本途径[J].思想教育研究，2010（9）.

[8] 唐凯麟.当代新技术革命与人的发展[J].中国德育，2010（2）.

[9] 李春华.文化的"化人"与思政的"育人"[J].马克思主义研究，2012（9）.

[10] 张耀灿.化解瓶颈制约，推进科学发展——大学生思想政治教育

面临的突出问题及其对策建议[J]. 北京教育：德育版, 2010 (4).

[11] 项久雨.思想政治教育当前价值的三个维度[J]. 武汉大学学报：哲学社会科学版, 2008 (5).

[12] 万斌,高嵘. 当代中国志愿精神的三维把握[J]. 山东师范大学学报：人文社会科学版, 2012 (6).

[13] 陈万柏,张冬利. 高校思想政治教育资源配置现状及其对策思考[J]. 思想教育研究, 2008 (10).

[14] 刘建军.论经济全球化时代的爱国主义[J]. 教学与研究, 2012 (4).

[15] 彭庆红,邵艳军. 引导大学生科学认识社会思潮的途径与方法[J]. 思想政治工作研究, 2011 (3).

[16] 石书臣.时代化：思想政治教育创新发展的新课题[J]. 高校理论战线, 2011 (4).

[17] 吴潜涛,杨丽坤. 改革开放以来爱国主义教育的回顾与思考[J]. 教学与研究, 2008 (11).

[18] 王习胜.思想政治教育如何应对"淡化意识形态"思潮[J]. 马克思主义研究, 2012 (3).

[19] 谢成宇,郭鹏飞. 巩固社会主义意识形态思想阵地的主辅谋略[J]. 思想教育研究, 2012 (10).

[20] 李辽宁.论文化权力与意识形态安全——兼谈加强大学生文化安全教育[J]. 学校党建与思想教育, 2012 (4).

[21] 杨发航.新时期影响爱国主义的主要社会思潮辨析[J]. 新视野, 2010 (2).

[22] 张博颖.当前加强爱国主义教育的创新性研究[J]. 道德与文明, 2010 (3).

[23] 蒋笃运.将社会主义核心价值体系融入国民教育全过程[J]. 中国德育, 2011 (3).

[24] 梁柱.思想政治教育中要重视历史教育[J]. 思想理论教育导刊, 2009 (1).

[25] 王树荫.中国共产党思想政治教育理论研究需要明确的六个关系

[J]．思想理论教育导刊，2009（3）．

[26] 石海兵，刘继平．论大学生生活与社会主义核心价值观教育[J]．思想理论教育，2013（2）．

[27] 颜晓峰，刘光明．论爱国主义的时代价值[J]．南京政治学院学报，2010（2）．

[28] 王和强．论爱国主义的当代嬗变[J]．思想理论教育，2009（5）．

[29] 张圣荣.加强国防文化建设　巩固思想道德高地[J]．中国军队政治工作，2012（4）．

[30] 王易，宋友文．新形势下大学生理想信念教育的问题与对策[J]．思想理论教育导刊，2011（4）．

[31] 段海超.略论思想政治教育的文化育人[J]．教学与研究，2013（4）．

[32] 石云霞.中国共产党90年思想政治工作科学化研究[J]．思想理论教育，2011（4）．

[33] 施华东.论全球化对爱国主义的影响[J]．思想理论教育，2009（5）．

[34] 张瑜，杨增崟．试论改革开放以来大学生理想信念教育的主要经验[J]．学校党建与思想教育，2009（3）．

[35] 蔡中华，潘静．新媒体视域下爱国主义教育研究[J]．唯实，2011（7）．

[36] 陈勇，梅红，王欢．高校爱国主义教育：历史回顾、基本经验和探索创新[J]．思想理论教育导刊，2009（9）．

[37] 杨军.历史虚无主义思潮影响高校师生的现状、原因和对策[J]．思想理论教育导刊，2011（11）．

[38] 李萍，童建军．当代中国马克思主义教育的返本归真[J]．马克思主义研究，2012（5）．

[39] 万美容.用中国特色社会主义理论体系武装教育青年的方法论思考[J]．思想政治教育研究，2010（1）．

[40] 李庆杨，刘晓鸥．国外爱国主义教育及其对我国的启示[J]．沈

阳大学学报：社会科学版，2012（3）.

[41] 阎占定,陈静. 实践教学是大学生快乐学习思想政治理论课的有效途径[J]. 学校党建与思想教育，2012（1）.

[42] 张伟. 国外加强社会核心价值观建设的做法及启示[J]. 当代世界与社会主义，2011（2）.

[43] 黄岩,陈伟宏. 新媒体：大学生核心价值观培育的契机与挑战[J]. 思想政治工作研究，2011（6）.

[44] 邱伟光. 以爱国主义精神升华育人内涵[J]. 思想理论教育，2009（20）.

[45] 史蓉蓉. 社会主义核心价值体系与大学生核心价值观培育[J]. 思想教育研究，2010（10）.

[46] 王欢,梅红,陈勇. 和谐社会视野中志愿精神的发展研究[J]. 教学与研究，2010（4）.

[47] 黄蓉生,白显良. 马克思主义大众化与大学生社会主义核心价值体系教育[J]. 马克思主义研究，2010（2）.

[48] 陈文泽. 论高校思想政治理论课意识形态性与学术性的统一[J]. 思想理论教育导刊，2010（6）.

[49] 张向战. 社会主义核心价值体系引领高校大学生价值观教育研究[J]. 河南师范大学学报：哲学社会科学版，2010（3）.

[50] 周其凤. 以重大事件、活动和庆典为契机加强和改进大学生思想政治教育工作[J]. 思想教育研究，2010（6）.

[51] 刘建军. 论思想政治工作的十八个转变[J]. 思想政治教育研究，2010（4）.

[52] 佘双好. 当代社会思潮对高校学生影响现状的调查分析[J]. 学校党建与思想教育，2010（9）.

[53] 万美容,曾兰. "90后"大学生思想行为特点及其引导策略[J]. 学校党建与思想教育，2012（8）.

[54] 纪亚光,吴荣生. 论大学生"红色社团"在推进高校马克思主义大众化中的作用[J]. 思想理论教育导刊，2010（1）.

后　　记

  本书是在我的博士学位论文基础上修改充实而成。

  时光如白驹过隙，自 2010 年 9 月 5 日进入华南师范大学政治与行政学院攻读教育部思想政治理论课专项博士学位以来，转眼间已整整六年。回首几年来的求学生涯，可谓激动又忐忑，忙碌又充实，坎坷又快乐，压力与动力并存，辛酸与幸福同在，点点滴滴，有许多值得我永远珍藏和铭刻心间的难忘记忆！这些美好的回忆无疑是我人生中极为珍贵的精神财富，伴我同行，催我奋进！

  问渠哪得清如许？捧着数易其稿的文字，心中五味杂陈，难以言表：父母的养育、恩师的教诲、家人的期盼、亲人的叮嘱、朋友的帮助、同学的鼓励、同事的关心以及妻子叶青的大力支持、幼崽子越的健康成长都是我得以顺利完成这篇论文的动力源泉！一直以来，无论是我人生失意之际还是精神懈怠之时，每每念及诸如此类的经典场景和美好愿景，我都会重拾信心，带着感恩之心，继续努力前行，犹如一只缓慢爬行的蜗牛，朝着金字塔的顶端，一步一个脚印，咬定青山不放松。可以说，拙作就是这样坚持不懈地"爬行"的结果，虽然还有待不断完善和补充，但毕竟是学术园地里一颗冒着嫩绿的小新芽，相信假以时日在各位专家同行的指导下一定会绽放出美丽的花朵。

  感谢博士生导师王宏维教授收我为徒，使得我有幸在几近不惑之年重返大学校园深造，在华南师范大学聆听众多专家学者的讲学，零距离接受专家的指导和帮助，圆我博士梦！感谢导师几年来对我的悉心指导！从选题、调研、框架的建构到写作，无不凝聚着导师的心血和智慧！先生严谨的治学态度、忘我的教学科研风格、敏锐的学术洞察力、求实创新的大家品格以及宽厚仁善的长者风范都是我学习的标杆和典范，让我受益匪浅！

感谢华南师范大学政治与行政学院导师组的陈金龙教授、刘卓红教授、尹树广教授、刘海春教授、魏则胜教授、王学风教授、浙江大学刘同舫教授以及中山大学郑永廷教授、广州市社会科学院的李明华教授等，在写作过程中，导师们提出了很多中肯的建议和宝贵的修改意见。在华南师范大学团委办公室调研时，时任团委书记刘海春教授（现为广东外语外贸大学副校长）就题目和调研提出了一些建设性意见，借此机会向导师们致以最衷心的感谢！同时，感谢我的博士同学薛秀娟、彭金富、龙思思、禹桂娥、林妙珊、陈红军、朱斌、刘梅、张新标、李燕冰、周训梅、罗兆麟、刘洁予等，虽然我们大家一起上课的时间只有短短的一个春秋冬夏，但是彼此十分珍惜这份来之不易的缘分和机会，互相学习、互相帮助，经常切磋交流，偶尔举行全班圆桌会议，其乐融融，同学情深！祝福我们同学友谊之树常青！同时特别感谢刘莉教授等师姐师兄师弟师妹的关心和帮助！

在本书的前期调研过程中，得到了许多同学、同乡和同行的热心帮助以及文中20家走访单位的热情接待和大力支持，他们给了我很多原始数据和资料，为本书的写作提供了真实可靠的第一手素材；在写作过程中，参考借鉴了有关专家学者的已有研究成果，有的由于疏漏可能未详尽列出，在此一并致以笔者最诚挚的感谢和深深的敬意！

感谢广州航海学院领导和马克思主义学院的同事们，谢谢你们的关照！

感谢我的老领导、老朋友和老同学！他们是吕清教授夫妇、余景良教授、罗喜平教授、柳国胜教授、中国科学院聂宗秀研究员、华中科技大学刘银水教授、中国科学院周永彬研究员以及聂宗仁夫妇、潘夕琪夫妇、熊任生夫妇、黄旭东博士夫妇以及江和壁博士等，你们始终如一的关心、帮助、支持和鼓励是我不断负笈前行的莫大动力！

特别感谢乔培华教授、刘伟研究员等，他们在我的写作、出版等过程中耐心地为我提供咨询、指导和帮助！感谢广东省委宣传部理论处领导的大力支持！感谢中山大学出版社金继伟编辑的鼎力相助，以及张蕊编辑为本书的编辑做了大量细致的工作！

谁言寸草心，报得三春晖。远在江西老家的父母为我倾注了太多的心血和汗水，千语万言，汇成一句：谢谢您们！祝福老人家安康、幸福！同时我要特别感谢岳父母的大力支持和帮忙！无巧不成书，宝宝出生之时，恰逢我博士面试之日。正是岳母精心照料宝宝，我才有可能全力以赴备考。感谢所有家人的支持和帮助！

感谢我的妻子叶青女士和子越幼儿！由于我的一时忙碌和大意，妻子在月子期间眼睛出了问题，险些失明，至今心有余悸。为了我能够全身心地投入到华师的学习和论文写作，顺利完成学业，小家伙出生以来几乎都是她在操持子越的吃喝拉撒、衣食住行，我虽然偶尔也照看宝宝，却大多心不在焉，老是念想着自己的毕业论文，实在感觉愧歉于妻子和宝宝！在以后的日子，我将抽出更多的时间来陪伴孩子、培育孩子！宝宝健康快乐地成长是我最大的心愿！

四十而不惑。2010年宝宝的降临给我及全家带来了更多的欢乐、好运与幸福，帮我驱散了人生旅程中的雾霾与疲惫，拨云见日，让我领略了知足常乐的从容与豪迈：中年得子，走进华师，幸福双至，夫复何求？

最后，谨以本书送给所有爱我的人和我爱的人，祝愿好人一生平安！

限于笔者水平，书中不妥之处在所难免，敬请各位专家学者、同行及读者批评指正！

占　毅
广州黄埔红山
2016年9月26日